Lira mensageira

Sergio Miceli

Lira mensageira

Drummond e o grupo
modernista mineiro

todavia

Para Heloisa

Nota sobre os textos e agradecimentos **9**

1. Lira mensageira **11**

A elite política mineira **11**
Escritores do Estrela **25**
Carlos Drummond de Andrade, Cyro dos Anjos
e João Alphonsus: percursos descompassados **36**
Políticos do Estrela **52**
Poesia e práxis de Drummond (1930-45) **58**
Um céu governamental
(letras e política no Estado Novo) **93**
As fontes, os intérpretes **112**
Modernistas e crise oligárquica (última instância) **130**

2. Experiência social e imaginário literário nos livros
de estreia dos modernistas em São Paulo **139**

Livros de estreia dos modernistas paulistas **146**
Menotti del Picchia, *Poemas do vício
e da virtude* (São Paulo, 1913) **147**
Cassiano Ricardo, *Dentro da noite* (São Paulo, 1915) **152**
Plínio Salgado, *Thabôr* (São Paulo, 1919) **155**
Ribeiro Couto, *O jardim das confidências*
(São Paulo, 1921) **159**
Guilherme de Almeida, *Nós* (São Paulo, 1917) **162**
Mário de Andrade (Mário Sobral), *Há uma gota de
sangue em cada poema* (São Paulo, 1917) **172**
Oswald de Andrade, *Os condenados* (São Paulo, 1922) **177**

3. Carne e osso da elite política brasileira pós-1930 **185**

Perfil das bancadas pessedista e udenista
na Constituinte de 1946 **188**
Os políticos pessedistas: apadrinhamento,
cooptação e Estado **209**
Etelvino Lins e Juscelino Kubitschek:
próceres de extração local **212**
Victorino Freire: preposto civil do poder central **219**
O pessoal da UDN: tradição, família e setor privado **220**
A "ala dos bacharéis" **229**
A dinastia Pinheiro Chagas **243**
Coda **247**

Índice remissivo **250**

Nota sobre os textos
e agradecimentos

O texto "Lira mensageira" é inédito, redigido entre o segundo semestre de 2020 e o primeiro de 2021, durante a pandemia de Covid-19. A primeira versão do texto "Experiência social e imaginário literário nos livros de estreia dos modernistas em São Paulo" foi publicada em *Tempo Social: Revista de Sociologia da USP* (São Paulo, v. 16, n. 1, jun. 2004, pp. 167-207), tendo aqui sofrido cortes, ajustes e acréscimos. O texto "Carne e osso da elite política brasileira pós-1930" saiu anteriormente como capítulo XI de *O Brasil republicano*, v. 10: *Sociedade e política (1930-1964)*, tomo III de História Geral da Civilização Brasileira, sob direção de Boris Fausto (São Paulo: Difel, 1981, pp. 557-96), tendo agora merecido reescrita cuidadosa.

Agradeço aos amigos Davi Arrigucci Jr. e Augusto Massi pelo empréstimo das primeiras edições de obras dos modernistas mineiros; à amiga Helena Bomeny pelo socorro prestado em lances de dúvida; aos integrantes do Núcleo em Sociologia da Cultura da USP — colegas docentes (Maria Arminda do Nascimento Arruda, Fernando Pinheiro Filho e Luiz Carlos Jackson) e pós-graduandos — pelo diálogo provocativo nos últimos anos; a Flávio Moura, Rita Palmeira, Mario Santin Frugiuele, Luisa Tieppo e Elaine Ramos pela leitura rigorosa e pelo suporte inestimável no preparo do livro. Quero registrar o auxílio concedido pelo CNPq por meio da bolsa de produtividade destinada à feitura deste projeto de pesquisa. Estendo o reconhecimento à parceria intelectual e amorosa com Heloisa Pontes.

I.
Lira mensageira

A elite política mineira

Em Minas Gerais, o prolongado declínio do centro minerador ao longo do século XIX — seguido pelo boom cafeeiro das zonas da Mata, bem como do Sul — foi estancado com a expansão industrial, comercial e financeira no canteiro da nova capital, Belo Horizonte, inaugurada em 1897. O relevo de Minas na política nacional, nos anos 1920, com lastro no maior eleitorado do país e na segunda maior produção de café, sucedeu à revelia da crise no mercado internacional contraindo o setor exportador mineiro. Em 1920, o produto agrícola e industrial de São Paulo era o dobro do exibido por Minas, o que não impediu o revezamento no controle do poder central durante a República Velha. Não obstante a vigência do pacto café com leite, o protagonismo da elite mineira em âmbito nacional derivou em parte da unificação política no interior do estado, sob a égide do Partido Republicano Mineiro (PRM), em meio ao esvaimento econômico da velha região mineradora e à emergência das zonas cafeeiras.[1]

---

[1] Sobre a economia mineira, ver Amilcar Vianna Martins Filho, *A economia política do café com leite (1900-1930)*. Belo Horizonte: UFMG; Proed, 1981; Amilcar V. Martins Filho e Roberto B. Martins, "Slavery in a Non-Export Economy: Nineteenth-Century Minas Gerais Revisited". *Hispanic American Historical Review*, n. 63, ago. 1983; John D. Wirth, *Minas Gerais na federação brasileira, 1889-1937*. Rio de Janeiro: Paz e Terra, 1982; Clélio Campolina Diniz, *Estado e capital estrangeiro na industrialização mineira*. Belo Horizonte, UFMG; Proed, 1981.

O rearranjo da política interna contemplou o atendimento dos interesses do setor cafeeiro, embora tal concessão não tivesse afetado a continuidade da coalizão como modus operandi da elite política, acomodando grupos e facções influentes. O setor exportador, de peso considerável, mas bem menor que a produção para consumo interno, teve impacto restrito no conjunto da economia estadual. Sem se firmar como o negócio mais lucrativo, a cafeicultura não alterou as feições estruturais da economia que remontavam ao século XVIII: dispersão das unidades produtoras, escassa especialização, número apreciável de pequenas unidades produtivas e larga variedade de produtos. O surto cafeeiro intensificou o êxodo de trabalhadores de outras regiões, em paralelo ao declínio do cultivo de culturas alimentícias, embora, antes de 1914, a economia mineira tivesse recuperado a autossuficiência na oferta de alimentos. A baixa produtividade, o custo elevado do transporte e a escassa capacidade de acumulação de capital, contudo, fizeram com que o setor cafeeiro se confinasse às zonas da Mata e ao Sul.

Na República Velha, o caráter autárquico e fragmentado da economia mineira marcava a agricultura, os cultivos de subsistência, a pecuária, a atividade industrial, inclusive os setores dinâmicos como a manufatura de alimentos e de bebidas, e mesmo a de laticínios.[2] Minas Gerais não constituía um todo geográfico coerente, tampouco dispunha de efetiva unidade econômica. Na expressão cunhada por John Wirth, o mosaico de regiões desarticuladas que compõem a paisagem

[2] "Assim, a base da economia mineira na Primeira República estava nessa intrincada rede de fazendinhas, oficinas e pequenas estruturas agroindustriais, espalhadas por todo o estado, produzindo uma infinidade de itens para mercados locais e regionais" (Amilcar Vianna Martins Filho, *O segredo de Minas: A origem do estilo mineiro de fazer política, 1889-1930*. Belo Horizonte: Crisálida; Icam, 2009, p. 101 — tradução de Vera Alice Cardoso Silva da tese de doutorado do autor, *The White Collar Republic: Patronage and Interest representation in Minas Gerais, Brazil, 1889-1930*, de 1987).

de Minas — Montes Claros, Leste, Mata, Sul, Centro, Oeste e Triângulo — encapsula as transições históricas, o padrão oscilante de autonomia e dependência dos estados vizinhos (São Paulo, Bahia, Goiás), as especializações em matéria de atividade econômica e os vetores da liderança política.[3]

Nessa economia fraturada na qual nenhuma atividade, nem mesmo a cafeeira, podia pleitear a primazia, os interesses privados se renderam aos ditames do mando político na esfera do Estado.[4] A escassez de mão de obra barata e a abundância de terras disponíveis inflaram o tamanho da economia de subsistência e, por conseguinte, fragilizaram a presença dos proprietários de terras na elite política. Em contraste com os 70% de analfabetos na população do estado em que menos de 1% tinha diploma superior, a elite política mineira dispunha de capital escolar elevado, com percentual superior ao da paulista e da pernambucana no mesmo período.[5]

Era uma elite política formada por 85% de bacharéis — superior ao escore alcançado pela paulista (76,2%) — diplomados em direito (61,6%) e em medicina (18,4%), três quartos procedentes das regiões da Mata, do Sul e do Centro metalúrgico, onde 83% dispunham de base eleitoral. O diploma superior se juntava aos laços de parentesco com famílias de escol, pré-requisitos de acesso e mobilidade no interior do grupo dirigente. O pertencimento a clãs prestigiosos era o trunfo decisivo ao êxito em carreira política longeva. A parcela restrita de

---

3 John D. Wirth, op. cit., pp. 41 ss. **4** "Tal centralização, por sua vez, contribuiu para diminuir cada vez mais qualquer poder que o setor privado pudesse articular de modo autônomo, estabelecendo-se, assim, uma lógica política difícil de ser alterada" (Amilcar Vianna Martins Filho, *O segredo de Minas*, op. cit., p. 137). **5** Entre 1889 e 1930, 98,4% dos membros da elite política mineira tinham diploma universitário, superior aos escores de 92,5% da elite política paulista e de 94,3% da elite política pernambucana, frequências mencionadas por Joseph Love em seu estudo *São Paulo in the Brazilian Federation, 1889-1937* (Stanford: Stanford University Press, 1980, Apêndice A).

fazendeiros e empresários na casta dominante contrasta com o contingente expressivo de profissionais liberais e funcionários públicos, propensos a preencher os cargos de alto escalão, reparte radicalmente distinto de São Paulo, onde os proprietários rurais perfaziam 37,7% da elite política.[6]

A crise da cafeicultura em Minas (1897) — com redução da receita estadual, atrelada ao imposto sobre a exportação do produto — e o consequente declínio da influência dos cafeicultores viabilizaram o processo de centralização política e administrativa. O então criado Partido Republicano Mineiro atribuiu à Comissão Executiva o encargo de montar as chapas eleitorais, garantindo o virtual monopólio do poder estadual e a cumplicidade entre os membros do colegiado e o governador. A cooptação de indivíduos e grupos dissidentes sucedia por meio de práticas clientelistas: a nomeação e transferência de juízes municipais; a desova de recursos aos municípios; a contratação de funcionários. Mais da metade do orçamento mineiro se destinava ao corpo de servidores. Os integrantes do Executivo, do Legislativo e do Judiciário se valiam de benesses e prebendas em favor de parentes, amigos e aliados, a principal moeda de troca pela lealdade política. A exemplo do equilíbrio na distribuição de membros da elite entre as regiões do estado, também o regime clientelista operava com parcimônia e imparcialidade, os mandatários abstendo-se de favorecer a região de origem e elegendo a equanimidade como viga de autoridade.

---

6 "Tipicamente, os membros da elite política mineira eram recrutados entre os que tinham diploma de curso superior, destacando-se o de direito; entre profissionais liberais e funcionários públicos, atributos superpostos em muitos casos; entre os que tinham pelo menos um parente dentro da elite; entre os indivíduos que já tinham alguma experiência na política municipal; e por fim, mais frequentemente, entre políticos que haviam nascido fora das regiões cafeeiras do estado" (Amilcar Vianna Martins Filho, *O segredo de Minas*, op. cit., p. 175).

Os padrões de enlace entre a economia e a política, persistentes na Primeira República, sofreram abalos de monta durante as negociações em torno da Aliança Liberal. A sucessão do presidente Antônio Carlos Ribeiro de Andrada, em 1929, acirrou a concorrência entre figuras de proa como postulantes legítimos, fracionou o partido e rompeu o acordo entre a chefia da agremiação e o governador. O aprendizado político da primeira geração de modernistas mineiros ocorreu em meio aos embates e às controvérsias entre facções da elite dirigente estadual. Devido ao ingresso recente em postos de confiança no serviço público, a braços com o fogaréu de rivalidades, os jovens do grupo Estrela — rapazes letrados que se reuniam no café Estrela, em Belo Horizonte — logo se viram no alvo de expectativas de lealdade a líderes em confronto acerbo e amargaram o despacho de tarefas políticas algo intragáveis.

O sumário de entreveros pesados entre as facções e os mentores, desde o estalo de desmoronamento da unidade político-partidária em 1929 até a calmaria advinda pela nomeação do *tertius* Benedito Valadares como interventor em 1934, propicia o pano de fundo em meio ao qual teve lugar a socialização política, na marra, da rapaziada modernista.[7] A despeito das histórias do convívio ameno na capital acanhada ou dos imponderáveis de projetos literários, de saída convencionais, o fermento esclarecedor do que viria a ser e a fazer a turma de futuros letrados e políticos foi plasmado nos anos cruciais de provação e aprendizado.

Fernando de Melo Viana, então vice-presidente na gestão Washington Luís, fomentou a divergência, no interior do PRM, pela artimanha da Concentração Conservadora, ao romper o

---

7 Ver Helena Maria Bousquet Bomeny, "A estratégia da conciliação: Minas Gerais e a abertura política dos anos 30". In: Angela Maria de Castro Gomes et al. (Coords.). *Regionalismo e centralização política: Partidos e constituinte nos anos 30*. Rio de Janeiro: Nova Fronteira, 1980, pp. 133-235 — consistente relato sobre a política mineira do período.

compromisso perremista com a eleição de Vargas e bandear forças em prol da candidatura governista de Júlio Prestes.[8] O racha na campanha mineira de oposição ao candidato oficial, impulsionado por truculências e pelo confisco de recursos, teve efeito bumerangue: fez ruir a frente única do PRM pró-Vargas, empurrou Antônio Carlos a posição periclitante e emplacou catorze postos de deputado federal pela legenda rebelde; no contrapé, viabilizou o alinhamento de distintas frações da oligarquia em prol do levante revolucionário capitaneado por Vargas, então recém-derrotado e guindado à Presidência em outubro daquele ano.

A oligarquia mineira, sob comando de Olegário Maciel, o único presidente estadual eleito e mantido pelo Governo Provisório, foi constrangida a firmar aliança com tenentes e próceres dissidentes. Logo em novembro de 1930, Olegário permutou secretários seguidores da facção de Artur Bernardes por moços dispostos a implantar no estado a atividade legionária com ideário tenentista.[9] A charada política dos anos subsequentes se entrelaça às desavenças na parceria inusitada, os tenentes vorazes em minar o mando oligárquico, a elite civil aferrada a restaurar o acesso privilegiado às graças do poder central. Artur Bernardes chefiou a rebeldia, Olegário levou a cabo a insurreição, coadjuvados por secretários de Estado (Francisco Campos, na dianteira) que arrebanharam quadros na primeira geração modernista.

As rixas entre Bernardes, Olegário e Antônio Carlos deixam entrever os impasses que desestabilizaram a política mineira na época. Os protegidos de Francisco Campos — novo

---

8 Em 1929, Fernando de Melo Viana deixou o partido arrastando o vice-governador, cinco deputados federais e oito estaduais a se juntar à Concentração Conservadora de Carvalho Brito. **9** Gustavo Capanema substituiu Cristiano Machado na Secretaria do Interior e Justiça; Amaro Lanari entrou no lugar de Carneiro de Resende na de Finanças; Noronha Guarani, na posição de Alaor Prata na de Agricultura.

ministro da Educação do Governo Provisório —,[10] ungidos secretários no estado, recrutaram quadros do incipiente modernismo local, entre eles Carlos Drummond de Andrade (1902-87). O rearranjo das forças políticas imposto pelo movimento vitorioso contrapunha em Minas os filiados ao PRM alinhados à facção de Bernardes, sob risco de alijamento do bastão decisório, às lideranças de fachada "revolucionária", enraizadas na oligarquia, que abraçaram o programa tenentista pela criação da Legião de Outubro em fevereiro de 1931. Guerra de posições e de interesses travestida em zelo missionário.

No caso de Minas, o desígnio do novo regime, intermediado e vocalizado por Francisco Campos, consistia em liquidar a facção bernardista. Após a caldeira de confrontos ao tempo da campanha pela Aliança Liberal, a que se seguiu o refluxo das expectativas com a derrota eleitoral em março de 1930, o impulso de reformas instigado pelo Governo Provisório reabriu o balcão de oportunidades na máquina pública, segundo os padrões vigentes de clientelismo.

---

10 Francisco Campos (1891-1968), político de carreira longeva e figura central na gênese do modernismo mineiro, é o tipo ideal do bacharel bem-sucedido, aparentado a clãs poderosos e desde cedo incorporado à nata da classe dirigente regional. Descendendo, pelo lado paterno, de Joaquina de Pompéu, "a matriarca mais famosa de Minas Gerais", era filho de magistrado, sobrinho-neto de Martinho Álvares da Silva Campos, ministro da Fazenda e presidente do Conselho de Ministros do Império (1880-82), deputado geral (1857, 1869, 1872), presidente da província do Rio de Janeiro (1881), senador (1882), conselheiro de Estado (1887), e primo das famílias ligadas a essa linhagem, os Valadares (Benedito Valadares Ribeiro), os Capanema, os Melo Franco, os Maciel (Olegário Maciel), os Magalhães Pinto. Já aos 26 anos, entrou na parada como aliado de Artur Bernardes e defendeu na Câmara a emenda constitucional (derrotada) que conferia ao governador a prerrogativa de designar os prefeitos. Ver Norma de Góis Monteiro (Coord.), *Dicionário biográfico de Minas Gerais: Período republicano, 1889-1991*. Belo Horizonte: Assembleia Legislativa de Minas Gerais, 1994, v. 1, pp. 131-3; Alzira Alves de Abreu, Israel Beloch, Fernando Lattman-Weltman e Sérgio Tadeu de Niemeyer Lamarão (Coords.), *Dicionário histórico-biográfico brasileiro pós-1930*. 2. ed. Rio de Janeiro: Editora FGV; CPDOC, 2001, v. 1, pp. 997-1008.

A Legião de Outubro mineira, longe de ser porta-voz do ideário reformista dos tenentes, se apressou em veicular os pleitos de facções oligárquicas fragilizadas ao Executivo estadual, receosas pela perda do apoio federal e com pressa em recuperar o cacife partidário que minguara pela cisão nos idos de 1929. A Legião se prestou a expectativas conformadas aos interesses da freguesia: entidade capaz de congregar os "revolucionários" de 1930; tábua de salvação a que se agarraram os adeptos derrotados da Concentração Conservadora; respaldo no cálculo do governador; instrumento de controle e intimidação por parte do Governo Provisório. Na algazarra, a Legião de Outubro serviu de alavanca moderno-arcaica de restauro do mandonismo oligárquico. No vale-tudo do arbítrio, o ambicioso Capanema perpetrou os lances arquitetados pelo mentor Francisco Campos: a demissão sumária de prefeitos perremistas recalcitrantes; a acolhida de ex-súditos da chapa Júlio Prestes; o enlace da Legião com a Igreja.

Na rebarba de ganhos plausíveis, sucedeu o empurrão aliciador das chances de mobilidade da fornada de vocações políticas e letradas. Os ímpetos de proselitismo e os contenciosos doutrinários avalizados pela Legião impregnaram a iniciação de jovens àquela altura "sem trabalho" na política e nas letras; no horizonte, os confrades do Estrela enxergaram oportunidades de projeção que extravasavam as fronteiras do estado. Cindidos entre os percalços enfrentados pela Legião em Minas e a reação de fôlego movida pelos grupos dirigentes, os novatos tomaram tento da encrenca.

Apesar da curta duração (fevereiro de 1931 a fevereiro de 1932), a Legião se alastrou pelo encaixe de quadros em cargos no primeiro escalão do Executivo estadual. Capanema e companheiros se valeram de arbitrariedades em penca no fito de domar os municípios pelos recursos de poder ao alcance. Perante a resistência da ala Bernardes e os intentos de reerguer o PRM, a banda Francisco Campos perdeu terreno momentâneo pelos conchavos de litigantes de peso. Oswaldo Aranha, ministro da Justiça, em conluio com os Melo Franco — Virgílio, insigne líder revolucionário mineiro, e Afrânio, seu pai, ministro das Relações Exteriores —, deu trela e combustível à convenção do PRM em agosto de 1931. Ergueu-se a contenda entre as forças políticas sequiosas em arrebanhar Minas, enredadas no complô favorável ou resistente à tentativa de golpe contra o governador Maciel. No desígnio de alçar Virgílio à interventoria, sagrando rebento oligárquico prestigioso e receptivo ao ideário tenentista, Aranha e comparsas açularam as tropas a se revoltar e orientaram o comandante da guarnição federal a assumir o governo. A intromissão de Aranha coonestava a veemência crítica da convenção bernardista ao governo estadual, diversionismo que traía a autoria da empreitada. O velho Olegário atrapalhava o projeto, convinha descartá-lo.

Apoiado pelos chefões Antônio Carlos de Andrada, Venceslau Brás e Francisco Campos, o governador desatou o golpe pela retaguarda da Força Pública Mineira, em mãos de Capanema. O rescaldo de mágoas e ressentimentos da parte de Olegário e aliados tinha potencial explosivo pelos riscos a que fora exposto o Governo Provisório, então a braços com a feroz contrariedade dos grupos dirigentes paulistas. O impasse constrangeu as forças políticas mineiras ao terreno da entente e protelou o desfecho da peleja.

No auge do imbróglio envolvendo os contendores, o Governo Provisório buscou arreglo entre os legionários e os perremistas pelo "Acordo Mineiro" (fevereiro de 1932), na moldura do novel Partido Social Nacionalista. Assim rezavam os termos fantasiosos do acerto, a entidade teria o condão de aliar o espírito "democrático" mineiro ao programa da Legião. O empenho em acomodar inimigos íntimos no conselho consultivo e no secretariado do novo governo, com Olegário Maciel na condição de interventor, não confortou grupos com demandas em litígio. O clímax do enfrentamento implodiu em 1932: de um lado, os tenentes na defensiva, destituídos de base social comparável ao lastro concedido pelos diretórios municipais ao comando de classe; de outro, os reclamos imperiosos pela constitucionalização.

Entrementes, no afã de se perpetuar, o Governo Provisório protelou o atendimento dos pleitos oligárquicos. O recado foi revidado com estardalhaço em Minas: a facção Bernardes assumiu de chofre a parceria com a frente paulista pelo deslanche da Revolução Constitucionalista. A aliança dos políticos gaúchos preteridos com os paulistas ensejava a Minas o ardil de arbitrar entre os fogachos da rebeldia e a esquerda tenentista. À revelia, as frinchas na frente única mineira pareciam replicar a cizânia vigente na campanha da Aliança Liberal: Virgílio de Melo Franco, em pacto com os tenentes; Venceslau Brás, hesitante entre o respaldo ao Executivo estadual e a torcida envergonhada pelos paulistas; Artur Bernardes, adepto intemerato do levante de fachada legalista.

A derrota paulista em julho de 1932 apressou o rearranjo das forças em Minas pela criação do Partido Progressista, em janeiro de 1933, desta feita com respiro pela degola da ala Bernardes e pelo restauro da sintonia entre o partido e o governo. Os quadros da Legião de Outubro tomaram o controle da agremiação, ora empenhados em garantir a solda dos grupos regionais, convertidos às bandeiras do federalismo. O "partido do interventor" sinalizou o arremedo de ajuste com o poder central. Eis outro momento-chave do aprendizado em curso por parte dos rapazes do Estrela. Alguns deles participaram com brio de missões arriscadas na linha de frente, de corpo presente e pena afiada na guarda militar comandada por Capanema.

Entre 1930 e 1931, Abgar Renault (1901-95) é secretário de Francisco Campos — ministro da Educação e homem forte de Minas no Governo Provisório. Em 1931, João Alphonsus (1901-44), Cyro dos Anjos (1906-94) e Carlos Drummond de

Andrade exercem cargos de confiança, os dois primeiros na secretaria de Finanças, Drummond na secretaria do Interior junto a Capanema. Emílio Moura (1902-71) ficou um tempo lotado como oficial de gabinete do presidente Olegário Maciel. Na gestão prévia de Cristiano Machado, Drummond acumulou o trabalho no gabinete ao encargo na linha de comando da Força Pública junto ao Estado-Maior das forças revolucionárias, na frente instalada em Barbacena, em outubro de 1930;[11] em 1932, na condição de chefe de gabinete de Capanema, secretário do Interior, ele seria designado a atuar no enfrentamento da Revolução Constitucionalista, servindo ao comando das tropas mineiras estacionadas em Passa Quatro, na divisa entre Minas e São Paulo. Assumiu aí a redação de telegramas e declarações subscritas pelas lideranças, experiência a reforçar a fibra dos laços que o prendiam aos figurões do governo. Em cartas endereçadas a Cyro dos Anjos, ele se mostrava atento às vicissitudes das alianças, às mutretas e à lição palmar das maquinações clientelistas.[12]

11 A carta de Drummond a Cyro dos Anjos, em junho de 1931, foi escrita à mão em papel timbrado da Legião de Outubro (Wander Melo Miranda e Roberto Said (Org., pref. e notas), *Cyro & Drummond: Correspondência de Cyro dos Anjos e Carlos Drummond de Andrade*. São Paulo: Globo, 2012, p. 37). Drummond relatou sua participação nos episódios de 1930 em crônicas no *Jornal do Brasil*: "Naquele dia de outubro" (Caderno B, 3 out. 1974, p. 5); "Doce revolução em Barbacena" (Caderno B, 29 nov. 1977, p. 5).
12 "[...] as modificações no *team* judiciário são feitas quase sempre no Palácio, e chegam ao Interior por intermédio do [...] [jornal] *Minas Gerais* [...]. Aqui, a situação é cada vez mais confusa e nem por isso mais interessante. Vivemos entre boatos e, como sempre, um deles é a modificação do secretariado mineiro. Parece que A Montanha tentou esse golpe junto ao Getúlio e ao João Alberto (o Lanari tramando coisas com Getúlio, imagine). Mas o plano fracassou com a vinda de Virgilinho, emissário da ditadura. O resultado foi uma nota oficial publicada hoje, em que Minas Gerais mais uma vez reafirma o seu entusiasmo cívico pelo notável Xuxu [apelido de Vargas]" (Wander Melo Miranda e Roberto Said (Org.), *Cyro & Drummond*, op. cit., pp. 59-60).

Drummond deve também ter experimentado o hálito invasivo do espírito regionalista, conforme atestam os subentendidos e as alusões às preferências político-eleitorais ao tempo da Aliança Liberal, na correspondência com Mário de Andrade. Em 1930, ele devaneava postura altaneira perante o confronto entre Júlio Prestes e Vargas;[13] por ocasião do levante paulista, em julho de 1932, chacoalhado pelo engajamento desenvolto de Mário, em turbilhão de mágoas vazadas em ruminações separatistas, o jovem mineiro se resguarda um ano pelo silêncio sem melindrá-lo. Vencedor ajuizado. Os rapazes acorçoados por dupla filiação e vassalagem sentiram o pulso de injunções e provações de voltagem irresistível, substrato e matéria-prima de respostas autorais.

O levante paulista fez emergir os óbices à coalizão das forças oligárquicas e colapsou o perremismo. Em janeiro de 1933, o Partido Progressista Mineiro intentava reformular a equação situacionista: suporte à interventoria e ao diálogo entre o poder central e os atores regionais; legenda indispensável ao êxito de Vargas na Assembleia Nacional Constituinte; supremacia das lideranças que não hostilizaram, nas conjunturas de 1930 e 1932, as diretrizes do Governo Provisório. O Partido Progressista fez a mágica de dourar a autonomia estadual de fachada sob o álibi de federalismo envergonhado. A chapa situacionista elegeu 31 deputados à Constituinte; mesmo sem Bernardes, o PRM emplacou seis parlamentares.

13 "Olhe, eu também sou um homem que gostaria de pegar em armas, menos para demolir essa ordem de coisas que aí está do que para manifestar o meu unânime, universal descontentamento. Mas quando penso que iria marchar em defesa desses pobres candidatos eleitos do PRM, por exemplo, ou desse pobríssimo candidato Getúlio, palavra que perco o furor bélico. Não, é inútil consertar o Brasil, ou por outra, o desconcerto eterno do Brasil é o seu próprio traço diferencial [...]" (Lélia Coelho Frota (Org.), *Carlos & Mário: Correspondência entre Carlos Drummond de Andrade* (inédita) *e Mário de Andrade*. Pref. e notas de Carlos Drummond de Andrade e Silviano Santiago. Rio de Janeiro: Bem-Te-Vi, 2002, pp. 375-6).

O fato de Minas possuir a maior bancada na Constituinte permitiu recuperar o patamar de influência junto ao governo central e assumir o protagonismo na mesa de negociações constitucionais, estratégia de resguardo de Vargas por procuração. Os medalhões do antigo núcleo dirigente — Venceslau Brás, Ribeiro Junqueira, Olegário Maciel, Antônio Carlos na ribalta — transacionaram o montante de cacife amealhado em troca de assentimento à eleição de Vargas pela Constituinte. Em meio a tratativas frenéticas entre o governo central e o Executivo estadual, emergem os corretores que em breve postulariam o comando de Minas — Virgílio de Melo Franco e Gustavo Capanema —, investidos de credenciais dúplices e antagônicas: os vínculos ao tenentismo e ao mandonismo oligárquico. Os presságios da coesão se confirmam pelo apoio solidário do PP e do PRM à indicação de Antônio Carlos à presidência da Constituinte. Nesse ínterim, o respaldo concedido pelo PP ao governo estadual abortou a proposta de Virgílio e premiou a lealdade dos políticos veteranos com postos na comissão diretora, benesse estendida ao moço Capanema.

A morte de Olegário Maciel, em 5 de setembro de 1933, sustou as pendências em curso, instando líderes e facções a medir forças em torno da crise sucessória. A disputa ferrenha pelo controle do estado envolveu autoridades do governo provisório, lideranças do PP e vocais das facções cujas escaramuças se arrastaram entre setembro e dezembro de 1933. De início, Capanema é designado interventor interino, com suporte de Antônio Carlos, presidente do PP e o mais cotado a presidir a Constituinte. Ele e Virgílio se ajustavam aos predicados a gosto das elites estaduais — mineiro, civil e membro do PP. Afora os trunfos de Capanema pela pertinácia de combate no governo Maciel, pelo aval da Força Pública sob seu comando no desarme do golpe e pela resistência à rebeldia paulista, ele arrebanhou o aceite do interventor gaúcho Flores da Cunha, de Francisco Campos e do PP. Virgílio contava com a cumplicidade de Osvaldo Aranha, ministro da Fazenda, e de quadros perremistas remanescentes do golpe abortado.

Confrontado à oposição tenaz movida por São Paulo e às investidas de Flores da Cunha em jogada com Antunes Maciel, ministro da Justiça, Vargas quis preservar o alvitre no intento de assegurar votos à continuidade como presidente constitucional. A contenda ainda persistia no dia da eleição de Antônio Carlos à presidência da Constituinte (12 de novembro de 1933), a que se seguem as posses consecutivas de Osvaldo Aranha na liderança da maioria e de Virgílio na bancada do PP, mexidas no tabuleiro que prenunciavam o fim de partida. O arremate matreiro estipulou a cláusula do documento subscrito pelos candidatos, pela qual cederam a Vargas a prerrogativa da escolha. Tudo leva a crer que ambos os litigantes acreditavam na vitória.

Em 12 de dezembro de 1933, a contenda foi debelada pelo *tertius* ungido por Vargas: o deputado mineiro progressista Benedito Valadares Ribeiro foi nomeado interventor em Minas Gerais.[14] A tacada congelou o topete de aliados de peso — Aranha e Flores da Cunha —, propiciou saída honrosa a Antônio Carlos e investiu no cargo um homem de confiança dotado das feições almejadas pela oligarquia: "mineiro, civil e progressista". A facção virgilista revidou hostilizando Antônio Carlos, sem lograr ressonância entre os pares. Aos 33 anos, com respaldo da Igreja e a chancela de Francisco Campos, Capanema foi brindado com o Ministério da Educação e Saúde Pública, alçando-se ao posto cujos recursos e políticas afetariam o destino dos amigos letrados da mocidade.

---

14 A escolha seguiu a tabuada clientelista: Benedito Valadares era concunhado do capitão Ernesto Dornelles, primo de Getúlio Vargas.

Escritores do Estrela

> *N.B. Puseste no envelope — DR. A.*
> *de G., D. Juiz de Direito de Mariana.*
> *Sou, como já te disse, um simples e*
> *temporário juiz municipal. Não pude*
> *colocar-me ainda na magistratura*
> *vitalícia do Estado, tal é o enxame de*
> *bacharéis bafejados pela política.*
>
> Carta de Alphonsus de Guimaraens a
> Mário de Alencar, 2 de agosto de 1908[15]

A sociabilidade amena dos tempos de estudante prosseguiu pelo convívio intenso no início dos anos 1930 entre os modernistas mineiros. O consórcio de interesses e de projetos, entre os futuros escritores e políticos egressos do grupo Estrela, envolveu a permuta de trunfos e de oportunidades. Os escritores valeram-se dos amigos pistolões no acesso aos escalões superiores da burocracia; os políticos se legitimavam pela aura de bacharéis cultos, apreciadores das letras e das artes. Um jogo de cabra-cega entre moços alvoroçados por regalias e profissão de fé pelo desprendimento. Eles lograram firmar um relacionamento simétrico, convergente, balanceado, o qual se movia pelo intento do socorro mútuo, pelos préstimos de solidariedade, pelo desfrute de vantagens "merecidas".

O modernismo mineiro vicejou alentado pelo arrastão de experiências, interesses, projetos, fabulações, compartilhados por rapazes em pacto de risco e cumplicidade. Os integrantes da fraternidade testaram as chances de futuro à medida que infundiam veleidades, de início difusas, indeterminadas, ao

---

15 In: Alexei Bueno, *Correspondência de Alphonsus de Guimaraens*. Rio de Janeiro: Academia Brasileira de Letras, 2002, p. 13.

rumo de encaixe na divisão do trabalho de dominação. A presilha tácita os afivelava e incitava partilhas sem pôr em risco o piso de equanimidade. Os políticos dispunham, desde cedo, de trunfos palpáveis; os escritores, a médio prazo, de recursos de imagem. A chuva de benesses era bafejada pelo halo do espírito. O manejo da sociabilidade e do escambo evidencia o empenho, de uns e outros, em preservar o limiar de interação propenso à simetria e à represa de querelas. Os escritores jamais abjuraram as dívidas com os mentores; mesmo na velhice, os políticos insistiam no traquejo de intelectuais enrustidos. Longe de espelhar predicados dos confrades, o consórcio se amolda ao estilo de conduta sancionado pelo regime clientelista. Escribas e políticos denegam as relações de subordinação pela névoa da amizade, tópos do desapego. No reduto de elite ciosa do abismo a confortar as prerrogativas da seleta de bacharéis aptos a ingressar na casta, o resgate do crédito é conversível no tesouro de influências. A cantilena da mineiridade camufla as regras incontornáveis do modus vivendi oligárquico.

À primeira vista, o retrato coletivo do grupo Estrela exibe morfologia homogênea cujos traços não destoam da fisionomia da elite regional. A única diferença gritante deriva do colosso de capital político amealhado pelos clãs familiares dos futuros homens públicos, os políticos da turma. Nascidos entre 1898 e 1906, procedentes de regiões variadas do "mosaico", todos vieram residir em Belo Horizonte a fim de completar o secundário e ingressar na faculdade. Apesar da medida desigual no tocante ao vulto material e simbólico do dote, a maioria pertencia a famílias de nomeada. Exceto Drummond e Pedro Nava (1903-84), formados, respectivamente, em farmácia e medicina, os demais concluíram o curso de direito ao longo da década de 1920, amiúde na mesma turma, renovando o convívio iniciado no ginásio. Destoante de gerações precedentes da elite mineira, na República Velha, cujos quadros cursaram direito em São Paulo ou no Rio de Janeiro, o pessoal do Estrela obteve o diploma superior em Belo Horizonte. Os escribas pertenciam à fornada inicial de quadros técnicos, na isolada nova capital,[16] nas poucas frentes em que se desdobrava o trabalho político. Ainda estudantes, alguns deles acumularam encargos em órgãos locais de imprensa, sob controle estrito do perremismo, a postos nos escalões inferiores do serviço público, expostos aos ditames e às conveniências dos mandachuvas do partido único e do Executivo estadual.

Salvo Drummond e Cyro dos Anjos,[17] cujos pais não possuíam diploma universitário, os demais progenitores eram bacharéis, a maioria deles alçados a cargos na cúpula do judiciário. Tirante Drummond e Abgar Renault — o primeiro em razão do casamento para baixo, o segundo brindado pelo sogro influente —, os rapazes modernistas firmaram alianças matrimoniais simétricas.

O itinerário profissional e o exercício da atividade intelectual se viabilizaram no contexto tumultuado de sucessivos contenciosos envolvendo as facções da elite, premidas pelas dificuldades econômicas do estado e pela ameaça de corroer o protagonismo no âmbito do poder central. A turma de escritores ingressou na vida adulta nas refregas pelo controle do Executivo estadual, do partido oligárquico e, por extensão, da imprensa, do Judiciário e das repartições burocráticas que viriam a abrigá-los, afilhados preferenciais do maná clientelista.[18]

---

16 A ferrovia de bitola larga da Central do Brasil só foi instalada em 1917; até 1922, não havia acesso a Belo Horizonte por rodovia. "A gente que ali nascera não era Minas, não se impregnara de Minas […]. Vivíamos numa ilha, uma ilha perdida. Dificilmente conceberão os jovens de hoje o isolamento de Minas, naquele tempo, em relação ao resto do Brasil, e do Brasil, em relação ao resto do mundo." Ver Cyro dos Anjos, *A menina do sobrado*. Rio de Janeiro: José Olympio; MEC, 1979, pp. 258, 269.   **17** Ibid. A edição inclui, sob o título "Santana do Rio Verde", o livro *Explorações no tempo*, publicado em 1952 pela coleção Os Cadernos de Cultura, editada no Rio de Janeiro pelo Ministério da Educação.   **18** Nas décadas de 1920 e 1930, mais da metade do orçamento público remunerava o considerável corpo de funcionários.

Quadro 1. Escritores do Estrela: origem social; capital social e político; formação escolar e carreira

Modernistas mineiros	Ano e cidade de nascimento e morte	Profissão do pai	Estigma/ Handicaps/ Trunfos	Posição na fratria	Capital social e político	Curso superior
Alberto Álvares da Silva Campos	1905, Dores do Indaiá (MG) 1933, Rio de Janeiro	Magistrado	Perna atrofiada (doença de Heine- -Medin)	Irmão mais novo de Francisco Campos	Troncos familiares ilustres (Joaquina do Pompéu, Melo Franco etc.)	Direito/ Belo Horizonte (1924-28)
João Alphonsus de Guimaraens	1901, Serro (MG), hoje Conceição do Mato Dentro 1944, Belo Horizonte	Juiz, promotor de Justiça	—	3º filho; 1º filho homem; 14 irmãos (7 mulheres, 7 homens)	Estirpe literária	Direito/ Belo Horizonte (1930)
Carlos Drummond de Andrade	1902, Itabira (MG) 1987, Rio de Janeiro	Fazendeiro	Olhos azuis	4º filho homem; 6 irmãos (4 homens, 2 mulheres)	Pai vereador e chefe político local	Farmácia/ Belo Horizonte (1923-25)
Emílio Guimarães Moura	1902, Dores do Indaiá (MG) 1971, Belo Horizonte	Comerciante, suplente do juiz de paz	Asma	—	—	Direito/ Belo Horizonte (1928)

Cônjuge/ Ano de casamento	Ano de estreia em livro/ Gênero	Produção intelectual	Academia Mineira de Letras/ Academia Brasileira de Letras	Carreira funcional e política	Parentes e padrinhos políticos e literários
Clélia Prates/ 1929	—	Contos (*A Revista*)	—	Advogado no Banco do Brasil	Sobrinho-neto do ministro do Império Martinho Campos; irmão de Francisco Campos; primo de Gustavo Capanema e de Benedito Valadares Ribeiro
Esmeralda Viana de Guimaraens/ 1930	1931/ contos	Contos, novelas, poesia, ensaio biográfico do pai	—	Funcionário da Secretaria de Finanças 1931: Promotor público; Auxiliar da Procuradoria Geral do Estado; Jornalista do *Diário de Minas*, da *Folha de Minas* e do *Estado de Minas*	Sobrinho-neto do romancista Bernardo Guimarães; filho do poeta Alphonsus de Guimaraens; irmão do poeta Alphonsus de Guimaraens Filho
Dolores de Morais/ 1925	1930/ poesia	Poesia, contos, crônicas, ensaios, diários, traduções	—	Jornalista do *Diário de Minas*; do *Minas Gerais* 1928: Funcionário da Secretaria da Educação; Oficial de gabinete; secretarias de Educação e do Interior 1934-44: Chefe de gabinete do Ministério da Educação	Neto do capitão e proprietário de terras Elias de Paula Andrade
Guanayra Portugal Moura/ 1931	1931/ poesia	Poesia, desenho, escultura	AML	1928-31: professor de história na Escola Normal 1931-35: oficial de gabinete da direção da Imprensa Oficial (Mário Casasanta e Mário Gonçalves de Matos); oficial de gabinete do presidente Olegário Maciel 1935: secretário do Tribunal de Contas; secretário do Conselho Administrativo do Estado (MG) 1942: professor de história das doutrinas econômicas e de literatura brasileira na Faculdade de Filosofia 1944-46: diretor da Imprensa Oficial; jornalista do *Minas Gerais*, do *Estado de Minas* e do *Diário de Minas*	Parente da estirpe Guimaraens (Bernardo, Alphonsus e João Alphonsus); primo de Alberto Campos e de Francisco Campos

Quadro 1 (*continuação*)

Modernistas mineiros	Ano e cidade de nascimento e morte	Profissão do pai	Estigma/ Handicaps/ Trunfos	Posição na fratria	Capital social e político	Curso superior
Abgar de Castro Araújo Renault	1901, Barbacena (MG) 1995, Rio de Janeiro	Professor, funcionário público	—	6 irmãos (4 homens, 2 mulheres)	Família política do sogro	Direito (1919-24)
Pedro da Silva Nava	1903, Juiz de Fora (MG) 1984, Rio de Janeiro	Médico	—	—	—	Medicina/ Belo Horizonte (1927)
Cyro dos Anjos	1906, Montes Claros (MG) 1994, Rio de Janeiro	Fazendeiro, comerciante, industrial	Estrabismo, miopia, "feiura"	Caçula dentre os irmãos homens; 13 irmãos (9 homens, 4 mulheres)	Avô materno: chefe político local	Direito/ Belo Horizonte (1928-32)
Francisco Martins de Almeida	1904, Leopoldina (MG) 1983, Rio de Janeiro	Magistrado	—	—	Família tradicional	Direito/ Belo Horizonte (1922-26)

Fonte: Memórias, biografias, dicionários biobibliográficos, internet.

Cônjuge/ Ano de casamento	Ano de estreia em livro/ Gênero	Produção intelectual	Academia Mineira de Letras/ Academia Brasileira de Letras	Carreira funcional e política	Parentes e padrinhos políticos e literários
Ignez Caldeira Brant/ 1926	1943/ poesia (traduções)	Poesia	AML (1959); ABL (1969)	1927: deputado estadual 1930-31: professor da Escola Normal 1932: secretário do ministro Francisco Campos 1932: secretário do Interior (MG) 1938: diretor-geral do Departamento Nacional de Educação/ Ministério da Educação	Genro de Augusto Mário Caldeira Brant (deputado estadual e federal; secretário de Finanças de MG; articulador da Aliança Liberal; presidente do Banco do Brasil)
Antonieta Penido da Silva Nava/ 1943	Obras de medicina; 1972/ memórias	Poeta bissexto; memórias		Médico em Juiz de Fora, Belo Horizonte, Rio de Janeiro Professor em faculdades de Medicina	—
—	1937/ romance	Ficção, memórias	AML (1943) ABL (1969)	Jornalista do *Diário de Minas*; empregos no setor privado; funcionário da Secretaria de Finanças (MG) 1935-37: oficial de gabinete do governador (MG) 1938-40: diretor da Imprensa Oficial 1940-45: membro do Conselho Administrativo (MG)	Tio desembargador em Belo Horizonte
—	1933/ ensaio	Ensaio, teatro	—	Advogado no Rio de Janeiro	—

Os companheiros do Estrela preenchiam os requisitos de acesso à elite política: diploma superior, preferencialmente o de direito; prática de profissões liberais em paralelo aos encargos no serviço público; parentes na elite, trunfo soberano. Ao contrário da elite política paulista, com apreciável contingente de proprietários de terras, os fazendeiros eram minoria na mineira e desfrutavam de poderes inferiores aos dos magistrados.

Por força do envolvimento diuturno com a atividade política — nos planos municipal, estadual e federal, cada qual a seu tempo, ao longo da história de vida —, os modernistas mineiros vivenciaram na pele, no cotidiano, nas rodas de conversa, os momentos-chave da peleja no interior da oligarquia, desde os estertores da coligação perremista em 1929 até a instauração do Estado Novo, regime de que foram colaboradores de proa. Foram quadros educados e treinados em estado desprovido de alternativas de carreira e de trabalho fora da cidadela protegida de funcionários graduados. O único grupo homogêneo e autárquico do modernismo a operar, em décadas de atividade, em redes de cumplicidade sob beneplácito estatal.

Pelo fato de estarem enovelados a clãs familiares com recursos de influência no plano estadual, a maioria deles ligada por vínculos de parentesco, compadrio e amizade, desde jovens vivenciaram os efeitos das rixas entre parentelas. Instados a lidar precocemente com os pedágios de praxe cobrados pelos mentores, logo aprenderam a amaciar o cabresto manejado sem folga, no sufoco das guerras de palácio. O torniquete da reverência política se transmuda em bastidor inominável do projeto literário, acalentado, subsidiado e impregnado pelo desempenho da serventia com *panache*. O alicerce na vida dos rapazes consistia no trânsito em redes de lealdade pessoal, burocrática e mafiosa, sub tutela de próceres dos quais dependiam a progressão funcional, o reconhecimento dos pares e as oportunidades de parceria em iniciativas de quilate cultural. A permuta incessante de préstimos ensinou os recrutas à prontidão na oferta de serviços paraintelectuais (discursos, sueltos, resenhas).

A indissolubilidade entre a labuta política asfixiante e as feições do projeto intelectual transpira nas inflexões da arte poética, na linguagem cifrada dos preitos de admiração e das marcas de distância, nas dedicatórias, na reflexividade da escrita, no espectro variável dos veios temáticos e, sobretudo, no jogo esperto entre escapismo e loquacidade em matéria de pronunciamento social e político. A despeito de estilos pessoais de conduta e de personalidade, nenhum deles estava em condições de se esquivar das engrenagens de mobilidade no revezamento de guarda de que eram beneficiários.

Melhor dissociar as investidas em matéria de estilo, de forma, das estratégias de autor: por exemplo, os poemas reflexivos devem ser apreciados em parâmetros distintos das odes de homenagem. Versos de oficina têm pouco a ver com loas de aliança em território sob disputa. Não se trata, pois, de entender o teor de denúncia bombástica em *Sentimento do mundo*, mas de rastrear as circunstâncias, internalizadas, a moldar o gume expressivo negociado em verso. Negligenciar a paráfrase em prol da metástase. A resposta da prática literária às injunções políticas reprocessa, em linguagem de convenções partilhadas, o remoinho de experiências convulsivas, em confronto com embates e primazias no interior do campo intelectual. Mesmo em conjuntura de autonomia rebaixada, como no caso em pauta, a atividade literária opera conforme exigências próprias de violência simbólica.

No caso do modernismo mineiro, a vigência da tradição de excelência literária baliza o modelo de prática criativa com fisionomia inconfundível, de fatura estribada em valores de virtuose, propensa a gestar e nutrir o imaginário regional. No horizonte dos rapazes do Estrela, o exemplo eloquente substanciou a reverência à figura místico-lírica do poeta simbolista Alphonsus de Guimaraens.[19] Pela dispensa de abrigar na elite quadros intelectuais sem genealogia, tal como teve de proceder o modernismo paulista, o padrão homogêneo de recrutamento ressoou na voz: o espiritualismo de Emílio Moura, o húmus de classe de Drummond, a prosa compassiva de João Alphonsus.

Expostos a circunstâncias similares de origem social, formação escolar, aprendizado do trabalho político e ofício intelectual, a parceria de vida e trabalho entre os escritores e os políticos evidencia a incipiente diferenciação de aptidões no interior de elite regional acossada pelos riscos de fratura e pelo desgaste das imagens de identidade, as "razões de Minas", nomeadas em libelo de Mario Casasanta.[20] A crise econômica e a perda de protagonismo incitaram porta-vozes da cúpula, em transe de renovação, a cerrar postura em favor da reforma expansiva do Estado central, capaz de beneficiá-la

---

19 Em duas páginas não assinadas (João Alphonsus?), o segundo número de *A Revista* exaltava Alphonsus de Guimaraens e o romancista Bernardo Guimarães, dando a ver a centralidade da linhagem no pódio das letras mineiras: "Marginalia: Alphonsus de Guimaraens; O centenário de Bernardo Guimarães" (*A Revista*, Belo Horizonte, ano I, n. 2, ago. 1926, pp. 56-7 (edição fac-similar da Metal Leve, 1978). No último número, Drummond retoma o assunto em parágrafo longo em torno de Alphonsus como poeta emblemático da poesia religiosa no país (Carlos Drummond, "Poesia e religião". *A Revista*, Belo Horizonte, ano I, n. 3, jan. 1926, pp. 27-8). Sobre *A Revista*, ver: Antônio Sérgio Bueno, *O modernismo em Belo Horizonte: década de vinte.* Belo Horizonte: UFMG; Proed, 1982. **20** Mario Casasanta, *As razões de Minas* (Belo Horizonte: Imprensa Oficial do Estado, 1932), com prefácio de Gustavo Capanema, é uma coletânea de discursos proferidos na Sociedade Rádio Mineira, entre 16 de julho e 16 de agosto de 1932, ou seja, no auge do clamor disparado pela Revolução Constitucionalista em São Paulo.

mesmo ao preço de minar o antigo regime com fumos de democracia.[21] Germinavam aí os lineamentos de doutrina que iriam justificar a receptividade à autocracia, ao Estado forte, à arregimentação das massas. O prefácio veemente de Capanema ao livro de Casasanta sentencia as senhas de conduta a debelar o levante passadista e reacionário: as razões de Minas são as do Brasil; o estado se aliou à revolução de outubro "com a alma" pela reforma estatizante da democracia em descrédito.

21 O ensaio de Francisco Martins de Almeida (1904-83) *Brasil errado* (1932) também examina a crise do regime democrático e os germes de inúmeras autocracias europeias em perspectiva equilibrada e receoso dos desmandos do Estado forte, referido no texto, em diversas passagens, por meio da liderança soviética e de Mussolini, em "mundo coalhado de ditadores". Discerne os fundamentos distintos das soluções extremistas: o estatismo soviético lastreado no proletariado, a ditadura fascista endeusando a nação, o nazismo divinizando a raça pura. O diagnóstico da situação brasileira mira as razões estruturais da crise no predomínio do latifúndio e das políticas públicas de defesa do café sem abrir espaço às mudanças em curso suscitadas pela industrialização. Afora a menção de teses batidas — o sucesso da colonização britânica dos Estados Unidos de base econômica versus a colonização ibérica de base cultural —, o ensaio empreende síntese acertada de feições históricas da elite brasileira, antecipa os impasses entre a representação corporativa do tenentismo e as câmaras políticas tradicionais, denuncia o desequilíbrio político entre as unidades da federação e clama por um estado cuja racionalização das forças produtivas se apoiaria na especialização técnica, na estatística, na educação profissionalizante, "uma ditadura técnica". O melhor capítulo analisa a Revolução de 1930 na perspectiva da disputa intraoligárquica entre os estados fortes com vistas a se apoderar dos recursos do governo central, sem desconsiderar fatores intervenientes como o tenentismo. Conforme esclarece o autor ao final, o ensaio foi escrito antes do movimento paulista de 1932. Ver Martins de Almeida, *Brasil errado*. 2. ed. Rio de Janeiro: Organização Simões, 1953 (1. ed.: Rio de Janeiro: Civilização Brasileira, 1932).

Carlos Drummond de Andrade, Cyro dos Anjos e João Alphonsus: percursos descompassados

A progressiva conversão de Drummond, Cyro dos Anjos e João Alphonsus[22] ao ofício literário sucedeu em esquadros divergentes das constrições estruturais a modelar a fisionomia do modernismo mineiro. O escrutínio da morfologia logo evidencia os rumos de trajetórias destoantes dos companheiros. Drummond enveredou em percurso singular por causa de atribulações afetas à experiência familiar e ao perfil inusitado de homem sem profissão; Cyro dos Anjos teve de se livrar dos *handicaps* derivados da posição em falso na linhagem; João Alphonsus perseverou no desígnio autoral em ficção sem abjurar o legado literário dos ascendentes. Drummond e Cyro procediam de proles numerosas de fazendeiros que se arruinaram. A despeito de trunfos remanescentes e de notáveis da família na elite local — Itabira e Montes Claros —, não pertenciam a clãs influentes no estado, carentes da liquidez em moeda conversível. Por conseguinte, lograram avançar na assessoria de alto escalão consoante recomendações de amigos bem situados.

O lugar de Drummond na linhagem familiar ajuda a esclarecer a posição incômoda à qual teve de se ajustar em meio às turbulências suscitadas pela herança depreciada. Carlos era o

---

22 Fernando Correia Dias, *João Alphonsus: Tempo e modo*. Belo Horizonte: Centro de Estudos Mineiros, 1965 (obra de referência sobre vida e obra do autor); João Etienne Filho, *João Alphonsus: Ficção*. Rio de Janeiro: Agir, 1971 (Coleção Nossos Clássicos); Alphonsus de Guimaraens Filho, *Alphonsus de Guimaraens no seu ambiente*. Rio de Janeiro: Biblioteca Nacional, 1995; Henriqueta Lisboa, *Alphonsus de Guimaraens: Biografia*. Rio de Janeiro: Agir, 1938; Id., *Vida e obra de Alphonsus de Guimaraens*. Rio de Janeiro: Agir, 1945 — com base na conferência proferida na série Nossos Grandes Mortos, sob auspício do ministro Capanema; Mário de Andrade e Manuel Bandeira, *Itinerários: Cartas a Alphonsus de Guimaraens Filho*. São Paulo: Duas Cidades, 1974.

nono rebento em prole que já havia perdido quatro crianças antes de completarem dois anos. O primogênito era catorze anos mais velho; o irmão mais novo morreu de crupe aos quatro anos; e a caçula nasceu em 1906. No enguiço, é comum o desgaste da autoridade paterna e a dianteira dos irmãos mais velhos na partilha de afetos e no reparte de bens. Perante o aperto, veem-se constrangidos a acolher as concessões paternas em dotes às irmãs. A história sentimental da família se incrusta, assim, em chave personalizada, no itinerário de todos, premidos a amargar injunções devidas à conjuntura de nascimento, aos entreveros causados pelas clivagens de idade e de gênero, ao grau de proximidade dos pais. Os biógrafos e as reminiscências dão a ver episódios de hostilidade e repulsa em contraponto a gestos em favor do menino mimado, Carlos, que fora agraciado com o prenome paterno.[23]

A trajetória acidentada de Drummond remonta ao esvaimento progressivo do patrimônio material da família. Segundo relato do poeta, o desmonte da fortuna se deu por etapas: primeiro, o pai doou duas fazendas aos seis filhos; o casamento das irmãs motivou a oferta de dotes e uma nova partilha de terras, então contemplando apenas os homens — Drummond se tornou coproprietário das fazendas que o irmão parceiro tocava. Em 1920, o pai vendeu as fazendas e o casarão azul, "talvez a mais imponente das casas de Itabira", herdada dos bisavôs, da qual se avistava a fazenda do Pontal, investiu parcela dos recursos em terrenos no bairro da Floresta e passou

---

23 José Maria Cançado, *Os sapatos de Orfeu: Biografia de Carlos Drummond de Andrade*. São Paulo: Scritta, 1993; Carlos Drummond de Andrade, *Confissões de Minas*. In: *Obra completa*. Rio de Janeiro: Aguilar, 1964, pp. 505-607 — com textos dos anos 1930, antes de fixar residência no Rio de Janeiro.

a residir na capital.[24] O quinhão diminuto no patrimônio restante seguiu-se à repentina e enigmática decisão de liquidar o patrimônio na cidade de origem. As razões a determinar o traslado familiar aludem a enredo que pode ter naco de verdade: o empenho paterno em forçar o desmanche do noivado da filha mais velha Rosa Amélia com um caixeiro intentava sustar o enlace incestuoso com um filho bastardo.[25]

Ao longo dos anos de 1920, Drummond recebeu mesada dos pais e, no aperto, vendeu a parte na fazenda ao mano primogênito. A essa altura, aos 23 anos, desempregado, formado em farmácia, casado, voltou por uns tempos a residir em Itabira, na casa do irmão. Ao que parece, a partilha inicial ocorreu antes da transferência da família; o acerto final entre os irmãos se deu adiante. Após o casamento, os pais lhe emprestaram casa na Floresta, vizinha à morada deles construída entre 1922 e 1923.[26] Os trancos motivados pelo retraimento material foram moldando alternativas de futuro profissional, em capital provinciana com espaços restritos de absorção de jovens letrados. O encaixe como redator em jornais governistas e o aceite do primeiro modesto emprego público, ao abrir perspectivas de sobrevivência, o punham a salvo da desdita familiar. Ele e Cyro dos Anjos não dispunham de capital de

---

24 "O grande espelho oval, com moldura de talha dourada, que ficava ao centro da nossa sala de visitas, em Itabira, foi vendido a d. Joaninha Batista com tudo o mais que pertencia à casa. Papai vendeu tudo por 30 contos de réis, acredito que sabendo perfeitamente da ninharia desse preço, mas querendo talvez 'liquidar' com a fase itabirana de sua vida" (Carlos Drummond de Andrade, *Uma forma de saudade: Páginas de diário*. Org. de Pedro Augusto Graña Drummond. São Paulo: Companhia das Letras, 2017, pp. 32-3).
25 Ver José Maria Cançado, op. cit., pp. 71-2: "Com a proibição absoluta de se casar com Xicado, Rosa, embora mais tarde viesse a se casar com outro homem, nunca deixou de ter sobre a sua vida uma sombra de apertar o coração: seu noivo seria — sopra até hoje a boca do inferno jamais fechada que há em Itabira — filho natural do coronel". 26 Ibid., p. 72.

relações sociais de vulto, Drummond tampouco de pistolões de calibre em âmbito municipal.[27] Ele era o mais destituído da turma. Da perda de arrimos, provação tingida pelo desnorteio, pela falta de socorros, Drummond extraiu a visada dos atropelos que desgastam os laços com a classe de origem, confrontado a enxergar o percurso pelos prumos de desmanche. O declínio da família lhe permitiu vivenciar limiares de experiência que desconhecia. A obra foi se edificando em derivas de percurso, em vislumbre de destinos alheios, disciplinada pelo manejo de virtuose aprendiz das convenções literárias.

A vida escolar de Drummond condensa óbices sucessivos ao itinerário conforme às expectativas dos rapazes de sua condição. As vicissitudes barraram o acesso ao status cobiçado pelos pares, o de bacharel em direito, e o empurraram a enxergar a saída de autodidata. Em 1916, ele ingressou no Colégio Arnaldo,[28] aluno interno na primeira série do colegial, mas logo teve de interromper o curso por doença; regressou a Itabira, onde permaneceu ano e meio; no começo de 1918, foi matriculado no Colégio Anchieta, em Friburgo, a cargo dos jesuítas, mas acabou expulso no ano seguinte, na véspera de completar dezessete anos. Até então, fora aluno aplicado e premiado, praticante dos sacramentos da confissão e da comunhão, colaborador entusiasta do jornal escolar. Em consequência da conduta em desacordo com um professor, potenciada pela carta peitando a direção, teve de digerir o quiproquó que lhe pareceu difícil de remendar e seguir adiante. Na métrica escolar, a expulsão o deixara em apuro por lhe faltar o diploma do colegial.

A decisão de ingressar na faculdade de odontologia e farmácia, único curso superior a dispensar o atestado do colegial, decerto

---

27 O pai de Drummond fora vereador e chefe político na cidade, mas havia desertado de Itabira. **28** Entidade confessional mantida pelos padres da Congregação do Verbo Divino.

visava amainar o desgosto dos pais. Drummond se matriculou com certificados de aprovação em português, francês, aritmética e geografia, obtidos no colégio Pedro II, no Rio de Janeiro. Apesar de a decisão parecer anedótica nas fontes, o intento de adquirir diploma superior era de todo indispensável à rapaziada atenta às oportunidades de acesso à elite mineira. O gesto vinha atender ao requisito tácito em regime clientelista. Ele se deu conta do risco de ser barrado pela casta; não lograria se resguardar do infortúnio sem a credencial universitária. Todavia, o desvio lhe garantiu a dispensa em adquirir a bagagem bacharelesca, atiçado a investir nos imponderáveis do autodidatismo. Mesmo a "eleição" da poesia derivou, em parte, dos percalços escolares. Ao esposar o verso em meio ao surto do romance como gênero dominante no campo intelectual da década de 1930,[29] Drummond o fez passando ao largo das redomas estéticas e temáticas dos contemporâneos. Desde o livro de estreia, apostou em pegada forte no mundo social e na postura reflexiva em matéria de *ars poetica*.[30] Resistir à maré ficcional impunha habilitar a poesia ao combate discursivo, ciente dos atavios preciosistas inerentes ao paradigma lírico e do pedágio forçoso à expertise. Ele testou habilidades expressivas em meio a entraves que não

---

29 Drummond esteve sempre atento ao impacto do romance social e acusa o golpe em carta de 4 de agosto de 1936 a Cyro dos Anjos: "É da maior necessidade que você o conclua [refere-se ao romance *O amanuense Belmiro*] e publique, contribuindo para que se retifique o conceito atual do romance entre nós. A mim não me satisfaz nem a transcrição imediata e anticrítica de aspectos de uma vida regional, como fazem os rapazes do Norte (entre parênteses: como escrevem mal!), nem essa literatura 'restaurada em Cristo', com que nos aporrinham os pequeninos gênios marca Lúcio Cardoso" (Wander Melo Miranda e Roberto Said (Org.), *Cyro & Drummond*, op. cit., pp. 84-5). **30** O autodidatismo não o livrou de escorregadas na mocidade, tal como revelam o juízo estapafúrdio sobre Machado de Assis e as generalidades afoitas a respeito de literatura francesa em artigos divulgados no periódico do grupo: "Sobre a tradição em literatura", *A Revista*, Belo Horizonte, ano I, n. I, jul. 1925, pp. 32-3; "Poesia e religião", op. cit., pp. 27-8, 57-8.

garantiam desfecho seguro, à altura das expectativas familiares e das suas veleidades.[31] A trajetória escolar fora do estribo e indesejada desobstruiu o manancial criativo das injunções taxativas da doxa poética obsoleta.

O casamento com Dolores é experiência dissonante no padrão de aliança matrimonial cumprido pelos colegas de classe. A decisão de esposar uma das sete filhas de um modesto guarda-civil desagradou aos pais, fez despencar os sentimentos de amor-próprio, converteu-se em haraquiri erótico e afetivo.[32] Em carta comovente a Mário de Andrade, Drummond ventila confidências doloridas, fantasias de autossabotagem, ímpetos de piedade, repulsa e impotência, resiliente à reticência familiar que não consegue descartar.[33] As dúvidas lancinantes quanto ao consórcio com a moça de condição inferior evocam os embaraços do rapaz bem-nascido, dependente da ajuda paterna, por ora destituído de renda, a braços com o temor de se diminuir. O casamento para "baixo" esticou a corda da sujeição no romance doméstico e pressagiou os riscos do precipício. Em 1927, a perda do filho recém-nascido fechou o ciclo de revezes.

O casamento para "cima" de Abgar Renault exemplifica os trunfos assegurados pela mediação do sogro. Filho de um professor e educador de nomeada, mas desprovido de fortuna

---

31 As cartas endereçadas a Mário revelam o jovem imerso em devaneios que ainda não sabe como efetivar. **32** Dolores era moça pobre e trabalhava em escritório numa fábrica de calçados. **33** Carta de 19 de julho de 1925: "Preciso te explicar o meu temor de sofrer com a vida em comum. Eu amava, eu amo ainda a minha mulher; mas você não imagina como sofri, como sofremos, é melhor — durante cinco anos de namoro. Havia uma oposição manhosa da parte de minha família, e eu não podia contrariar minha gente, sendo um moço pessoalmente sem meios. Afinal, resolvi apressar o casamento (não concluí ainda meu curso). Continuando sem meios, precisava morar com minha família. Resolvi-me a tudo, rompi todos os escrúpulos e dificuldades, casei e trouxe minha mulher para aqui. Pois olha que ainda não me arrependi deste passo" (Lélia Coelho Frota (Org.), *Carlos & Mário*, op. cit., pp. 131-4).

material, Abgar se casou com Ignez Caldeira Brant em 1926, já formado em direito.[34] Ignez era filha de Alice Dayrell Caldeira Brant — identidade civil de Helena Morley, autora das memórias *Minha vida de menina* (1942), a única mulher escritora que, por gravidade, se inscreve com nome próprio na história do grupo Estrela — e de Augusto Mário Caldeira Brant, descendente de contratadores de diamantes. Advogado, deputado estadual (1920), federal (1921), secretário de Finanças (1922-25), o sogro de Abgar dirigia o Banco do Brasil na época do enlace.

Em 1929, Augusto Mário se engajou na linha de frente da Aliança Liberal: atuou no trabalho de ligação entre revolucionários gaúchos e mineiros; como "criptógrafo amador", interceptou despachos trocados entre o governo federal de Washington Luís e o comando militar em Minas; integrou o grupo de coordenação do movimento no estado ao lado de Francisco Campos. Em retribuição, em novembro de 1930, foi nomeado presidente do Banco do Brasil por Vargas e reconduzido à Câmara dos Deputados. Por sua iniciativa, Abgar se elegeu deputado estadual pelo PRM (1927-30) e integrou a comissão de Instrução Pública e Militar na seção mineira da Associação Brasileira de Educação ao tempo da gestão Francisco Campos na secretaria do Interior (governo Antônio Carlos). Em 1931, no governo provisório, Abgar se tornou secretário de Francisco Campos, ora ministro da Educação. Após o golpe falhado contra Olegário Maciel, em sintonia com Francisco Campos, que deixara o ministério da Educação, Augusto Mário exonerou-se da presidência do Banco do Brasil e se envolveu nas tratativas do "Acordo Mineiro", no intento de fundir a Legião de Outubro com o PRM em partido único, o efêmero

---

34 Solange Ribeiro de Oliveira, *Itinerário de Sofotulafai: (Auto)biografia literária de Abgar Renault*. Belo Horizonte: Faculdade de Letras da UFMG, 2005.

Partido Social Nacionalista;[35] gorada a iniciativa, virou a casaca filiando-se à facção bernardista em apoio ao movimento constitucionalista de 1932, o que lhe valeu a cassação dos direitos políticos, a prisão e o exílio. No final de 1932, Abgar deixa o cargo no ministério, decerto motivado pela adesão do sogro ao levante paulista. Em 1934, de retorno ao país, Augusto Mário obtém a suplência na bancada do PRM à Câmara dos Deputados. Não obstante o momentâneo ostracismo do mentor, Abgar logrou mobilizar o cacife familiar e retomou a carreira no alto escalão do Ministério da Educação, com anuência de Capanema.[36] O sogro e o irmão dele — João Edmundo Caldeira Brant, prócer da Aliança Liberal, deputado estadual, um dos articuladores do golpe contra Olegário[37] — eram primos da família Mata Machado, de políticos e intelectuais.[38] Eis a rede de esteios que garantiu a Abgar a bênção da elite regional.

O diploma em farmácia cavado por Drummond, o casamento desvantajoso e o quinhão acanhado na herança pontuam os desvios de trajetória em relação ao restante dos escritores egressos do Estrela. Tudo pesado, Carlos era o rapaz sem trunfos da confraria, depenado em bens materiais, sem resguardo de abrigo político, o capital social à míngua, apesar do

---

35 Augusto Mário elaborou os estatutos do Partido Social Nacionalista. Ver Alzira Alves de Abreu, Israel Beloch, Fernando Lattman-Weltman e Sérgio Tadeu de Niemeyer Lamarão (Coords.), *Dicionário histórico-biográfico brasileiro pós-1930*, op. cit., v. 1, pp. 787-8. **36** No Estado Novo, dirigiu o Colégio Universitário da Universidade do Brasil e o Departamento Nacional de Educação; integrou a Comissão de Negócios Estaduais do Ministério da Justiça na gestão Francisco Campos, que lhe confiou a redação final do Código de Processo Civil, do Código Penal e do Código de Processo Penal. **37** Sobre os Caldeira Brant, ver Norma de Góis Monteiro, *Dicionário biográfico de Minas Gerais*, op. cit., v. 1, pp. 111-3. **38** Sobre os Mata Machado, ver ibid., v. 2, pp. 375, 377, 379-80.

sobrenome prestigioso. A maturação do projeto intelectual o instigou a debelar contratempos, salvo-conduto de entrada na movida oligárquica. Drummond fez da necessidade virtude pela via autodidata e resguardou a obra, desde a estreia chancelada pela Imprensa Oficial, da corrosão político-burocrática. O autodidatismo era uma aposta de risco pelo vulto de investimento ao adquirir bagagem literária considerável em caução à prática da poesia, gênero de extremado exclusivismo social e intelectual. Ele entronizou Mário de Andrade e Manuel Bandeira como modelos de excelência, pela versatilidade de domínios de especialização e pela fortuna do repertório erudito. A inteligibilidade de tais disposições esclarece a posição excêntrica de *càpo* informal dos pares, alçado ao posto por assentimento unânime, pela dicção fora do prumo cediço, pela petulância de apartar o literário da subserviência.

Valendo-se da proximidade de lideranças de ponta — em especial, Capanema —, Drummond logrou o tento de conciliar o trabalho literário ao encosto burocrático. Ao revés da equação paulista, a classe dirigente em Minas não forjara um mecenato privado nem a fração de empresários culturais de estatura — a exemplo do clã Mesquita de magnatas da imprensa —, tampouco a frente de confronto (o Partido Democrático, em São Paulo) ao partido situacionista. Nenhum moço do Estrela poderia nutrir o devaneio de voo solo em matéria intelectual. A solda das injunções clientelistas comandava a trama discursiva palatável à empreitada literária. As enrascadas, por sua vez, ao propiciar o experimento de provar o limbo da desgraça, deram a matéria-prima ao cerne da obra literária.

A geração modernista foi movida pelo sentimento de estar predestinada a contribuir na missão exaltante de conjurar as ameaças à primazia do Estado. Tamanho desafio torna inteligível o desvelo com que a jovem guarda intelectual se ancorou no imaginário da mineiridade no intento de lustrar a imagem de elite fragmentada.[39] "Salvar" Minas do horizonte de rebaixamento é mote entranhado nas pretensões expressivas dos jovens, instigados a se ombrear à "vanguarda" paulista. O liame entre o acicate político e os reptos de invenção poética molda Drummond, o vocal dos impasses e vicissitudes da geração.

A educação sentimental e política de Drummond, ao longo dos anos 1920, sucedeu em meio a revezes com efeito bumerangue no espaço familiar — a herança esvaziada, os tropeços do namoro, o diploma gambiarra. Ele enxergou no casamento a alforria do rechaço familiar, interregno que lhe permitiu testar habilidades na imprensa e no serviço público. Um rapaz atiçado por propensões criativas que demoraram a prosperar. Os versos de *Os 25 poemas* e outras composições do período atestam o lirismo convencional, desajeitado, penumbrista, infenso aos fogos que o consumiam.[40] Carente do diploma em direito e dos arrimos de parentesco graúdo, ele não dispunha das credenciais de ingresso na casta. O apelo aos rastos de antiguidade camufla o desgaste acentuado do capital remanescente. A virada na partida ocorreu no feitio clientelista de praxe.[41]

---

39 Maria Arminda do Nascimento Arruda, *Mitologia da mineiridade: O imaginário mineiro na vida política e cultural do Brasil.* São Paulo: Brasiliense, 1990.
40 Carlos Drummond de Andrade, *Os 25 poemas da triste alegria* (São Paulo: Cosac Naify, 2012). Os topoi recorrentes no volume tematizam o espaço doméstico do "poeta resignado": quintal, jardim, árvores, tanques, trepadeiras, hortas. O léxico explora termos conotados de acento esvoaçante: lírios, borboletas, rosas, nardo, sândalo, verbena, o sol "louro príncipe fatigado".
41 Em 1926, por intercessão dos irmãos Alberto Campos (1905-33) e Francisco Campos, esse então secretário do Interior, Drummond é contratado redator do *Diário de Minas*, órgão oficial do PRM. Em 1928, por indicação de Milton Campos e de Rodrigo Melo Franco de Andrade, é convidado por Francisco Campos a trabalhar na Secretaria de Educação; no ano seguinte, troca de jornal governista, passando do *Diário de Minas* ao *Minas Gerais*, diário oficial do estado, e se torna oficial de gabinete de Mario Casasanta; em 1930, designado auxiliar de gabinete de Cristiano Machado, secretário do Interior e comandante-geral do Estado-Maior das tropas revolucionárias mineiras, é convocado a participar do destacamento militar em Barbacena.

Em anos de intensa militância, o jovem Drummond concluía o aprendizado, na imprensa chapa-branca e em postos de panela, das habilidades que desempenharia na burocracia, em paralelo à escrita da obra poética. Livre do jugo familiar, experimentou o bafo de conchavos entre chefes oligárquicos. O exercício de encargos de confiança, no vale-tudo das pelejas, foi a lição prática sobre o encaixe dos "primeiros bacharéis da revolução".[42]

O itinerário de Cyro dos Anjos é homólogo ao de Drummond no tocante à colisão com o progenitor e nas peculiaridades da posição na linhagem. Embora ele se autodesignasse caçula, as circunstâncias da concepção esclarecem o pleito. Por caçula, entenda-se o décimo terceiro filho, o derradeiro na fileira masculina, e, vejam só, nascido após o irmão Benjamin, o qual, por sua vez, fora assim nomeado, ao que se sabe, pelo desígnio dos pais de sustar a descendência. O fato de haver sido gerado à revelia não o isentou dos predicados de relegação cabíveis ao filho temporão, entregue desde menino ao cuidado das irmãs e irmãos já crescidos. A irmã nascida por último não alterou a prensa embaraçosa de Cyro na movida doméstica. Concebido no atropelo, refugo palatável, o esteio de peso na mocidade consistiu no amparo dos manos, em especial o custeio da educação.[43] No mais, ele e Benjamin ficavam à mercê da empregada, segregados da mãe adoentada, queixosos pela desatenção do pai.[44] O sentimento de

---

42 Fernando Correia Dias, *O movimento modernista em Minas: Uma interpretação sociológica*. Brasília: Ebrasa, 1971, p. 136. **43** Os irmãos Antonino e Carlos financiaram a estadia de Cyro em Belo Horizonte a fim de que prestasse os exames preparatórios. **44** "Mais escasso ainda foi o meu convívio com o Pai, na meninice. Era a instância suprema, a suma potestade, ante a qual se paralisavam a palavra e os gestos da prole [...], uma entidade poderosa e distante, provavelmente justa, mas severa e inflexível, que imperava discricionariamente na casa, na loja e na fazenda" (Cyro dos Anjos, *A menina do sobrado*, op. cit., pp. 30-1).

descarte, entranhado em estigmas, conforma o autorretrato: o estrabismo, a miopia, a acne.[45]

A relação tortuosa com o pai, a vida toda, tem a ver, no plano material, com as trapalhadas deste nos negócios, minguando a reserva indispensável à instrução da prole, e na libido, com a baixa estima derivada das mostras esquivas de proximidade e de aconchego. Afora a gestão da fazenda herdada, o pai de Cyro buscou, amiúde, diversificar o investimento: a loja que perdeu freguesia no surto do comércio sertanejo, repassada à responsabilidade dos filhos; o empenho de recursos na compra da segunda fazenda para engorda de gado. Contraiu empréstimos e dívidas; passou a intermediar a venda de boiadas no mercado carioca; ampliou o risco pelo arrendamento de pastagens próximas.

Em 1922, pouco antes de Cyro se instalar em Belo Horizonte, o pai foi eleito presidente da Câmara. Ao que parece, a diversificação atabalhoada de empreendimentos era o troco à oposição do clã materno ao casamento, em vista das origens modestas da família. A juízo de Cyro, os recursos do pai haviam se esgotado no momento que ele mais precisava. Em 1926, em face de percalços na loja e na venda de gado, o pai fez a tacada de investir numa fábrica de botões. A despesa pelos estudos de Cyro foi bancada na íntegra pelos irmãos, o que lhe permitiu apartar as expectativas de melhoria profissional e de avanço escolar dos revezes econômicos do pai. A distância afetiva se estendeu à dispensa de suporte. Os irmãos assumiram encargos na loja, reproduzindo o modelo paterno; Cyro saiu-se a contento ao cumprir

---

45 "Não sendo feio de espantar, sabia-me desfavorecido [...]. Cabeça de pau de fósforo num esqueleto longilíneo; nariz proeminente, que o fugidio queixo tornava mais avançadiço; tez morena, tirante a ocre, e olhos miúdos, meio estrábicos [...]. Complete-se o retrato espalhando no rosto espinhas de todo feitio, trazidas pela ingrata idade, desde a borbulha até o furúnculo [...]. Um estrabismo ligeiro, associado à miopia, castigava-me desde criança" (Ibid., pp. 224, 302).

os requisitos compulsórios ao ingresso na elite política. Após se diplomar em direito, experiências malogradas na imprensa lhe garantiram o aprendizado da prontidão à "vida de ghost writer".[46] O emprego de auxiliar na Secretaria de Finanças, ao ingressar na faculdade, deflagrou a carreira bem-sucedida no serviço público estadual, com postos na cúpula oligárquica.[47] Na presilha de temporão bafejado pelo apoio fraterno e pelo arrimo clientelista, contornou a falência e virou o jogo: o pai foi residir com ele e o mano médico-escritor Waldemar[48] na capital. Cyro estreou com o romance *O amanuense Belmiro*,[49] na linhagem de ficção citadina na província — Avelino Fóscolo, Eduardo Frieiro, Moacir Andrade —, explorando o universo de pequenos funcionários.[50]

---

46 "[...] foi nomeado para o seu lugar o engenheiro Amaro Lanari, que não ia apenas gerir a pasta [Finanças], pretendia entrar de peito na política. Precisava de um amanuense-redator, e convidou-me para o seu gabinete, por indicação do meu velho amigo Mario Casasanta [...]. Com o desaparecimento da Legião e de sua pupila, a sociedade secreta Montanha, Lanari deixou a Secretaria e a política. Mas a Secretaria não me deixou. Titulares sucessivos me convidaram a permanecer no posto e fui ficando. Conhecia sofrivelmente a maligna arte de escrever. Tornara-me necessário ao Estado. Começara, para mim, a vida de ghost-writer, pobre vida em que, com desencanto e desalento, eu iria consumir os pobres dos meus miolos" (Ibid., pp. 378-9).
47 Oficial de gabinete do secretário de Finanças (1931-35); oficial de gabinete do governador do estado (1935-37); diretor da Imprensa Oficial (1938-40); membro do Conselho Administrativo do Estado (1940-45).
48 Consultar os verbetes a respeito de Cyro e Waldemar Versiani dos Anjos em Norma de Góis Monteiro (Coord.), *Dicionário biográfico de Minas Gerais*, op. cit., v. I, pp. 51-3.   **49** Cyro dos Anjos, *O amanuense Belmiro* (Belo Horizonte: Os Amigos do Livro, 1937), reeditado no ano seguinte pela José Olympio, ao que se pode creditar parte da fortuna crítica favorável se comparado, por exemplo, ao romance *O cabo das tormentas* (1936), de Eduardo Frieiro, também no selo Os Amigos do Livro, animador dessa cooperativa editorial. Ver Ana Paula Franco Nobile, *A recepção crítica de* O amanuense Belmiro, *de Cyro dos Anjos (1937)*. São Paulo: Annablume, 2005.   **50** Fernando Correia Dias faz apanhado sensível e documentado da ficção urbana, tendo Belo Horizonte como foco de análise, em "Romances da vida urbana" (*Líricos e profetas, temas de vida intelectual*. Brasília: Thesaurus, 1984, pp. 149-67). Ao

***

João Alphonsus de Guimaraens era o primogênito da prole de quinze filhos do magistrado e poeta Alphonsus de Guimaraens (1870-1921), sobrinho-neto do magistrado, jornalista, professor e romancista Bernardo Joaquim da Silva Guimarães (1825-84) e irmão do poeta Alphonsus de Guimaraens Filho (1918-2008). O pertencimento à estirpe de um dos mestres do simbolismo, à linhagem familiar coalhada de letrados,[51] lhe garantiu o capital literário invejável, a intimidade precoce com o ofício, o apreço dos confrades. Metonímia da atividade literária na tradição mineira, o poeta Alphonsus de Guimaraens foi um dos fundadores da Academia Mineira de Letras em 1909, em Juiz de Fora, titular da cadeira 3, colegiado designado como *Casa de Alphonsus*.

João Alphonsus iniciou-se pelos sonetos divulgados em 1918, na revista *Fon-Fon*, e continuou poetando até os anos 1940. Os companheiros de turma reconheciam a cancha lírica, atestada pelo ensaio sensível de Drummond sobre a obra.[52] A herança de tamanho dote literário constituiu o vetor nos rumos do escritor. A gestão do legado motivou a feitura de ensaios alentados: a notícia biográfica do pai; o texto de abertura à edição

abordar obras e autores no bojo de um campo literário incipiente, repõe o romance de Cyro dos Anjos na perspectiva da tradição regional, coteja estilos de narrativa, explora a sociografia da capital e esmiúça com sagacidade as dimensões da experiência — afetiva, mítica e ideológica — relatada pelo personagem central Belmiro Borba. **51** A parentela inclui o contista e poeta Afonso da Silva Guimarães (1876-1955), filho do romancista Bernardo Guimarães e primo de Alphonsus de Guimaraens; o promotor e poeta simbolista Arcanjo Augusto da Costa Guimaraens (1872-1934), irmão caçula de Alphonsus de Guimaraens; e o escritor José Guimarães Alves, neto de Bernardo Guimarães. Ver Raimundo de Menezes, *Dicionário literário brasileiro*. 2. ed. Pref. de Antonio Candido. Rio de Janeiro: Livros Técnicos e Científicos, 1978, pp. 319-22; Alphonsus de Guimaraens Filho, *Alphonsus de Guimaraens no seu ambiente*, op. cit., pp. 141, 219, 248-9, 304. **52** Carlos Drummond de Andrade, "João Alphonsus", em *Passeios na ilha* (In: *Obra completa*, op. cit., pp. 683-93) — texto iniciado em 1944, após a morte do amigo.

da obra completa; o estudo crítico do romance regionalista do tio.[53] O envoltório que pressagia dons inatos de potência interroga o mistério do nome: a latinização do prenome (Alphonsus) e o sobrenome arcaizado (Guimaraens), indícios eloquentes do enigma autoral.

O ensaio sobre o pai desvela orgulho pela pujança intelectual do clã, cuja gênese remonta ao Império e se espraia em parentela numerosa. O relato do romance de mocidade — o pai e a noiva Constança, que morreu jovem e era filha do tio-avô romancista — enovela na paixão frustrada a gestação do maná a ungir escritores natos. O destaque aí conferido ao simbolista conterrâneo José Severiano de Resende — o maior amigo do pai, ex-padre, cujo périplo de nômade cobriu Minas, Rio de Janeiro, São Paulo e Paris — visa dilatar o magistério lírico de Alphonsus fora da província e firmá-lo luminar de vertente literária autóctone. As afinidades confessionais entre pai e filho, promotores de justiça, ressoam na estima por Santa Teresa de Jesus, de quem João Alphonsus traduziu os poemas e cujo elã místico anima os *Sonetos de uma santa*, de Alphonsus.[54]

Não obstante o cerco do espólio, João Alphonsus praticou a ficção, na cola da tendência dominante na literatura brasileira nos anos 1930. Abjurava o culto de reverência à poesia por parte

---

53 João Alphonsus, "Notícia biográfica" (Alphonsus de Guimaraens, *Poesias*. 2 v., 2. ed., rev. por Alphonsus de Guimaraens Filho. Rio de Janeiro: Organização Simões, 1955, pp. 9-36), texto destinado à primeira edição da *Obra completa*, dirigida e revista por Manuel Bandeira (Rio de Janeiro: Ministério da Educação e Saúde, 1938); João Alphonsus, "Bernardo Guimarães, romancista regionalista". *Revista do Brasil*, Rio de Janeiro, 3ª fase, ano 4, n. 35, maio 1941, pp. 75-85 (republicado em Aurélio Buarque de Holanda (Coord.), *O romance brasileiro (1752-1930)*. Rio de Janeiro: O Cruzeiro, 1952, pp. 91-102); João Alphonsus, "A posição moderna de Bernardo Guimarães", *A Manhã*, Rio de Janeiro, v. 4, n. 9, 14 mar. 1943, Autores e Livros, p. 133. **54** Fernando Correia Dias, *João Alphonsus: tempo e modo*, op. cit., p. 50.

de modernistas de São Paulo e Minas,[55] como demonstra a polêmica sustentada com Manuel Bandeira,[56] sem abdicar de universo temático próprio, radicado em bairros e subúrbios antigos da capital, povoada com personagens de condição humilde: enxame de funcionários públicos, soldados, caixeiros-viajantes, acossados pelo crime e pelo suicídio. O "vinco burocrático", no dizer de Drummond, em empregos modestos no serviço público, nutriu o universo da prosa. Em lugar das sagas de reconstrução do mundo em ruína das famílias de proprietários rurais de que procediam José Lins do Rego, Rachel de Queiroz, Graciliano Ramos, entre outros, João Alphonsus explorou a vida comezinha em bairros e subúrbios da cidade em expansão.

Os romancistas coetâneos eram letrados de província, autodidatas, distanciados dos centros da vida literária. Ao cabo de formação escolar esmerada — professores particulares, humanidades no Seminário de Mariana, preparatórios no Ginásio Mineiro — João Alphonsus cursou dois anos em medicina antes de se diplomar em direito. A morte do pai, em 1921, não travou o acesso à elite judiciária, tendo sido nomeado promotor logo após a formatura. Os romancistas nordestinos afiaram o registro do mundo social por experiências drásticas de intimidação, tendo de se defrontar com perspectivas divergentes da classe de origem. O prosador mineiro vasculhou a existência lúgubre de criaturas de baixo escalão.[57]

---

55 João Alphonsus escreveu inspirado soneto paródico de "No meio do caminho", com métrica, rima e pesada adjetivação. Ver Carlos Drummond de Andrade, *Uma pedra no meio do caminho: biografia de um poema*. Rio de Janeiro: Editora do Autor, 1967. **56** Carta de Manuel Bandeira a João Alphonsus; Resposta de João Alphonsus, *Revista do Brasil*, São Paulo, 30 out. 1926 e 15 nov. 1926. **57** João Alphonsus, *Contos e novelas*. Rio de Janeiro: Editora do Autor, 1965 — incluindo *Galinha cega* (1931), *A pesca da baleia* (1941) e *Eis a noite!* (1943); Id., *Totônio Pacheco*. São Paulo: Companhia Editora Nacional, 1934; Id., *Rola-Moça*. Rio de Janeiro: José Olympio, 1938.

Políticos do Estrela

Os políticos egressos do grupo Estrela pertenciam a clãs familiares de antigo enraizamento nas cidades de origem, propícios ao disparo de carreiras vertiginosas. O aprendizado probatório sucedia no remanso de patotas por afinidade. Gustavo Capanema sargenteou junto ao primo Francisco Campos; adiante, se enturmou com o primo Olegário Maciel. Sobrinho do chefe político de Ponte Nova e do ex-vice-presidente de Minas, Antônio Martins Ferreira da Silva, Milton Campos foi nomeado advogado-geral do estado mercê do pai desembargador; logo mais, assumiu a relatoria da comissão de elaboração da Constituição mineira, presidida pelo genitor.[58] Gabriel de Resende Passos foi guindado a chefe de gabinete de Olegário Maciel por fiança da parentela. Mario Casasanta cumpriu itinerário híbrido, tocando o trabalho acadêmico em paralelo ao exercício de funções políticas, com o beneplácito de Antônio Carlos e os empurrões de Capanema, Abgar Renault e Gabriel Passos, amigos da turma em direito.

---

58 Francisco de Castro Rodrigues de Campos (1872-1939), promotor, juiz e diretor da Secretaria de Finanças, foi diretor da Imprensa Oficial no governo Júlio Bueno Brandão, nomeado procurador-geral do estado (1913), desembargador (1917) e presidente por oito mandatos do Tribunal da Relação. Ver Norma de Góis Monteiro, op. cit., v. I, pp. 130-1. Sua mãe, Regina Soares Campos, descendia de família antiga da zona da mata, cujos integrantes tiveram atuação política destacada: o avô Manuel Olímpio Soares, presidente da Câmara Municipal de Ponte Nova; o tio-avô, Antônio Martins Ferreira da Silva, vice-presidente do estado; o tio Luís Martins Soares, constituinte estadual em 1934, deputado federal entre 1935 e 1937. Ver José Bento Teixeira de Salles, *Milton Campos: Uma vocação liberal*. 3. ed. Belo Horizonte: Imprensa Oficial do Estado de Minas Gerais, 2000, pp. 291-8; Milton Campos, *Testemunhos e ensinamentos*. Org. e pref. de Antônio Gontijo de Carvalho. Rio de Janeiro: José Olympio, 1972: o volume inclui "Texto antropofágico", saudação a Drummond em nome dos intelectuais de Belo Horizonte, em 16 de junho de 1930, pelo lançamento de *Alguma poesia* (pp. 26-8).

No caso dos políticos, são de vulto as vantagens advindas pelo casamento. A família do sogro abastado de Gabriel Passos levou-o à intimidade de concunhados influentes, soldando investidas das famílias Bueno Brandão, Negrão de Lima e Kubitschek de Oliveira.[59] A esposa de Milton Campos provinha de família de políticos. Sem menosprezar a valia do nome-talismã do sogro de Capanema no entorno de Vargas, o coronel Afonso Emílio Massot, comandante da brigada gaúcha por mais de trinta anos, falecido em 1925, é invocado pelo biógrafo como intercessor *in memoriam* pelos favores da presidência aos filhos do militar.[60]

---

59 Gabriel era casado com Amélia Gomes de Resende Passos, filha de Jaime Gomes de Sousa Lemos (1858-1922), deputado estadual em quatro legislaturas, deputado federal; suas outras filhas desposaram Júlio Bueno Brandão Filho e Juscelino Kubitschek de Oliveira. Prócer do PRM, Jaime era sócio dos irmãos numa fábrica de papel. Sobrinho de Francisco Silviano de Almeida Brandão, governador de Minas (1898-1902), Júlio Bueno Brandão Filho fora chefe de gabinete do pai, Júlio Bueno Brandão, presidente de Minas Gerais (1908-09), e de seu sucessor Venceslau Brás Pereira Gomes, advogado-geral do estado, de quem também fora oficial de gabinete; deputado estadual por dois mandatos (1915-17, 1924-29); deputado federal constituinte (1933-34) e na legislatura subsequente (1935-37). Descendente de uma família de pequenos comerciantes de diamantes, Juscelino Kubitschek de Oliveira (1902-76) foi professor na Faculdade de Medicina e médico da Caixa Beneficente da Imprensa Oficial no final dos anos 1920. Em julho de 1932, dirigiu o hospital de campanha das tropas mineiras estacionadas na Mantiqueira, tendo então se ligado ao futuro interventor Benedito Valadares Ribeiro, de quem se tornou oficial de gabinete em 1933. Elegeu-se deputado federal pelo Partido Progressista em 1934. O casamento com Sarah Gomes de Lemos lhe permitiu estagiar alguns meses em Paris no Hospital Cochin e se aproximar como parente por afinidade dos políticos Otacílio, Francisco e Jair Negrão de Lima, primos de sua esposa pelo lado materno. Ver Norma de Góis Monteiro (Coord.), *Dicionário biográfico de Minas Gerais*, op. cit., v. 1, pp. 106, 108-11, 339, 344-5, 351; v. 2, pp. 476-85; Alzira Alves de Abreu, Israel Beloch, Fernando Lattman-Weltman, Sérgio Tadeu de Niemeyer Lamarão (Coords.), *Dicionário histórico--biográfico brasileiro pós-1930*, op. cit., v. 3, pp. 3167-72, 3178; v. 4, pp. 2952-72.

60 Murilo Badaró, *Gustavo Capanema: A revolução na cultura*. Rio de Janeiro: Nova Fronteira, 2000, p. 225.

Quadro 2. Políticos do Estrela: origem social, capital social e político, formação escolar e carreira

Políticos do Estrela	Ano e cidade de nascimento e morte	Profissão do pai	Posição na fratria	Capital social e político	Curso superior
Milton Soares Campos	1900, Ponte Nova (MG) 1972, Belo Horizonte	Magistrado, desembargador e presidente do Tribunal de Apelação (MG)	—	Anos 1930 e 1940: tio Luís Martins Soares, chefe político em Ponte Nova Avô materno: presidente da Câmara em Ponte Nova por 25 anos 1910-14: tio-avô, vice-presidente de MG 1915-17, deputado federal	Direito/ Belo Horizonte (1918-22) Orador da turma
Gustavo Capanema Filho	1900, Pitangui (MG) 1985, Rio de Janeiro	Comerciante e coletor estadual	Primogênito; 5 irmãos (3 homens, 2 mulheres)	Pai: deputado-geral do Império; Avô: barão de Capanema	Direito/ Belo Horizonte (1920-24)
Gabriel de Resende Passos	1901, Itapecerica (MG) 1962, Rio de Janeiro	—	—	Sogro: deputado federal (MG), 1912-20; industrial/ fábrica de papel (MG); deputado estadual, com 4 legislaturas, 1899-1914	Direito/ Belo Horizonte (1920-24)
Mário Casasanta	1898, Jaguari (MG), hoje Camanducaia 1963, Belo Horizonte	Pais: imigrantes italianos	—	—	Farmácia/ Pouso Alegre (1920) Direito/ Belo Horizonte (1925)

Fonte: Memórias, biografias, dicionários biobibliográficos.

Cônjuge/ Ano de casamento	Carreira funcional e política	Produção intelectual	Academia Mineira de Letras/ Academia Brasileira de Letras / Instituto Histórico e Geográfico-MG	Parentes e padrinhos políticos
Déa Dantas Campos/ 1926	Funcionário da Estrada de Ferro Oeste de Minas; advogado em Boa Esperança (MG); 1924: escritório de Abílio Machado (Belo Horizonte), com Pedro Aleixo e José Maria Alkmin; 1931: Legião Mineira; 1932-33: advogado-geral do estado (MG); 1930-34: presidente do Conselho Consultivo do estado (MG), sob o interventor Benedito Valadares; 1935: relator-geral da Comissão de Elaboração da Constituição Mineira; 1935-37: deputado estadual; 1937-44: advogado da Caixa Econômica Federal	Discursos e escritos políticos	AML (1953)	Pai: juiz de direito em Viçosa (MG); promotor de Justiça em Leopoldina (MG); juiz municipal em Ponte Nova (MG); diretor da Secretaria de Finanças; diretor interino da Imprensa Oficial; procurador-geral do Estado (1913-19); desembargador do Tribunal de Justiça, desde 1917; presidente da Comissão de Elaboração da Constituição Mineira (1935)
Maria Regina de Alencastro Massot Capanema/ 1931	1924-29: professor e advogado em Pitangui (MG); 1927: vereador em Pitangui; Oficial de gabinete do presidente Olegário Maciel; 1931: um dos fundadores da Legião de Outubro; 1931: secretário do Interior e da Justiça, acumulando as funções de chefe de polícia e comandante-geral da Força Pública (MG); 1933: interventor interino (MG); 1934-45: ministro da Educação e Saúde Pública	Discursos e escritos políticos	AML (1975)	Primos: Francisco Campos e Olegário Maciel
Amélia Luísa Gomes de Resende Passos (prima dos Negrão de Lima)/ 1925	1924-28: magistério e advocacia em Oliveira (MG); 1928: jornalista de O Estado de Minas; 1930: chefe de gabinete da Secretaria do Interior e Justiça; 1932-33: oficial de gabinete de Olegário Maciel; 1933: deputado à Assembleia Nacional Constituinte pelo Partido Progressista (reeleito em 1934); 1935: secretário de Interior e Justiça no governo Valadares, com jurisdição e comando da Força Pública e a chefia da polícia estadual; 1936: procurador da República	Discursos e pareceres	—	Concunhados: Júlio Bueno Brandão Filho e Juscelino Kubitschek de Oliveira
Nair de Azevedo Casasanta (1º casamento); Lúcia Schmidt Monteiro Casasanta	Promotor em Pouso Alegre (MG); 1928-31: inspetor--geral da Instrução Pública (MG); 1930-31/ 1941-44: reitor da UFMG; 1931-33/ 1937-38: diretor da Imprensa Oficial; 1933: advogado-geral do estado; 1938: diretor do Departamento de Educação do Distrito Federal (RJ); magistério superior	Ensaio e estudos literários	AML (1934) IHGB-MG	Colegas da turma de direito: Gustavo Capanema, Abgar Renault e Gabriel de Resende Passos

Os políticos encetaram o percurso sob escora de figuras-chave na política estadual, indício de proximidade dos círculos dirigentes a que se ligavam por laços de parentesco e préstimos variados. O caso Capanema ilustra a eficácia de pistolões caseiros mesclados ao desfrute de créditos junto a maiorais atuantes nos planos municipal, estadual e federal, fiadores do favoritismo em ressarcimento por serviços. A passagem da vereança a encargos confidenciais no governo estadual, daí ao desempenho de missões arriscadas e à intermediação em disputas entre facções, até amealhar a reserva de compostura e o traquejo na transigência, habilitaram Capanema ao posto cobiçado de interventor e à sagração como ministro da Educação e Saúde Pública.

Todos estudaram direito, tendo concluído o curso antes dos 25 anos. Após estágios-relâmpago de advocacia nas cidades de origem, ao que juntaram às vezes o magistério, retornaram à capital no final da década de 1920, atropelados pelo fogaréu do facciosismo. Tendo participado com elã de conchavos e maquinações de campanha na Aliança Liberal, o respiro de alívio entre a derrota da candidatura oposicionista e a propulsão de Vargas à Presidência pela revolução vitoriosa em outubro de 1930, logo franquearam oportunidades no mercado de postos à jovem guarda, com assento na cúpula do situacionismo estadual. As escaramuças e as desavenças de que foram testemunha puseram à prova méritos e habilidades. Os agravos sofridos por Capanema à testa da Legião de Outubro, as manobras na chefia das tropas barrando o avanço paulista em 1932, os louros pelos tropeços na montagem do Partido Progressista, lhe granjearam credenciais de fidúcia, insígnias de destemor e loas no currículo. A militância de Gabriel Passos no movimento em 3 de outubro, em posto comissionado de major da força pública, se enquadra em testagem idêntica de confiabilidade.

O *timing* acelerado na carreira da fornada de quadros políticos se explica, de um lado, pelo empenho do Governo Provisório em barrar as pretensões da velha guarda oligárquica e, de outro, pela abundância de postos em aberto pelo crescimento da máquina pública em campos emergentes de intervenção. Capanema estava prestes a completar 34 anos ao ser designado ministro de Vargas; Gabriel Passos foi eleito à Assembleia Nacional Constituinte aos 32 anos; Mario Casasanta assumiu a reitoria da UFMG com a mesma idade. A promoção precoce se deveu mais ao cabedal de regalias clientelistas dos "vocacionados" ao trabalho político do que à competência técnica ou ao lastro de experiência.

O caso Mario Casasanta ajuda a deslindar os impensados do fascínio pelo reconhecimento intelectual por parte dos políticos do Estrela.[61] Decerto instigado pela chaga de origem fora de esquadro e ciente da caução conferida pela escolaridade a um desvalido de capital social, Mario, de pais imigrantes, buscou se equilibrar entre o recesso intelectual e o mister da função pública. As veleidades desencontradas desaguaram na docência no ensino superior e no trabalho de gestão universitária. Foi o único dentre os políticos a investir de fato em obra autoral por meio de estudos machadianos.[62]

Ao longo da vida, os demais políticos da turma cultivaram a estampa de homens de cultura e o prestígio por procuração advindo da parceria com intelectuais de renome. O liame de colaboração e cumplicidade entre Drummond e Capanema é emblemático da aspersão vicária de predicados de outrem, no casulo diáfano do afeto. A eleição de Mario Casasanta, de

---

61 Ver Norma de Góis Monteiro, op. cit., v. I, pp. 162-3. **62** Mario Casasanta, *Minas e os mineiros na obra de Machado de Assis*. Belo Horizonte: Os Amigos do Livro, 1932; Id., *Machado de Assis e o tédio à controvérsia*. Belo Horizonte: Os Amigos do Livro, 1934; Id., *Machado de Assis, escritor nacional*. Rio de Janeiro: Federação das Academias de Letras, 1939.

Milton Campos[63] e de Gustavo Capanema à Academia Mineira de Letras sinaliza o empenho em adquirir láurea externa à política, concedida por instância de consagração intelectual.

Poesia e práxis de Drummond (1930-45)

> *Toda vida notei em você qualquer coisa de vulcânico e de mais poderosamente instintivo do que em nós. Isso se acentua principalmente em sua poesia, a que a violência de conflitos interiores dá uma força e um interesse humano que não encontro em outras.*
>
> Carta de Cyro dos Anjos a
> Carlos Drummond de Andrade,
> 12 de julho de 1935[64]

Farei a leitura dos livros de Drummond, entre 1930 e 1945, no intento de rastrear o sudário de circunstâncias sociais e políticas da trajetória no período, temperando altos e baixos à luz das mutações de *ars poetica* de próprio punho. As inumeráveis interpretações da obra concedem às injunções políticas peso negligenciável e, quando o fazem, logo tratam de confinar tal nexo em recesso espúrio. Não obstante, firmou-se o consenso de que a impregnação da voz de pegada sensível do mundo social constitui a razão decisiva de sagrar Drummond *primus inter pares* da geração. Estranha alquimia: o veio político sufocado se esgueira na maré de consagração. O imorredouro interesse se prende ao fato de o autor e a obra terem se tornado móvel de competição no interior do campo literário.

---

63 A aula "Dois eruditos mineiros", proferida na Academia Mineira de Letras em dezembro de 1969, consta de Milton Campos, *Testemunhos e ensinamentos*, op. cit., pp. 253-61.   **64** Wander Melo Miranda e Roberto Said (Org.), *Cyro & Drummond*, op. cit., p. 73.

Escrever sobre Drummond é, a um só tempo, prova de discernimento da hierarquia de valores, teste de aptidão em matéria de maturidade crítica e salvo-conduto ao olimpo por procuração. Declina-se por vezes a chama de denúncia sem correlacioná-la à experiência pessoal do autor e ao contexto em que se movia. Peculiar amnésia: o teor político se translada à estratosfera do sublime, onde se cancelam mediações tidas por desprezíveis. Na média, prevalece o timbre de exaltação, senha apaziguadora de escrutínio.

A política não é a única chave de leitura, bem entendido, mas se tornou o critério-mor sorrateiro a ajuizar a relevância estética; invocada amiúde com fito de amainar o descarte. O expediente de confiar à forma o alvará de excelência dispensa o crítico no éter de indagar as contingências na gestação do material. Fala-se dele como semideus com poderes de transubstanciação, gênio infenso a provações, vocal em sustenido de perfeição. A prática política continuada — desde o aprendizado junto à oligarquia mineira até a década de labuta no Estado Novo — constituiu o calço diferencial do autor e, por conseguinte, o manancial instigante de poesia fora de esquadro. Em vez de silenciar, minorar ou edulcorar experiência tão crucial, em desserviço à inteligibilidade da obra, melhor ajuizar a resposta de Drummond em meio a constrições a que não podia se furtar.

Elegi a poesia de Drummond por constituir a obra-mestra aplaudida em uníssono pelos companheiros de mocidade, juízo que se alastrou na fortuna crítica consagradora, e pelo fato nada trivial de a recepção haver extravasado a cidadela letrada. Nenhum companheiro do Estrela logrou a ressonância pública durável ao longo de sucessivas gerações, feito que merece registro. Não obstante, em paralelo à inteligibilidade das estratégias de escrita, facultadas pelos procedimentos de manejo das convenções no gênero, cumpre restituir a práxis do escritor com vistas a firmar presença por meio de investidas de autor na aquisição do capital simbólico indispensável ao reconhecimento e à consagração no interior do campo literário.[65]

Pode-se começar o exame da coletânea de estreia, *Alguma poesia*,[66] por tópicos salientados em resenhas dos contemporâneos, divulgadas na época. Chamam a atenção a insistência quanto às limitações da vida literária na capital mineira e a queixa da restrita repercussão no Rio de Janeiro e em São Paulo do que ali se produzia.[67] Conforme testemunha Martins de Almeida, os confrades do Estrela se reconheciam nos versos do estreante, investido do carisma de espelhar a experiência compartilhada.[68] Era a mostra do viveiro de impasses e veleidades da geração, na chapa reconhecível do melhor da turma. O protagonismo precoce se enlaçou à comoção existencial entre os pares. A marca autoral se estriba na pungência de versos derivados da experiência íntima, linha de força arrebatadora da obra inteira, e no acento de brio mineiro ao aderir em chave cautelar à causa paulista.

---

65 Gisèle Sapiro, *Sociologia da literatura*. Pref. de Sergio Miceli. Belo Horizonte: Moinhos; Contafios, 2019, pp. 104-6; *Peut-on dissocier l'oeuvre de l'auteur?*. Paris: Seuil, 2020.　**66** Carlos Drummond de Andrade, *Alguma poesia: o livro em seu tempo*. Org. de Eucanaã Ferraz. São Paulo: Instituto Moreira Salles, 2010 (edição fac-similar).　**67** Ver a resenha de Eduardo Frieiro, "Publicações", *Minas Gerais*, 3 maio 1930; João Alphonsus, "*Alguma poesia*, o livro de versos de Carlos Drummond de Andrade", *Diário de Minas*, 6 maio 1930.　**68** Martins de Almeida, "Alguma poesia", *O Jornal*, 10 ago. 1930: "Nós outros, companheiros de vida literária ou antes, de vida vivida [...], temos de emprestar um caráter particularíssimo às poesias de Carlos Drummond de Andrade. Vemos que muitas delas não param nelas mesmas, continuando infinitamente para além do próprio autor. Cada um de nós tem a sua parte em várias daquelas poesias [...]. O que posso afirmar é que, ao ler poesias que já sabia de cor, encontrei nelas a parte inédita do Martins de Almeida" — reproduzido em Carlos Drummond de Andrade, *Alguma poesia: o livro em seu tempo*, op. cit., 2010, p. 342.

O livro é dedicado a Mário de Andrade, o mentor de quem acatou os juízos a respeito das versões preliminares dos poemas.[69] Fruto da conversa entre os veteranos — Mário, Manuel Bandeira — e o aprendiz, que foi se rendendo a seu modo aos parâmetros e vereditos de guias escolados.[70] As composições foram redigidas, em maioria, ao longo da década de 1920, pelo rapaz de vinte e poucos anos, moldado por paradigmas pré-modernistas e pelos gonzos da cultura provinciana.[71] As dedicatórias restituem o círculo de amigos, de protetores, de tutores, em retribuição a gestos de apoio à estabilização profissional do autor.[72]

69 Ver, em especial, a carta de Mário, de 1º de agosto de 1926 (Lélia Coelho Frota (Org.), *Carlos & Mário*, op. cit., pp. 226-35), na qual aponta com franqueza fragilidades em diversos poemas que viriam a integrar o livro de estreia.

70 A reserva de Drummond às lições de Mário transpira em carta de 18 de setembro de 1927 endereçada a Ribeiro Couto: "Segundo: a falsidade da linguagem brasileira proposta pelo Mário. Considero atualmente essa linguagem brasileira do Mário como tudo que há de mais errado como fórmula para uso geral. Aquilo é ótimo no Mário, nos outros é chato. Também caí no erro de imitá-lo nisso, mas felizmente vou abandonando a mania, como você terá verificado nas coisas que tenho escrito no *Diário*" (*Correspondência Carlos Drummond de Andrade e Ribeiro Couto*. Org. de Marcelo Bortoloti. São Paulo: Editora Unesp; Imprensa Oficial do Estado de São Paulo, 2019, pp. 112-4).

71 As datas de publicação das diversas versões dos poemas constam da obra preciosa de Fernando Py: *Bibliografia comentada de Carlos Drummond de Andrade, 1918-1934*. 2. ed. rev. e ampl. Rio de Janeiro: Edições Casa de Rui Barbosa, 2002. 72 As dedicatórias incluem os companheiros do Estrela — Abgar Renault, Mario Casasanta, Gustavo Capanema, Cyro dos Anjos, Pedro Nava, Emílio Moura, Martins de Almeida, Milton Campos —, outros amigos próximos e escritores mineiros — Rodrigo Melo Franco de Andrade, Aníbal Monteiro Machado, Afonso Arinos (sobrinho), Wellington Brandão —, e o veterano Manuel Bandeira. Duas ausências chamam atenção, os irmãos Francisco e Alberto Campos, aos quais Drummond devia muito, sem falar no afeto caloroso que sentia por Alberto Campos. Na edição da Aguilar, foram suprimidas as dedicatórias a Rodrigo Melo Franco de Andrade, Aníbal Monteiro Machado e Wellington Brandão.

Os principais eixos temáticos sinalizam vertentes persistentes ao longo da obra. Um bloco de poemas atesta a adesão inequívoca ao credo modernista. Confrontado à resistência de alguns colegas à cartilha de vanguarda — como Emílio Moura e Abgar Renault —,[73] Drummond entrou de cabeça na feitura de versos atrelados ao repertório de assuntos e aos tropos de linguagem coloquial. As cartas trocadas com Mário de Andrade mostram o aprendizado do moço autodidata, siderado por

[73] A obra poética de Abgar Renault foi coligida em livro apenas tardiamente. Na mocidade, Abgar publicou sonetos no jornal *Cidade de Barbacena*, na imprensa mineira e em revistas — *Para Todos*, *Revista Antropofágica*, *Verde* —, alguns republicados mais tarde. Os 22 *Sonetos antigos*, datados de 1923, de inspiração camoniana, foram divulgados pela primeira vez em 1968, na *Obra poética*, em edição do autor, fora do comércio, com ortografia antiga; correspondem ao segundo livro da obra poética reeditada em 1990, acrescidos dos sonetos XXI e XXII. Onze dos 24 *Sonetos antigos* constam de seus cadernos de recortes, antes divulgados em periódicos de Barbacena e Belo Horizonte. Conforme relata sua biógrafa, os poucos poemas de juventude preservados por ele ressurgem bastante modificados na *Obra poética*, enquanto onze dos *Sonetos antigos* originais foram incorporados em versões idênticas em 1968 e 1990. Nos cadernos de recortes, alguns poemas dos anos 1920 são de inspiração romântico-simbolista, outros evocam o parnasianismo de Bilac ou Heredia. Já os poemas publicados, setenta anos mais tarde, sob o título *A princesa e o pegureiro*, adotam a estética contemplativa e os cânones simbolistas prevalentes entre 1924 e 1926. Como se sabe, o poeta não era entusiasta do modernismo, que associava à "destruição formal" e ao "poema do tipo busca-pé", em contraste com sua fatura em que "predominam as rimas ricas, as imagens refulgentes, a adjetivação abundante, o vocabulário precioso". Ou melhor, viria a acolher o modernismo com reservas sem abrir mão do traço "neoclassicizante". O próprio Drummond, em *Confissões de Minas*, faz o balanço da influência de Bilac na poesia de Abgar, cujo traço fundamental seria "o culto às formas decorosas de expressão" e "só raramente se permitia liberdades de linguagem 'brasileira'". A notoriedade tardia e intramuros na cabala literária foi pavimentada pelo reconhecimento dos pares, tal como demonstram os textos subscritos por companheiros do Estrela. Ver Abgar Renault, *Obra poética*. Rio de Janeiro: Record, 1990 (1. ed.: 1968); Solange Ribeiro de Oliveira, op. cit.; Carlos Drummond de Andrade, "Pessimismo de Abgar Renault". In: *Confissões de Minas*, op. cit., pp. 528-9.

volteios afetados e pelos vates das revistas ilustradas, tomando pulso do país e da locução receptiva à língua geral. Incitado a reavaliar o penhor de brasilidade, mirou os marcos da história regional: o período do ouro, o incenso ao barroco.

"Também já fui brasileiro" passa recibo de matrícula no bando modernista, atento à chacoalhada de entrar em sintonia com o país e a tomar distância dos clichês de entonação. "Europa, França e Bahia" é manifesto deliberado de imersão no balaio andradino sob pretexto de fazer troça de estereótipos do estrangeiro — a grana inglesa, a guerra alemã, a ópera italiana, a montanha suíça. O cinemático "Lanterna mágica" encadeia tomadas rasantes de cidades a evocar reminiscências sofridas do passado regional: *I — Belo Horizonte*, relances de perdas precoces; *II — Sabará*, contraponto da "cidadezinha entrevada" no esplendor mofado à capital repleta de barnabés de paletó; *III — Caeté*, parada de trem; *IV — Itabira*, o torrão de origem, espólio expropriado pelos ingleses; *V — S. João del-Rei*, outro sítio urbano assombrado pela morte; *VI — Nova Friburgo*, lembrete cifrado da expulsão do colégio jesuíta; *VII — Rio de Janeiro*, urbe eletrizante e passional; *VIII — Bahia*, o país incógnito a desbravar.

Os poemas designados por Mário na rubrica certeira "sequestro da vida besta" estão vinculados à história pessoal e social — funcionário público, casado, enredado na teia clientelista, a tônica incidindo na mesmice da vida provinciana.[74] *Balada do amor através das idades*, o clímax do sequestro sexual, condensa com humor as peripécias da união com Dolores. Desde o início, Drummond discorreu sobre o entorno — familiar, citadino, provinciano — sem dissociá-lo das feições contraditórias da persona autoral, magistralmente condensadas

---

74 Mário de Andrade, "A poesia em 1930". In: *Aspectos da literatura brasileira*. 4. ed. São Paulo: Martins, 1972, pp. 32-7.

no "Poema de sete faces".[75] Os versos de fundo político assuntam o senso das hierarquias na cena literária em gestação e o trabalho intelectual à mercê de cabrestos informais. "Política literária" (1930) é resmungo espirituoso do "poeta estadual"; "Política" (1926) prenuncia um destino que ainda não vivenciou, contrapondo travas — "o chefe político", "o jornal governista" — ao escapismo do letrado-boêmio-suicida de araque; "Poema do jornal" resgata a tragédia do *fait divers* passional pela transcrição em reportagem. "Nota social" (redigido em 1923, publicado a primeira vez em 1925) contrapõe a derrisão mundana à voz do poeta-cigarra. Malgrado o encaixe no grupo, esse poema, curta-metragem com tomadas em chave caricata, concede ao poeta a acolhida de praxe dispensada aos políticos — ovação, banda de música, bandeirolas, foguetório, discursos, fotos —, em paralelo às provações no ano do casamento. A ironia confina a política a figuras chapadas, sem lastro na experiência.

O confronto entre *Alguma poesia* e *Ingenuidade* (1931), de Emílio Moura,[76] realça os contornos da voz e os trilhos do recado. Ambos invocam Deus na abertura: Drummond premido pelo desejo erótico, Emílio meditativo quanto à ordem do mundo;[77] recriam episódios do romance familiar e esmiúçam os pilares do poder doméstico, Emílio desarvorado pela morte do pai, Drummond enredado pelas criadas negras — a sesta, a cópula, a brincadeira, o quitute. Divisórias de visada

---

75 "Poema de sete faces", op. cit., pp. 83-5 (Na 1. ed., pp. 9-11). Ver a análise impecável do poema por Alcides Villaça em *Passos de Drummond* (São Paulo: Cosac Naify, 2006, pp. 19-36). **76** Emílio Moura, *Ingenuidade*. Belo Horizonte: Os Amigos do Livro, 1931 — dedicado "à memória de meu pai". **77** Ibid. "Interrogação", pp. 11-2: "Senhor, são os remos ou são as ondas o que dirige o meu barco?", p. 12.

distinta do mundo social.[78] Emílio absorto pela dor, Drummond atento à servidão de pessoas de cor no rescaldo mineiro.

Emílio Moura concebeu o universo expressivo na chave da espiritualidade em tom elevado. Em múltiplas passagens, o vocabulário espelha fenômenos do cosmos — céu, astros, estrelas, lua — e os recessos metafísicos — espírito, infinito, alma. O reiterado chamado de Deus concilia o desamparo ao consolo da transcendência. A pergunta liminar acerca da pequenez humana diante das ondas que movem a existência ressurge amiúde, o poeta refém de forças devastadoras, prensado entre a impotência e a fantasia, entre o socorro cristão e o êxtase da vida. "Serenidade no bairro pobre"[79] é a única composição alusiva à sociabilidade de pobres e ricos. A tônica à la Alphonsus de Guimaraens incita a contrição piedosa, a dádiva da vida,

---

78 Em carta a Cyro dos Anjos, datada de 17 de novembro de 1936, Drummond faz reservas à poesia de Emílio Moura: "Estou convencido de que o poeta não pode se alhear do espetáculo do mundo e que também ele tem uma missão social a cumprir no momento. É a grande objeção que faço ao livro de Emílio: estar fora do tempo" (Wander Melo Miranda e Roberto Said (Org.), *Cyro & Drummond*, op. cit., p. 91). Já no texto que lhe consagra em *Passeios na ilha* (op. cit., pp. 696-8), intitulado "Palma severa", Drummond se esquiva por meio de argumento de corte metafísico em torno das indagações persistentes sobre "o lugar de origem das coisas e o tempo em que se produziram ou que vão durar [...]. Dir-se-ia que abriu mão de tudo que era experiência atávica e informação facilmente adquirível, para recriar o mundo à força de perscrutá-lo [...]. Este admirável grito de alma criadora, submersa nas delícias da criatura depois de projetá-la fora de si, a fim de melhor sentir o seu influxo, representa a meu ver o que há de mais puro e consolador na poesia de Emílio Moura [...]. O artista não nos deu a exegese do mundo, mas a criação de um ser ideal dentro do mundo imperfeito, obscuro e hostil, logo transfigurado por essa criação [...]. Na poesia de Emílio Moura, marcada pelos sinais da busca e da interrogação atônita, vamos encontrar este ser particular, criado na solidão e para a necessidade de um indivíduo, mas que se generaliza e excede o seu restrito espaço nativo para vir habitar no espaço moral de cada leitor". **79** Emílio Moura, "Serenidade no bairro pobre". In: *Ingenuidade*, op. cit., pp. 75-6.

o apego aos santos dos aflitos.[80] A pegada sensual é pudica e descamba às vezes em imagens canhestras.

O vezo de nomear os poemas em léxico musical — *berceuse*, toada, madrigal, canção — não acerta o parâmetro de entonação. "Madrigal angélico",[81] poema de amor extravagante, abusa de preciosismos com aliterações apelativas — "farândolas felinas de figuras lívidas" — e trocadilhos — "o céu é um sonho que não sonha". "Cenário de infância", momento forte do livro, baralha ecos tumultuados de iniciação sexual: o coito dos escravos no quilombo serve de material aos contos da carochinha relatados pela mucama. "*Laus Deo*" (Deus seja louvado) é o memento no fecho do livro.

O cotejo de universos expressivos evidencia a disparidade de modelos literários — Drummond modernista de filiação andradina, Emílio súdito do simbolismo nativo —, a desigualdade de cabedal literário e a equação antagônica da persona autoral. A práxis do estreante Drummond, aos 28 anos, consistiu em patentear adesão ao credo modernista forâneo, sem abdicar do recurso aos tropos do imaginário regional.

Brejo das almas (1934)[82] é coletânea esquisita por redobrar a aposta no trabalho literário, justo no período em que o autor se via prensado por constrições de toda ordem. John Gledson enxerga o conjunto em termos de rechaço às alternativas ideológicas vislumbradas no início dos anos 1930: Deus,[83] o

---

80 São Francisco de Assis, Nossa Senhora dos Humilhados. **81** Emílio Moura, "Madrigal angélico". In: *Ingenuidade*, op. cit., pp. 111-3. **82** Carlos Drummond de Andrade, *Brejo das almas*. Belo Horizonte: Os Amigos do Livro; Imprensa Oficial de Minas Gerais, 1934 — sem dedicatória. **83** Afora o artigo já mencionado sobre poesia e religião publicado em *A Revista*, as cartas trocadas com Alceu Amoroso Lima permitem datar a redação do poema em homenagem ao líder católico Jackson de Figueiredo, falecido em 1928, o qual será divulgado na revista *A Ordem* (Rio de Janeiro, v. 9, n. 4, dez. 1929, pp. 150-1). Em carta de 1º de outubro de 1929, Drummond oferece o poema e esclarece ter redigido "Ode a Jackson de Figueiredo" logo após a morte do

comunismo, a psicanálise, credos propulsores a correntes de pensamento e a grupos partidários.[84] O livro é "o produto de uma crise",[85] mas não se esvai em impasses de teor doutrinário. A estranheza suscitada por obra tão surpreendente e, à primeira vista, infensa ao entorno, não se resolve pelo apelo ao confronto de ideais. Os anos de feitura coincidem com o auge das turbulências em que sucedeu o aprendizado de Drummond. Devido aos serviços prestados, sucessivamente, nos gabinetes dos secretários Francisco Campos, Cristiano Machado e Gustavo Capanema, ele foi sendo tragado à cozinha da tormenta. Teve de acompanhar o chefe à frente de combate na divisa entre Minas e São Paulo, por ocasião da rebelião paulista em 1932, a que se seguiram os meses de disputa férrea pelo controle do Executivo estadual, ao tempo da interventoria interina do mesmo Capanema. Em virtude da posição estratégica na escala de comando, da proximidade ao mandatário de turno e dos efeitos previsíveis de tais provações sobre o futuro pessoal, reputo esse interregno como o momento-chave de socialização.

---

homenageado (ver Leandro Garcia Rodrigues (Org., intr. e notas), *Drummond & Alceu: Correspondência de Carlos Drummond de Andrade & Alceu Amoroso Lima*. Belo Horizonte: Editora UFMG, 2014, pp. 73-6). O poema nunca foi publicado em livros de Drummond e tampouco em antologias da obra. Trata-se de um falatório balofo e bombástico, quase em prosa, no tratamento pronominal de intimidade com o falecido — "espiando teus gestos, tuas palavras e obras" —, repleto de anáforas, de falsetes retóricos — "Como estes, eu me sinto pobre da pobreza de não ter sido dos teus Jackson" —, tudo em "glória do Senhor". Não é de estranhar o entusiasmo de Alceu em resposta de 3 de outubro de 1929: "Eu vi o Jackson nas suas palavras, como não vi em nada do que se escreveu sobre ele [...] o único poeta que o soube cantar em meia dúzia de linhas foi você" (Ibid., p. 77). **84** John Gledson, *Poesia e poética de Carlos Drummond de Andrade*. São Paulo: Duas Cidades, 1981, p. 90. **85** Ibid., p. 89.

Gledson afirma que Drummond se interessava menos por política do que outros contemporâneos modernistas. A despeito de eventuais reservas à arregimentação facciosa, o jovem poeta *doublé* de consultor de primeira plana estava então engolfado na ferocidade da peleja. Reduzir a crise pessoal à dimensão ideológica esquiva as interpelações às quais ele não podia se furtar. Sem dispor de cacife familiar potente, não havia escapatória ao pedágio devido aos protetores. No entender do crítico, a recusa da religião, da política e de Freud teria incitado à imersão no escape letrado. Com efeito, as cartas trocadas com Cyro dos Anjos deixam ver o quão se viam encurralados, instados à "servidão" funcional e ao consolo da escrita. O poeta fora escanteado ao arrimo derradeiro de identidade. Em transe de virtual *apartheid* pessoal, *Brejo das almas* foi gestado em preito de fé na palavra, na voz que busca desguiar do incêndio, propensa ao desbaste de injunções que lhe pareceram quiçá insuperáveis.

O livro lida com os impasses de fundo e, no tranco, calibra um selo de impacto. O experimento do enrosco forçoso no embate se transmuda em acicate jocoso, como se espelhando a pulsão recalcada em domínios de jurisdição própria. Em lugar da postura prevalente em *Alguma poesia*, registro abrangente do entorno, enuncia o repique convulsivo da persona autoral: a procura de se fazer ouvir ao largo de circunstâncias invasivas, convicto da gana, sem pejo de desvelar embaraços e idiossincrasias. No contrapé das urgências a que estava exposto, o livro se enreda na arte pela arte pela via sagaz do desconcerto. Talvez acuado, Drummond arriscou a forma bizarra, fora da régua modernista estrita, o respiro experimental, os veios de provocação em cadência solipsista, na feitura de poética intrigante.

"Grande homem, pequeno soldado" condensa aquela conjuntura de muda. O assunto político explícito, a rebelião de 1932, é a deixa à convicção no peito do poeta "grande homem".

O lembrete cifrado de desastres militares em contraponto aos brinquedos de menino: "pequeno soldado", "espada na cinta, ginete na mão". Em diversas passagens, o livro ecoa a decepção advinda dos óbices ao trabalho literário, mote insistente do recado. "Hino nacional" revida pela gozação, revirando de ponta-cabeça o salvacionismo de reformas alardeadas na época: em lugar da imigração de mão de obra, a importação de prostitutas; em vez de educação, a cópia das "finas culturas"; a igualdade pela via do consumo de luxo, "com fogão e aquecedor elétricos, piscina"; a política oscilando entre a subvenção das elites, a degola dos líderes populares — "os incríveis João-Pessoas" — e o patriotismo rastaquera. "Coisa miserável" encapsula a guinada existencial: descrente de Deus e entregue às circunstâncias. "Aurora" e "Registro civil" qualificam a camisa de força do escriba-funcionário, corroído por recusas e decepções; "Convite triste" radiografa a prática de jornalista.

O bardo don Juan protagoniza incursões: rendido à perdição ("Um homem e seu carnaval"); o gozo sexual diante do descalabro político ("Em face dos últimos acontecimentos"), investido de predicados afrodisíacos, mistura de treinador, olheiro e sedutor profissional ("O procurador do amor"); figuras do poeta viril ("Canção para ninar mulher"). O assunto toma vulto e substância em "Sombra das moças em flor"; "Desdobramento de Adalgisa" roteiriza em chave onírica imagens da mulher, leitmotiv da coletânea, infundindo feições esquivas ou padronizadas por meio de clichês tirados do avesso.

O miolo instigante tematiza a condição do artista e os fundamentos do ofício poético. "O voo sobre as igrejas", ode ao trabalho de Aleijadinho, encena a procissão no terreno em que se moviam as personagens da sociedade colonial, o poeta-romeiro extasiado pelos vultos pretéritos transfigurados nos tetos de Ataíde e nas obras do escultor, cujo transe de sofrimento lavrou em pedra-sabão. Drummond enaltece a maestria de inscrever na pedra os desatinos da carne, como se sorvendo da alquimia predicados homólogos: o poeta-sucessor a manejar "o cinzel de Aleijadinho" na oficina lírica. Persiste o intento de valorar os artistas reverenciados na tradição regional, cujo legado fora alçado pelo modernismo ao status de patrimônio nacional.

O que mais impressiona é o jeito desabrido de exercer o ofício, sem pretensões de verossimilhança, pródigo em inventos de tudo e, não obstante, plausíveis. Não por acaso o livro foi recebido com estranheza e panos quentes.[86] A voz de um sujeito refém de pulsões, atrapalhado, tateando achados de entonação, absorto no desenho de universo autossuficiente no qual se revezam cenas de romance capa e espada e relances do país em corner. Desta feita, a práxis do autor apostou nos riscos do voo solo em que a matéria-prima de vida em desalinho nutre o poeta ensimesmado pelo ofício. Em retrospectiva e por enquanto, as estratégias de autor parecem confinadas à obediência às regras do jogo no nicho de interlocutores letrados, abstendo-se de proclamas doutrinárias destoantes da doxa literária.

Sentimento do mundo (1940)[87] teve tiragem de apenas 150 exemplares distribuídos entre amigos e escritores, gesto exclusivista na difusão de um volume tão mergulhado na crise do momento. A despeito das justificativas da empreitada quase clandestina, a resguardar o autor de revides, tamanha discrição talvez visasse atenuar o petardo de veemência política em ruptura com o bom-mocismo no meio literário. Seja como for,

---

86 O livro tem poucas escorregadas: abuso de estribilhos, jogos de palavras ("verso perverso", "o perdido caminho da perdida inocência"), trivialidades ("a poesia é incomunicável") etc. **87** Carlos Drummond de Andrade, *Sentimento do mundo* (1935-40). In: *Obra completa*, op. cit., pp. 99-117.

o livro *samizdat* surgiu no auge da ditadura, assinado por homem forte da política cultural oficial. Na pele do autor, dando-se conta do enrosco ao assumir postura crítica de líder da inteligência cooptada e insurgente, Drummond deve ter concebido o esquema como impulso à divulgação boca a boca, por baixo do pano, o texto recopiado com os recursos da época, tanto mais instigante pelo acesso franqueado ao círculo de iniciados. Eis um fato perturbador no Brasil de 1940, com 56,1% de analfabetos e o contingente ínfimo de 20 017 estudantes no ensino superior:[88] um livro incendiário destinado à fruição da intelectualidade atada à burocracia do regime, contrafeita, ambivalente, entre o encosto e a indignação, pressurosa da partilha de anseios recalcados. Era preciso bastante coragem para afrontar os mandachuvas do situacionismo. Não deve ter sido fácil ajustar o calibre do petardo que destoava frontalmente das convenções vigentes no gênero. A essa altura, nenhum intelectual desconhecia os atos de opressão da ditadura — prisões, torturas, deportações, censura à imprensa, proscrição de partidos políticos.

O atrevimento engajado, no entanto, era também resposta incisiva aos competidores cristãos no campo literário. Em 1935, ano de "conversão" de Jorge de Lima, o movimento de "restauração da poesia em Cristo" se firmou com o volume *Tempo e eternidade*,[89] cuja recepção entusiástica de Alceu Amoroso Lima enxergou aí o antídoto ao "Modernismo artificial",

---

88 Marcelo Medeiros Coelho de Souza, "O analfabetismo no Brasil sob o enfoque demográfico". *Texto para Discussão*, Brasília, Ipea, n. 639, abr. 1999; Carlos Hasenbalg, "Estatísticas do século XX: educação". In: *Estatísticas do século XX*. Rio de Janeiro: IBGE, 2003, pp. 89-110. **89** Jorge de Lima e Murilo Mendes, *Tempo e eternidade* (Porto Alegre: Globo, 1935), volume dedicado "A Ismael Nery na eternidade" (falecido em 1934) e com a epígrafe "Restauremos a poesia em Cristo".

à "arte pornográfica ou panteísta", aos *"partis pris* políticos".[90] Entre 1937 e 1938, a estante de poesia espiritualista ganhou novas tacadas de Jorge de Lima e Murilo Mendes.[91] Bandeira e

90 Tristão de Athayde, "A desforra do espírito", *O Diário*, Belo Horizonte, 23 jun. 1935: "Porque esses poemas refletem diretamente a beleza dogmática da Verdade. Suas linhas são lisas, altas, diretas, rudes, como as da própria figura da Igreja [...]. Poesia católica, essencialmente católica, poesia episcopal, desassombradamente eclesiástica e pontifícia [...]. Ei-lo aqui, o sobrenatural [...] nesta prosa nua em torno de Cristo e nesses poemas católicos, em torno do seu Corpo Místico, vemos a reação mais recente e mais impressionante contra os abusos que de novo iam se espalhando em nossas letras, de um naturalismo literário anacrônico ou impregnado de *partis pris* políticos [...]. Aqueles, porém, que estiverem cansados do convencionalismo literário ou do naturalismo de uma arte pornográfica ou panteísta hão de saudar, nessas páginas da nossa mais moderna literatura, uma desforra memorável do Espírito contra a pieguice e a sensualidade [...] não há mais alta inspiração para a arte do que o verdadeiro cristianismo católico" — reproduzido como nota preliminar à seleta de 1935 em Jorge de Lima, *Obra completa*, v. 1: *Poesia e ensaios* (Rio de Janeiro: Aguilar, 1959, pp. 377-9).

91 Murilo Mendes, *O sinal de Deus*, poemas em prosa, 1936, logo retirado do mercado; *A poesia em pânico*, 1936-37 (Rio de Janeiro: Cooperativa Cultural Guanabara, 1937); Jorge de Lima, *A túnica inconsútil*, 1938 (Jorge de Lima, *Obra completa*, op. cit., pp. 415-97), volume que se fecha com "Ode da Comunhão dos Santos", dedicada a Alceu Amoroso Lima, oração em prosa "para a comunhão das três Igrejas em que eu me entrelaço com o visível e o invisível e me dissemino e me confundo e me transformo num revolucionário da Glória Universal da Trindade Santíssima [...]. Todos compreendiam o que era o número sete e todos se prostraram adorando o Pai, o Filho e o Espírito Santo, com seu amor infinito pelas suas três Igrejas incorporadas à sua Essência, à sua Eternidade e à sua Doxa" (pp. 492, 497). Em contraponto, transcrevo o juízo de Bandeira sobre *A poesia em pânico*, "livro notável" da chamada "poesia em Cristo": "É bem poesia de católico, terrivelmente consciente do pecado original e ao mesmo tempo como que feliz de todas as fraquezas pelo que elas implicam de amor [...]. Para ele, URSS é a irmã transviada, cuja evolução dialética lhe parece imperfeita, e só se completará com a volta ao lar do Pai, onde URSS encontrará o que procura, o que não vê que existe nela desde o princípio" ("A produção poética de 1938", *Anuário Brasileiro de Literatura*, 1939, reproduzido em Manuel Bandeira, *Crônicas inéditas*. Org., posf. e notas de Júlio Castañon Guimarães. São Paulo: Cosac Naify, 2009, v. 2: pp. 222-4).

outros escritores da época dão a ver os antagonismos políticos pulsantes na peleja literária. A resposta de Drummond rebatia "o voo de Deus", o antissovietismo, a exaltação da Igreja; contraofensiva que se estendia do terreno literário ao espaço movediço da reserva Capanema na qual o líder católico desfrutava de trunfos e prerrogativas. *Sentimento do mundo* era desforra ao espartilho burocrático e alforria dos oráculos do belo.

O livro reúne 28 poemas que inauguram, em voltagem máxima, o astral engajado de Drummond. Em vez do ego irônico e mordaz de *Alguma poesia*, ou do ser atormentado e engenhoso de *Brejo das almas*, emerge o tribuno imbuído pela missão de denunciar as mazelas do mundo. O registro sensível do entorno deu lugar ao bardo condoreiro, querendo se fazer ouvir em regime de exceção. Os poemas, em maioria, foram escritos no Rio de Janeiro, cidade pontuada pela toponímia — morro da Babilônia, Leblon, Méier, Pão de Açúcar, Mangue —, pelos coletivos dos destituídos — operários, trabalhadores, favelados, pobres —, pelo inédito espectro temático do autor.

Antes de abordar os poemas de timbre político, melhor esquadrinhar a incursão na política literária, os versos derramados em homenagem a Manuel Bandeira, o veterano consagrado, prestes a ingressar na Academia Brasileira de Letras, parceiro dileto em projetos de política cultural ao longo do Estado Novo. "Ode no cinquentenário do poeta brasileiro" é uma cantilena de banalidades, lisonja de versos bombásticos e elogios em penca. A elegia bem-intencionada abusa de contrastes forçados ("violenta ternura", "sofrimento seco"), enlevos ("sentimento de homens juntos,/ que se comunicam sem gesto/ e sem palavras se invadem,/ [...]/ e se calam sem orgulho"), qualificativos ("tua pungente, inefável poesia,/ ferindo as almas, sob a aparência balsâmica"), asseverações ("é o fenômeno poético, de que te constituíste o misterioso portador"), pieguice ("e essa fidelidade a ti mesmo com que nos apareces/

sem uma queixa no rosto entretanto experiente,/ mão firme estendida para o aperto fraterno"), poesia-sacerdócio de iniciados. "Que o poeta Manuel Bandeira escute este apelo de um homem humilde", encerra o louvor. O preito à amizade é o avesso do lance no préstito rumo ao pódio dos sensitivos. Em vez de atentar à toada de loas, o poema faz incursão na seara da política literária, expertise de autor.

No veio do engajamento, "Sentimento do mundo" inaugura a atmosfera de acabrunhamento suscitada pela guerra, se bem que os personagens arrolados — "do sineiro, da viúva e do microscopista" — se encaixem melhor nas jornadas vividas no *front* antipaulista do que na guerra civil espanhola ou no conflito mundial. "O operário no mar" emprega a morfologia do operário padrão — "sua blusa azul, de pano grosso, nas mãos grossas, pés enormes", decalque dos trabalhadores de Portinari nos murais do ministério —, mas a distância se interpõe, "irremediavelmente separados". Os flashes de agito urbano e a estampa do operário-Jesus levitando na água são digressões reveladoras do impasse. "Menino chorando na noite", em hino tresnoitado, preenche a lamúria com imagens sentimentais.

"Canção de berço" enuncia peroração consternada e elitista pela perda da identidade na capital massificada, e o faz simulando certa ventriloquia pelo registro na terceira pessoa: já não se sabe se quem fala é Drummond ou o intérprete da vida moderna. O narrador em sobrevoo arrisca assertivas retumbantes ("O amor não tem importância/ [...]/ Mas também a carne não tem importância/ [...]/ Também a vida é sem importância.") e retoma ao cabo a batida elliotiana "dos indivíduos perdidos na massa". "Os ombros suportam o mundo" e "Mãos dadas" conclamam à vida em meio à fome, à desigualdade e ao morticínio. "A noite dissolve os homens" embute a causalidade na escuridão do mundo às avessas, em contraste com a aurora na estrofe final que desnuda "o triste mundo fascista" e redime os sobreviventes. "Madrigal lúgubre" e "Mundo grande" reverenciam os mutilados pela guerra, intercalando versos confessionais tocantes. "Elegia 1938", outra imersão noturna, reitera a denúncia da guerra, do desemprego, da desigualdade, do capitalismo ianque; a segunda estrofe elabora versos cáusticos sobre estátuas e apologias de heróis. "Morro da Babilônia" ecoa os medos da classe média branca nos edifícios vizinhos à favela, em contraponto ao remelexo da cultura popular, "um cavaquinho bem afinado".

Os versos célebres em "Confidência do itabirano" — "Tive ouro, tive gado, tive fazendas./ Hoje sou funcionário público" — despistam o percurso do depoente. A herança não fora benfazeja; o rebaixamento da condição social minimiza o posto-chave no coração da instância responsável pela política cultural do regime. Longe de ser o barnabé do verso, Drummond enfeixava poderes discricionários, acumulando a chefia de gabinete à diretoria do Departamento Nacional de Educação e à presidência do Conselho Nacional de Educação (nomeações de 1936).[92] Em vez de confidências, o poeta se esbalda em eufemismos. Ainda na gaveta confessional, "Os mortos de sobrecasaca" inventaria fumos de nobreza em fotos de antepassados.

Sentimento do mundo aglutina a persona lírica e o duplo político: a seleta na aparência despretensiosa guardava combustível de breviário militante a conferir ao autor protagonismo impensável fora dos muros guarnecidos pelo *nihil obstat* da guarita Capanema. O burocrata de alta patente, ciente da couraça de proteção que lhe garantiam as prerrogativas de foro privilegiado, arrojou-se emissário da inteligência dilacerada entre o chicote do regime e o desabafo. O agente político se escudava doravante na trincheira de poeta, atividade de poucos,

---

92 Designação datada de 8 de janeiro de 1936 (Arquivo Carlos Drummond de Andrade, Rio de Janeiro, Fundação Casa de Rui Barbosa).

destinada à fruição de privilegiados. O atrevimento fora da cidade letrada o protegia da excomunhão. A glosa ao cânone no gênero disfarçava o ímpeto de profecia. Drummond combinou o projeto literário à prática de contestador. Avatar da descompressão, ele deu o xeque a descoberto, sintoma que prenuncia a corrosão na máquina do Estado.

A meu juízo, os dois melhores poemas do volume destoam por completo do cantochão denunciatório e, de lambujem, esboçam um ego autoral instigado pelo entorno e sem pejo pela dor ressentida. "Noturno à janela do apartamento" inverte o foco da aflição: em vez de mirar a vida prosaica à beira-mar, revolve tormentos e fragilidades, a sensação de estar acuado. A noite acoberta o suicida potencial, mas o passado não amortece a crise instalada. O fecho magistral desnorteia: "[...] E não sabe/ se é noite, mar ou distância.// Triste farol da Ilha Rasa". A obra-prima "Dentaduras duplas" mistura sacadas prosaicas à louvação irônica, embaralha sentidos próprios e figurados das palavras, em mexida de pulsões descabeladas, acrobacias de sexo bucal, "a carne da vida".

Vale a pena cotejar a insurgência de Drummond à segunda coletânea de Emílio Moura, *Canto da hora amarga*,[93] de 1936. "Alheamento do mundo" seria o título cabível a poemas que investem em direção radicalmente distinta ao regurgitar a experiência pessoal na chapa do homem comum, indefeso, impotente,[94] exposto à "fúria dos elementos" no cosmos.[95]

---

93 Emílio Moura, *Canto da hora amarga*, 1932-36. Belo Horizonte: Os Amigos do Livro, 1936. Depois incluído em Id., *Itinerário poético: Poemas reunidos* (Belo Horizonte: Imprensa Oficial, 1969) — reeditado pela editora da UFMG em 2002. O livro era dedicado à mãe e à memória do amigo Alberto Campos. **94** "Libertação": "e, antes de mim, como depois de mim, os mistérios poderão permanecer invioláveis" (Ibid., p. 58). **95** "In extremis": "Procura uma só estrela dentro da noite: tua esperança há de morrer/ antes que os teus olhos já estejam fatigados/ e a melodia do vento já haja desaparecido sob o fragor e a fúria dos elementos" (Ibid., p. 62).

O vocabulário oscila entre os sentimentos "indizíveis" — saberes sensoriais e extrassensoriais — e as travas irrefreáveis dos fenômenos naturais — céu, terra, mar, sol, noite, estrela —, interpolando noções rarefeitas de ontologia mística — vida, corpo, alma, espírito. O corpo carece de libido, o mundo governado pelo Senhor do universo. A poética prestes a levitar enuncia a terra e os homens, como se fossem entidades, enteléquias infensas a contingências: um mundo à parte, destituído de amarras, sem entorno histórico, nem sequer anedótico. Apenas alguns versos evocam o sufoco da vida urbana — "os autos voam pelas avenidas, os garotos anunciam os matutinos e/ os bancos se abrem".[96] De resto, o espírito do poeta, "sua infinita sede de plenitude",[97] se compraz em interrogar o sentido de tudo, na sucessão de "por quê?",[98] como que interpelado pela psique, absorto no solilóquio — "Que força estranha/

[96] "Um dia": "Enquanto os homens se agitam e se entredevoram, enquanto/ os autos voam pelas avenidas, os garotos anunciam os matutinos e/ os bancos se abrem,/ dentro de nós, as mesmas sombras de sempre estão contando a mesma estória de sempre" (Ibid., p. 50). [97] "A musa": "E foi para te descobrir que minha poesia veio alimentando pelos tempos afora a sua infinita sede de plenitude/ E parou em ti que és a própria poesia" (Ibid., p. 37). [98] "Por quê?": "Por que tantos olhos cheios de tantas lágrimas?/ Por que tantas palavras e tantos gestos?/ E por que este sol tão vivo,/ este sol, meu Deus, e este sorriso,/ este sorriso que é dela e que está dizendo,/ dizendo, agora, como sempre,/ que a vida é bela, que a vida é bela?" (Ibid., p. 39). Os sinais de exclamação e, sobretudo, o uso de "por quê" enquadram o fraseado de versos livres na cadência do sortilégio, do incognoscível ("Quem é que luta dentro de mim", "como poderei acreditar que o simples nascimento do dia/ seja como aurora de redenção/ dentro de cada um de nós?"), ou então são muletas retóricas ("És ironia? Não, não és nada", "Por que rola essa lágrima em minha face", "Por que ainda esperas? Aqui termina o caminho", "Por que será que aquelas asas me comovem?", "Por que será que aquelas asas me inquietam?", "Quando virá o apaziguamento? Virá um dia o apaziguamento?", "Que mãos são essas que, de repente, cessam de amaldiçoar e se aquietam em êxtase?"). Ibid., ver pp. 43, 48, 51, 53, 56, 62-3, 65.

me impele assim para mim mesmo?" —,[99] subjugado ao movimento incessante da natureza.

A reserva confessional da estreia se converteu em couraça envergada pelo ventríloquo do gênero humano. Reticente ao pecado, o poeta se desmaterializa ("e minha alma, vencida, errará novamente pelas estradas abandonadas", "tua alma naufraga na sombra", "alma errante, alma errante", "almas transfiguradas, almas múltiplas, almas de todas as épocas", "as almas já desertaram daqui")[100] à mercê de Deus aliciante. O criador faz as vezes de confidente ("este sol, meu Deus, e este sorriso"),[101] cenógrafo (sinos, anjos, asas, sexta-feira da paixão), confessor, redentor, mestre do Juízo Final. Talvez ter sido o único integrante da turma a permanecer na província tenha reforçado a inclinação à prática do ofício no paradigma contrito à la Alphonsus de Guimaraens, sem a sofreguidão lancinante do modelo. No entanto, o pulso religioso divaga, descolado da experiência pessoal; em lugar das vicissitudes do crente, as perorações do mistagogo.

Em *Sentimento do mundo*, os dispositivos de escrita servem aos intentos de Drummond na cena literária e no xadrez de circunstâncias incômodas. Premido pelo assédio dos católicos, pelo acirramento da peleja doutrinária, pela duplicidade de filiações ambivalentes, a práxis materialista do poeta alvejou o credo nefelibata dos concorrentes e cortejou a audiência dos opositores intramuros do regime. Tamanha aposta de risco redundou em reforço considerável de cabedal híbrido: primazia literária e carma moral. *Sentimento do mundo* era poesia de mistura ao deliberado lance político, dando a ver o protagonismo do autor na cena literária e junto à confraria letrada de

---

99 "Um dia" (Ibid., p. 50).   **100** Versos de "Poema, Aqui termina o caminho, Reintegração, Inquietação, Despedida" (Ibid., pp. 40, 52-3, 56).
101 "Por quê?" (Ibid., p. 39).

oposição *sotto voce* ao regime. Proclama de insurgência, endereçada à inteligência dissidente, o livro acrescenta ao homem de cultura o laurel de vanguarda doutrinária.

Em 1942, o volume *Poesias*, com selo da editora José Olympio,[102] a primeira publicação comercial, incluía o conjunto inédito *José* (1941-42).[103] Um feito estupendo, o tope de invenção no período. O engenho e a emoção raciocinada têm aí pouco a ver com a virada temática do livro precedente. Em vez de dar vazão à estenografia do mundo externo, a lente reflexiva incide no contencioso familiar, na história pessoal recalcada, nas ferramentas de trabalho, no que de fato interessa à dramatização lírica do mundo ao redor.

O território confessional abrange o lugar de origem, as desavenças no romance doméstico, balanço ácido de "deserdado" cujo quinhão no inventário o deixara na retranca de irmão desgarrado. O mote de Itabira enfeixa os perrengues no interior da família, os liames de classe distendidos pelas agruras do rebaixamento, as vicissitudes no percurso de socialização, o habitus clivado entre a bainha masculina e as derivas dos homens sem profissão. A vida de promissória que estava prestes a resgatar. Itabira em lugar do inominável.

"Viagem na família" restitui a meada pela via-crúcis compulsória: o pai, a cidade natal, o pico do Cauê, o casarão, os antepassados, os apetrechos de virilidade, o desgaste patrimonial, o prenúncio do abismo. A estrofe inicial condensa a gênese da derrocada e os efeitos daninhos no destino filial. O poema infunde à figura paterna o poder de intrusão a expropriar o viajante de trunfos de toda espécie. Sem as condições de reproduzir a virilidade desenvolta do coronel, resta o escape na

---

102 Sinal de que o autor passara a integrar o esquadrão de elite das letras brasileiras. **103** Carlos Drummond de Andrade, *José*. In: *Obra completa*, op. cit., pp. 119-33.

reconversão das sobras em trabalho literário. O atropelo de emoções escancara as razões da mágoa — "A mão que eu não quis beijar,/ o prato que me negaram" —, o interdito de reaver o modelo invejado. O repto insistente por algum consolo resvala em indícios da potência, "Pelas mãos, pelas botinas". Qual o sentido arrevesado da disjuntiva "Senti que me perdoava"? Quem sabe o pai perdoara o filho desgarrado do prumo, sem absolvê-lo pela sina literária.

"Edifício Esplendor" cutuca a pungência da memória por relances do cotidiano. Após o introito de cotejo áspero entre o risco do arquiteto e as notações ácidas do morador, a parte seguinte pulsa o desejo pelo buraco da fechadura, incitado por "ópios de emergência" e remorsos. O verso "O retrato cofiava o bigode" introduz o desmantelo que irmana na persona autoral o narrador, o morador e o amante sôfrego. Tudo se passa no encadeamento por anamorfose, de coisas, objetos e intimidades. Na terceira parte, a paródia à la Casimiro de Abreu maneja o amargor do sujeito, vagando na casa paterna cheio de tesão. As assombrações de menino confluem no rescaldo da infâmia "copo de veneno". O fraseado segue em batida descontrolada. A quarta parte reconfigura a morte por ímpetos suicidas, pelo episódio macabro no elevador, pela volúpia no banheiro, presságio do defunto ainda de pé "neste aéreo living". A quinta parte, no prédio colado ao cassino Atlântico, invoca três gerações de mortos de afeição do poeta, o avô, o pai e Alberto Campos, companheiro do Estrela. A morte imanta todo o poema, incandescente no retrato-fantoche, imóvel no começo, logo insuflada de energia, aos prantos, por fim calcinada, sem torque. O fecho pressagia a ruína do prédio, o desgaste das palavras do poeta-residente.

"Palavras no mar" é prova de virtuose empenhado em testar a valia de *topoi* arcaicos — náufragos, medusas, hipocampo —, redivivos por léxico de lirismo pretérito — pastor, merencórias, queixumes, purgação. A primeira composição da série a evocar óbices à consumação da fatura. O palavreado oceânico arremeda experimento homólogo ao embate com vocábulos. A palavra "Encanto", em maiúscula no segundo verso, solta, se recolhe ao dicionário no quarteto final, espécime propenso ao invento. A perícia com as palavras no bafo de lembranças.

Na suíte reflexiva, "O lutador" retoma o mote do vocábulo "Encanto", na estrofe final de "Palavras no mar", na peleja com os materiais, ora temperada pelo ajuste entre o entorno — "ao centro da praça" — e a aptidão a manejá-los. A poesia-comércio de formas esquivas toma tento ao infundir nas palavras o espectro de sentidos insuflados pelo social, a começar pelo transe amoroso. A refrega entre vocábulos "cultos" — solerte, queixume, esplende, sapiente — e expressões coloquiais — sustento, gozo, corpo a corpo, ciúme — insinua, na entrelinha, incômodo com convenções engessadas. O poema explora o hiato entre a palavra arredia e o tumulto da experiência, "entre beijo e boca,/ tudo se evapora". "Rua do olhar" se encaixa no veio reflexivo, ao investir no aprumo entre vivência e registro, ao medir a pulsação do que parece silente. Ora lembrada pelo morador na praia da capital, a Rue du Regard existe de fato em Paris, na devastação da Ocupação nazista. O poema-título "José" é madrigal da vida prosaica a redobrar o inquérito em torno do ofício. O refrão interpela o leitor pelo senso comum desbragado, persuasivo, sem saída.

"A bruxa" e "Noturno oprimido" instilam um clima opressivo na cidade grande. O voo do inseto ao redor do lustre na sala é homólogo ao barulho da água escorrendo; o fiapo de enredo sucede no interior do apartamento; são idênticos os efeitos de contaminação. O besouro incita ao disparo de voz, "a confidência"; a água faz miséria — protesta, estampa a noite, invade o corpo —, varinha mágica de arrastão. *José* mobiliza o poder de agência dos sentidos, ora escavando a viagem na família, ora dando insumos a proezas de timbre reflexivo, e assinala o tento em matéria de reconhecimento na república das letras. O conjunto fora de série fora publicado pela prestigiosa José Olympio, a chancela de cunho oficialista mesclada ao selo cortejado pela inteligência. Drummond mobilizou a jazida confessional, esteio da escrita no pelo, no desarme de expectativas de conformidade ao proselitismo. A escrita a soldo do autor em pugilato. O drama da vida pessoal encenado com pungência e desconforto.

Em 13 de março de 1944, Drummond deixou o posto no gabinete de Capanema, "desfecho natural da situação criada pela volta das atividades políticas no país".[104] À razão alegada decerto se juntavam as decepções e as pressões sofridas nos anos sombrios do regime. Passa a atuar, então, como codiretor do jornal comunista recém-fundado *Tribuna Popular*, em companhia de escritores de esquerda.[105] Conforme registra no diário, viu-se de repente assediado: Francisco Campos o convoca a editar a entrevista do brigadeiro Eduardo Gomes que havia redigido; é convidado a integrar a chapa comunista de candidatos a deputado por Minas Gerais; Paulo Bittencourt, dono e diretor do *Correio da Manhã*, oferece-lhe emprego de jornalista político; Samuel Wainer, na véspera de converter *Diretrizes* em jornal, quer contratá-lo como redator.

No interregno, Drummond teve encontros com Luiz Carlos Prestes e redigiu o "Poema da Anistia", divulgado, em 1º de

---

104 Carlos Drummond de Andrade, *O observador no escritório: Páginas de diário* (Rio de Janeiro: Record, 1985, p. 25): "Março, 14 — Deixei ontem meu posto no gabinete de Capanema. Desfecho natural da situação criada pela volta das atividades políticas no país [...]. E quer [Capanema] que eu preste serviços ao Iphan, sob a direção do nosso Rodrigo. Também Augusto Meyer me oferece trabalho no Instituto Nacional do Livro. Saio do gabinete para comparecer à reunião inicial da União dos Trabalhadores Intelectuais". **105** A experiência dura poucos meses; larga o jornal em novembro após a queda de Getúlio.

abril, em três jornais da capital.[106] A anistia ampla e o estabelecimento de relações com a União Soviética eram as principais bandeiras dos comunistas, os quais se aliaram a Vargas no movimento queremista "Constituinte com Getúlio".[107] O desmonte do Estado Novo fora acelerado pela entrada do Brasil na guerra, em 1942, e por episódios de rebeldia que envolviam o poeta pela tangente. O Manifesto Mineiro, em outubro de 1943, postulava a redemocratização, e era subscrito, em lista de 76 signatários, por companheiros do Estrela — Milton Soares Campos, Pedro Nava —, por amigos próximos — Luiz Camilo de Oliveira Neto, Afonso Arinos de Melo Franco — e por lideranças mineiras de peso — Artur Bernardes, João Edmundo Caldeira Brant, muitos deles tendo sofrido de pronto o revide do regime.[108] Em janeiro de 1945, por ocasião do I Congresso Brasileiro de Escritores, a aliança entre liberais e comunistas divulgou petição em favor de eleição com sufrágio universal.

Tais gestos e tomadas de posição ajudam a esclarecer a transição entre o colapso do Estado Novo em 29 de outubro de 1945

---

106 *Correio da Manhã*, *Diário Carioca* e *O Jornal.* **107** O restabelecimento de relações diplomáticas com o governo de Stálin ocorreu em 2 de abril de 1945; dias depois, Vargas assinou o decreto da anistia aos que haviam cometido crimes políticos desde julho de 1934. Em começo de agosto de 1945, foi decretada a lei antitruste, a "lei Malaia". Tais medidas reforçaram a campanha queremista, mas não conseguiram reverter a resistência crescente dos militares à continuidade de Vargas. Ver Antônio Mendes de Almeida Júnior, "Do declínio do Estado Novo ao suicídio de Vargas". In: Boris Fausto (Org.), *O Brasil republicano*. São Paulo: Difel, 1981, v. 3: *Sociedade e política (1930--1964)*, pp. 225-55. **108** Orlando Cavalcanti, *Os insurretos de 43: O manifesto mineiro e suas consequências* (2. ed. Rio de Janeiro: Civilização Brasileira, 1978): Afonso Arinos de Melo Franco, aposentado do cargo de advogado do Banco do Brasil; Luiz Camilo de Oliveira Neto, demitido da chefia do setor de documentação do Ministério das Relações Exteriores; Augusto Mário Caldeira Brant, afastado do cargo de diretor do Banco Hipotecário Lar Brasileiro; Milton Soares Campos, exonerado do cargo de consultor jurídico da Caixa Econômica de Minas Gerais; Pedro Nava, afastado do cargo de médico da Prefeitura do Distrito Federal.

e a eleição do marechal Eurico Dutra à Presidência da República em 2 de dezembro de 1945, cenário de sufoco permeando o lançamento de *A rosa do povo* no mesmo ano.[109] Desta feita, a denúncia *a cappella* ensaiada em *Sentimento do mundo* prefigura o libelo veemente do escritor, ora livre das peias de envolvimento na ditadura. O fato de logo haver retomado o posto de funcionário na diretoria do Patrimônio Histórico e Artístico Nacional diz muito acerca dos laços de amizade e de solidariedade entre os integrantes da elite intelectual na cúpula do Estado, sem afetar a trama de injunções na raiz do manifesto poético.

Drummond concebeu *A rosa do povo*[110] como produto híbrido de máximo calibre político e estético. Mesmo que disso não tivesse ciência, fez aposta de risco no desígnio explícito de peitar a feitura de diagnóstico do mundo contemporâneo que lhe foi dado viver no país, assolado pelas arbitrariedades do regime e pela guerra, em paralelo à vertente de reflexividade. É fruto de projeto arrojado no qual o autor se arvora em esponja das misérias do mundo, na feitura de poemas de estilo épico, meditativo, em que o libelo trespassa os estados

---

109 "[...] os meus três votinhos chorados, pensados e cheios de reticências mentais. Para presidente, Eduardo Gomes; para senadores, Prestes e Abel Chermont; para deputados, a chapa de Prestes" (Carlos Drummond de Andrade, *O observador no escritório*, op. cit., p. 52). Embora tivesse apoio de liberais, democratas e até de comunistas, Eduardo Gomes era o candidato das forças oposicionistas conservadoras, inclusive do Partido Republicano liderado por Artur Bernardes, distantes dos setores populares. A escolha de chapa híbrida tinha a ver com a repulsa aos desmandos de que se tornara ciente por conta da posição estratégica na cúpula do ministério, afora a solidariedade em relação aos companheiros dos tempos de juventude aos quais permanecia ligado. **110** Carlos Drummond de Andrade, *A rosa do povo* (1943-45). In: *Obra completa*, op. cit., pp. 135-217. A primeira edição fora prensada pela José Olympio. Nesse ano, Emílio Moura publicou *Cancioneiro* (1944-45) (Belo Horizonte: Trevo, 1945) — republicado com cortes em: Emílio Moura, *Itinerário poético: Poemas reunidos* (Belo Horizonte: Imprensa Oficial, 1969, pp. 67-106).

d'alma, as convenções antirretóricas, no intento de auscultar o impasse entre os escombros da atualidade e o menu de visadas alternativas. Conferiu à poesia a missão de desnudar o desastre — a ditadura, a guerra, as desigualdades — e assuntar consolos de teor humanista. Poesia engajada, lírica compromissada, as palavras do povo são o manancial da lira mensageira, que impinge ao verso o encargo heurístico difícil de cumprir com o préstimo de perorações inquisitivas.[111] Os poemas se distribuem em três eixos que conversam de modo invasivo: as meditações sobre o estado deplorável do mundo, as rasantes autobiográficas, as cavatinas reflexivas. Alguns poemas com enredo extravasam as divisórias.[112]

Em cantilena um tanto declamatória, os dois poemas de abertura elucidam o prontuário de exigências que se depreendem dos escritos do autor sobre poetas coetâneos. Em resenhas publicadas em *Passeios na ilha*,[113] Drummond discorre sobre as matérias apropriadas ao gênero e aos arranjos estilísticos de sua predileção, na corda bamba entre o realce das circunstâncias e a caução universalista. Em surdina, palpitam o enlevo pelas formas desapegadas, o milagre da transubstanciação, o fascínio por métricas extravagantes,[114] a contemplação redimida

---

111 O choque inovador de Drummond pode ser aquilatado em contraste com as coletâneas dos poetas da geração de 45 publicadas em 1944-45 — Ledo Ivo, Bueno de Rivera, Dantas Mota —, sem falar nas obras dos passadistas e mesmo de modernistas em maré baixa, o caso de Oswald de Andrade com *Cântico dos Cânticos*. **112** Por exemplo, "Caso do vestido" e "Morte do leiteiro", pp. 165-7, 169-71. **113** Carlos Drummond de Andrade, *Passeios na ilha: Divagações sobre a vida literária e outras matérias*, op. cit., em especial a seção "Contemporâneos" (pp. 669-716), com resenhas de obras de Manuel Bandeira, Américo Facó, Joaquim Cardozo, João Alphonsus, Raul Bopp, Emílio Moura, Henriqueta Lisboa, Sylvio da Cunha, Maria Isabel, Alphonsus de Guimaraens Filho, Beatriz B. Vasconcelos e Godofredo Rangel. **114** Ver, nas pp. 677-8, o trecho consagrado à sextina no exame da composição "Sextina da véspera", de Facó.

pelos subentendidos. "A concreção do inefável",[115] eis a lápide de lavra própria. Os apelos ao carisma do ente ungido instilam a propensão ao solilóquio, à autarquia do criador.[116] Alumbramentos remetem à *rationale* do sublime, ranço datado do que seja literatura. Em contrapartida, o poeta procura conciliar o estro indeterminado e a postura receptiva à exegese do mundo, ou melhor, à destilação do entorno.[117] Uma arte lírica tensionada entre a ganga histórica, a empatia, a compaixão e a fulguração da forma.[118]

"Consideração do poema" sumariza o credo materialista de Drummond, que elege o povo sujeito de sua pena. "Procura da poesia" estabelece o roteiro de interdições que ele infringe na prática. O livro trata de acontecimentos, do noticiário dos jornais e do rádio, dos homens em sociedade, da infância, da família, dos gozos e males do corpo, ainda que o faça na faixa estreita entre o poder da palavra e o poder do silêncio.[119]

"A flor e a náusea" intima o leitor a se inteirar do sentido fulcral do título. A flor surgida na rua é o poema que decanta o restolho do mundo social. "Anúncio da rosa" ajuda a desvendar a cifra do título: o caule, a pétala, o cálice, o perfume são predicados da rosa, daquela cinzelada pelo poeta — "Autor da

---

115 Ibid., p. 683. **116** "De fato, pode-se dizer de qualquer verdadeiro poeta que a vida inteira ele desenvolverá um tema único, que é o seu próprio e que se confunde com a sua natureza e o seu entendimento pessoal das coisas humanas" (Ibid., p. 681). **117** "E a realidade social, por sua vez, é a de que estamos participando como atores ou vítimas, o poeta inclusive, que a reflete, se é que não a julga" (Ibid., p. 682). **118** Raymond Williams restituiu tais nexos no chão da experiência ao escrutinar os modos pelos quais o insumo classista ordinário fertiliza as epifanias da poesia pastoral. Ver *O campo e a cidade*. São Paulo: Companhia das Letras, 1989. **119** "O elefante", "Ontem", "Fragilidade", são outras composições reflexivas de *ars poetica*, entre as quais se destaca "Áporo", magistralmente analisado por Davi Arrigucci Jr. em *Coração partido: Uma análise da poesia reflexiva de Drummond* (São Paulo: Cosac Naify, 2002, pp. 75-105).

rosa, não me revelo, sou eu, quem sou?" —, a qual se transmuda em aposto do trabalho e da energia coletiva, inclusive do "comércio" do verso. As inúmeras flores no livro — orquídeas, flores úmidas, flores de velho, rosas, sete flores, anêmonas — insinuam quase sempre o encantamento, a conversão da experiência em verso.

"Nosso tempo"[120] é um poema estirado à maneira inglesa, cuja dicção oscila entre as palavras de ordem do manifesto e as convicções do diagnóstico. A toada declamatória resiste à dificultosa objetivação do mundo e acolhe o apelo intermitente à canga da história pessoal. O mesmo vocalista se improvisa em coro anônimo ou em figurante do imbróglio familiar. Não obstante, persiste o desassombro de enunciar as raízes da hecatombe, tarefa para a qual o gênero não está a rigor aparelhado. O lastro do discurso crítico totalizante se esgueira nos versos em repentes conceituais e ruminações desacorçoadas. Os termos do poeta se substituem às leis, às "miúdas certezas de empréstimo", como que interrogando seu status na trinca "Guerra, verdade, flores". A terceira parte ambienta o desconcerto na casa familiar, em cujos cômodos convivem infrações, haveres e afetos. As coisas e os personagens nomeados parecem dispor do condão de diluir as pegadas dos protagonistas coletivos do "nosso tempo". A quarta parte, na visada de Gledson, resume a atmosfera malsã do Estado Novo — alcaguete, polícia, propaganda.[121] A parte subsequente encena

---

120 "Nosso tempo" (Carlos Drummond de Andrade, *A rosa do povo*, op. cit., pp. 144-8). No diário, Drummond comenta com vagar a carta de Otto Maria Carpeaux sobre o moderno poema longo — "não sendo mais apoiado pela métrica, só poderá ser pelo 'enredo'", ou seja, o "conteúdo intelectualmente concebido" —, dando a ver quão ciente estava das injunções formais à prática do subgênero, como demonstram "Nosso tempo" e outros trabalhos no livro. Ver id., *O observador no escritório*, op. cit., pp. 15-6. **121** John Gledson, op. cit., p. 167.

o passar do tempo no centro da cidade, comandada pelo capital: o alvoroço dos funcionários na hora do almoço, a retomada do expediente, o regresso à casa, as distrações, o coito, o sono. Cada estrofe obedece à alternância entre a crônica do prosaico e o indiciamento dos donos do poder. A sexta parte revisita os litígios, o ramerrão e os vestígios da fortuna familiar. A sétima embaralha constrições, derrotas e espasmos de esperança. No fecho, o poeta se resguarda do colapso capitalista pela tópica militante.

"América" se enquadra na vertente mensageira, segue à risca a batida entre assertivas sentenciosas e recaídas no passivo familiar. Itabira é Lilipute que situa o Swift mineiro no mapa da América. O poema contrasta a roça e a cidade, o atrasado e o moderno, a moda de viola e a poesia, o *fait divers* miúdo e o mapa. Os achados e a variedade de métricas não compensam os clichês, a prosa sentenciosa, as tautologias e os circunlóquios. Bons sentimentos informam a voz aguerrida na coda final: a solidão "meio de conhecimento" e "palavra de amor". Exemplar aguado de poesia pública.

"O mito" encena o fascínio por "fulana" — mulher anônima, sobredeterminada por atavios de classe —, em narrativa cinematográfica de cromos e relances. Tomadas do capeta, ao variar entre close, angular e panorâmica, conferem suporte ao estereótipo intrigante da burguesa apetitosa. A insídia do mundo contemporâneo é protagonizada por parelha sui generis: o poeta enredado em pulsões, o corpo cujo perfil se apoia em traços conotados ao habitus de classe. Marxismo, rímel, iates, piteira, debêntures, feições emboladas de "fulana", "contradições extintas" "de um mundo sem classe e imposto".

A conversa com o pai morto atiça inconfidências. "Como um presente", quase prosa, interroga a distância ressentida e a autoridade inconteste. O acerto de contas apela ao possessivo da intimidade e ao espólio herdado de virilidade, intimação palpitante desde "Viagem na família": "Teu cavalo corta o ar, guardo uma espora/ de tua bota, um grito de teus lábios,/ sinto em mim teu copo cheio, tua faca,/ tua pressa, teu estrondo… encadeados". O diálogo tenso na canoa reitera a primazia do coronel. A estrofe seguinte vaza a queixa filial — "Impossível reconhecer teu rosto, mas sei que és tu" —, do eu que se enxerga diminuído. À revelia da conversa, os desplantes indiciam a hombridade do genitor: abrir garrafas sem saca-rolha, desatar nós, assistir, sem chorar, à morte de filho.

"Rua da madrugada", poema das "confissões exaustas", busca aliciar quem o intimidava com versos de carícia — "cobri-lo de beijos, flores, passarinhos", entremeando a lembrança com instantâneos urbanos — bondes, chuva, palmeiras na praia, pontas de cigarro, jornais —, os quais se interpolam à culpa e ao mal-estar do confidente.

O prodigioso "Retrato de família" depreende da foto antiga o jorro de convulsões entre o passado e o presente. O cromo puído secreta confidências, imanta cada personagem aos marcadores de classe e enovela contingências incômodas. A terceira quadra embola as imagens suscitadas pela estampa: o poeta se lembra dos meninos por relances em desordem. O escrutínio dos espaços e das coisas é circunstanciado, inventário das escoras materiais da família. Na abertura, o poeta enxerga o retrato e o descreve; na penúltima quadra, vira o jogo, o retrato adquire vida, confronta e se espelha nos olhos do curioso. O reverso do juízo inicial consiste na intimação do vidente, outro figurante do imbróglio.

"Onde há pouco falávamos" fabrica a elocução em quiasma em torno de um piano, objeto a atravancar a sala do casarão patronal e as reminiscências do narrador. O retrospecto aciona a câmera ubíqua, veloz nos cortes e nos enquadramentos. O piano-fantasma, velharia do mundo revocado, faz as vezes de espora dando liga ao emplastro familiar, na sala e no porão da memória. O traste vai tomando vulto pela história social — teclas, valsas, afinadores. O vetor do memento se esgueira na sala "onde ainda há pouco falávamos".

"Mário de Andrade desce aos infernos" homenageia o mentor na juventude, o líder modernista, o protótipo do multifacetado intelectual brasileiro. Quem conhece a correspondência entre Mário e Drummond pode aquilatar a dívida do estreante com o escritor de múltiplos talentos e competências. A elegia faz jus ao protagonismo intelectual de Mário, sem apelar à reverência desbragada da ode a Manuel Bandeira. A figura de Mário devia incomodá-lo pelo desajuste flagrante aos moldes da elite mineira. Segundo testemunhos da época, Drummond evitou a proximidade do convívio ao longo da temporada carioca de Mário. O vestuário chamativo, o pó de arroz no rosto, os perfumes e, claro, a orientação sexual "excêntrica", tudo isso lhe desagradava na aparência pública do amigo.[122] As palavras de luto pelo confrade esboçam o retrato do Mário polivalente e ubíquo dos muitos brasis a que se consagrou. O último verso da terceira parte — "a rosa do povo aberta..." — foi tributo de Drummond no título do livro, mostra de que reconhecia a lição de poesia pública que lhe fora ministrada. A seção seguinte percorre os acervos recolhidos e estudados por Mário — a pintura contemporânea no país e no estrangeiro, a arte e o folclore populares, a coleção de obras modernistas. Os versos de arremate rendem preito ao legado do guru modernista.[123] Drummond virtuose na feitura de odes, acertos de contas na contenda literária.

---

122 Ver José Maria Cançado, op. cit., pp. 246-7. **123** Talvez tenha interesse o paralelo entre a postura um tanto reverencial de Drummond perante Manuel Bandeira ou Mário de Andrade e os juízos mutantes de Jorge Luis Borges em relação ao poeta Leopoldo Lugones, acme da cena intelectual portenha nos anos 1920. Na mocidade, Borges externou reticências à obra, ao estilo e ao legado de Lugones; na maturidade, já desfrutando do status

Os cinco poemas sobre a guerra, escritos entre 1942 e 1945, espelham a virada no conflito com a vitória russa em Stalingrado, justo após o governo brasileiro declarar guerra ao Eixo (em 22 de agosto de 1942).[124] A decisão tardia de Vargas repercutiu fundo no imaginário da inteligência nativa, marco inicial da descompressão na ditadura e da adesão efusiva à União Soviética, penhor do desafogo e augúrio de um mundo melhor. A conexão entre a proeza e a expectativa pelo abrandamento do regime fazia do assunto bélico escape propício a veicular as tomadas de posição dos escritores ora fascinados pela promessa comunista. Os poemas de Drummond dão a ver o assentimento às palavras de ordem emanadas do ideário redentor e, pela tangente, ecoam os porta-vozes da oposição fervilhante, abrigados em praças protegidas do regime.

"Notícias" transpira a sensação incômoda de distância e de impotência frente à torrente de desastres provocados pela guerra. Acolhe o chamado da "cidade enigmática" — Stalingrado? —, solidário e ciente de estar apartado da convulsão. "Carta a Stalingrado" recorre ao expediente de interpelar o destinatário, couraça e envoltório dos homens que resistem e se batem pelo futuro. O recheio factual alude às manchetes do noticiário nos jornais ou ao vivo no rádio. Stalingrado é a última trincheira após a derrocada de Madri na guerra civil e a

---

de estrela máxima da literatura argentina, em lugar de diatribes, escreveu ensaio elogioso e um necrológio isentando Lugones do embevecimento pelo militarismo autoritário. Embora não conceda a Mário a condição de epítome definitivo, ao nomeá-lo "o poeta brasileiro", Drummond deu mostras de admiração e reconheceu a dívida perante o líder modernista. A competição no campo intelectual argentino obedecia aos imperativos dos grupos de interesse privados; o trio brasileiro reforçou laços pela parceria em projetos de política cultural ao longo do Estado Novo. **124** Ver Murilo Marcondes de Moura, *O mundo sitiado: A poesia brasileira e a segunda guerra mundial* (São Paulo: Ed. 34, 2016), em especial o capítulo "Carlos Drummond de Andrade", pp. 103-207.

resistência de Londres à *Blitzkrieg* nazista. O vocativo Stalingrado e os pronomes da intimidade instilam cadência de oratório às imprecações. No calor da hora, deve ter soado como insurgência, revolta, aleluia, o poeta vocalizando as aflições dos companheiros. A dicção palavrosa e a adjetivação retumbante abonadas pela atmosfera compartilhada de alívio.

"Visão 1944" compactou flagrantes dos combates com versos decassílabos em quadras convencionais, todas iniciadas pelo estribilho "Meus olhos são pequenos para ver". O poeta concebeu uma espécie de noticiário comprimido na sucessão de cenas, percutindo a tragédia em vinhetas lancinantes, nas quais prevalece o factual, o material no substantivo, em lugar do subterfúgio normativo. Imagens contundentes figuram um inventário de cenas de horror, "mosaico de misérias".[125] A partir da décima oitava estrofe, a morfologia do terror "cede lugar à antecipação do término da guerra e das possibilidades de uma outra realidade que dela adviria".[126] O repórter se transmuda em vocal dos anseios e demandas do povo, calibrando o registro pelo crescendo de vibrações ("lateja", "gritos roucos", "mensagem"), mediadas por travas palpáveis ("a rebentar do chão e das vidraças,/ ou do ar, das ruas cheias e dos becos"), até culminar no lótus magneto ("outro mundo que brota, qual nelumbo/ — mas veem, pasmam, baixam deslumbrados").[127] *A rosa do povo* é o clímax de convergência entre a escrita e a práxis do poeta, então liberto de peias funcionais, assuntando alternativas de voz, mesclando regimes discursivos, revezando composições meditativas, confessionais e reflexivas, dobrando a aposta no realismo, infundindo à poesia o reclame de documento, de libelo, de coletivo.

---

125 Ibid., p. 161.   **126** Ibid., p. 174.   **127** Carlos Drummond de Andrade, *A rosa do povo*, op. cit., p. 201.

Entre 1934 e 1944, Drummond encetou uma carreira política de estatura na elite governante do regime. Longe de ser o pé-rapado por ele apregoado, tópica replicada pelos súditos da doxa, ele era o cabeça da política cultural oficial no protetorado Capanema. Não vem ao caso situá-lo na escala entre a serventia e a rendição ao regime; cumpre restituir as digitais de sua práxis na voz lírica. Os versos engajados de *Sentimento do mundo* e de *A rosa do povo* reverberam a dicção autoral convulsionada entre o préstimo funcional compulsório e a estridência da profecia intramuros. Longe de constituir pano de fundo alegórico, o contexto de enunciação proporcionou os materiais à lavra da lira mensageira.

Um céu governamental (letras e política no Estado Novo)

> *E 1930 vai ser também um protesto! Mas para um número vasto de modernistas, o Brasil se tornou uma dádiva do céu. Um céu bastante governamental...*
>
> Mário de Andrade, "O movimento modernista", 1942[128]

O mercado de bens simbólicos abrigava os meios de comunicação da época, imprensa e rádio, sob controle estrito do Departamento de Imprensa e Propaganda (DIP), o conjunto de instituições culturais recém-criadas na órbita do Ministério da Educação e Saúde Pública[129] — Serviço do Patrimônio

---

128 Mário de Andrade, "O movimento modernista". In: *Aspectos da literatura brasileira*, op. cit., p. 244.   **129** Subscrevo a tese 'de Simon Schwartzman que correlaciona a condução de Capanema ao posto de ministro ao pacto firmado entre o governo Vargas e a Igreja católica, arreglo a crédito dos mediadores Francisco Campos e Alceu Amoroso Lima. A parceria Capanema-Alceu esclarece os princípios doutrinários, os conteúdos técnicos e

Histórico e Artístico Nacional, Instituto Nacional do Livro, Serviço Nacional do Teatro, Instituto Nacional de Cinema Educativo etc. —, a rede de entidades tradicionais, a maioria em mãos de intelectuais *ancien régime* — Biblioteca Nacional, Museu e Escola Nacional de Belas Artes, Museu Histórico Nacional, Casa de Rui Barbosa —, a indústria do livro em crescimento acelerado.

Em 1939, a política de propaganda e de censura foi confiada à repartição renomeada Departamento de Imprensa e Propaganda (DIP)[130] — doravante sob tutela da Presidência da República —, que concentrava os serviços de publicidade dos ministérios e autarquias, organizava os festejos cívicos e patrióticos, promovia o culto à pessoa do mandatário "pai dos pobres", orquestrava a propaganda nacional e internacional, as atividades de turismo, a censura do teatro, do cinema, da radiodifusão, da literatura social e política e da imprensa, gerenciava o programa de radiodifusão do governo. Cabia-lhe ainda divulgar as diretrizes doutrinárias do regime, promover eventos musicais e literários, concursos de música popular, patrocinar artistas e escritores, editar folhetos, livros e cartazes. A Agência Nacional pautava o programa *Hora do Brasil* e o *Cinejornal Brasileiro*, distribuídos em todo o país.

A divulgação do ideário estado-novista se fazia por meio de vasto programa de publicações: o periódico *Cultura Política: Revista Mensal de Estudos Brasileiros*, endereçado à elite, com a presença dos ideólogos oficiais — Francisco Campos,

---

os rumos políticos das principais iniciativas do ministério em educação e cultura. Ver Simon Schwartzman, Helena Maria Bousquet Bomeny e Vanda Maria Ribeiro Costa, *Tempos de Capanema*. Rio de Janeiro: Paz e Terra; São Paulo: Edusp, 1984, capítulo 1; Sergio Miceli, "Intelectuais brasileiros". In: *Intelectuais à brasileira*. São Paulo: Companhia das Letras, 2001, pp. 369-400.
130 Consultar o verbete "DIP" no *Dicionário histórico-biográfico brasileiro pós-1930*, op. cit., v. 2, pp. 1830-3.

Almir de Andrade, Lourival Fontes —, além de matérias esparsas de escritores de variada orientação doutrinária — Nelson Werneck Sodré, Graciliano Ramos, Gilberto Freyre; o mensário *Estudos e Conferências*; *Dos Jornais*, minuta de artigos pró-governo divulgados na imprensa não oficial. Em 1940, ao estender a jurisdição com filiais instaladas em todos os estados, o DIP passou a controlar as verbas de publicidade do Banco do Brasil e de outras autarquias; a mais dura intrusão dobrou o jornal *O Estado de S. Paulo* até o final da ditadura; nesse ano, também sofreram intervenção os jornais *A Noite* e *A Manhã*,[131] convertidos em diários do governo. Em 1941, a censura do DIP proibiu a exibição de cinejornais com notícias sobre a Inglaterra e a divulgação de críticas aos Estados Unidos.

A cúpula de gestores e dirigentes de órgãos culturais cooptou leva expressiva de escritores da primeira geração modernista, procedentes de vários estados, a que se juntaram artistas executores de encomendas oficiais, o contingente de letrados católicos, médicos, diplomatas e especialistas com inclinações

---

131 Sobre o suplemento Autores e Livros, do jornal *A Manhã*, e a revista *Cultura Política*, consultar Angela de Castro Gomes, *História e historiadores: a política cultural do Estado Novo* (Rio de Janeiro: Editora da Fundação Getulio Vargas, 1996). Os vinte "historiadores" consagrados entre 1941 e 1945 pelo suplemento, nascidos no último terço do século XIX e mortos nas décadas de 1920 e 1930, tiveram carreira política expressiva, fazendo convergir a atividade intelectual ao desempenho como ministros, governadores, parlamentares e diplomatas. O enaltecimento se coadunava às premências de justificação das práticas político-ideológicas dos intelectuais atuantes no Estado Novo; o panteão nativo de sumidades da historiografia ornava o projeto de propaganda política. Já a revista *Cultura Política*, escancarava o proselitismo, em matérias assinadas por intelectuais de pouco renome: professores secundários, membros dos institutos históricos e geográficos, funcionários públicos de nomeada e militares intelectualizados, categorias em oferta prolixa em nichos rebaixados do mercado de bicos culturais na capital federal, propensos a se curvar às diretrizes editoriais de uma versão culturalista e folclórica da sociedade brasileira.

intelectuais. Os escritores modernistas lograram se abrigar no recesso protegido da gestão Capanema e converteram o ideário do movimento em paradigma de legitimidade.[132] Carlos Drummond de Andrade, Abgar Renault, Augusto Meyer, Mário de Andrade, Rodrigo Melo Franco de Andrade, Manuel Bandeira, entre outros, exerceram cargos de confiança em entidades culturais oficiais, prestaram assessoria especializada e se incumbiram de encomendas subvencionadas. Cassiano Ricardo, Menotti del Picchia, Cândido Motta Filho, Azevedo Amaral, o time de intelectuais públicos a serviço do regime nas frentes de combate doutrinário, assumiram a direção de repartições e dos jornais oficiais, entre outras incumbências. Os escribas Almir de Andrade e Rosário Fusco redigiram apologias do situacionismo no formato de ensaios de cultura. A divisão do trabalho intelectual espelhava as desigualdades de cabedal e as prerrogativas de insulamento de que desfrutavam os escritores pela proximidade da reserva Capanema e da cobertura política que lhes concediam os figurões da coalizão dirigente.

Todavia, a captura de escritores pelo regime é apenas a âncora indispensável à continuidade do trabalho intelectual, mas oblitera a centralidade das letras no âmago da política cultural no Estado Novo, insumo ao dispositivo de instâncias de reconhecimento em vigor. Diversamente de regimes autoritários coetâneos na Europa — nazismo, fascismo, franquismo, salazarismo —, Estados fortes e centralizados em que por vezes se mirava o governo Vargas, mormente no tocante ao trabalho de propaganda e de repressão à imprensa, o Estado Novo

---

132 Angela de Castro Gomes (Org.), *Capanema: O ministro e seu ministério*. Rio de Janeiro: Editora FGV, 2000; Helena Bomeny (Org.), *Constelação Capanema: Intelectuais e políticas*. Rio de Janeiro: Editora FGV, 2001; Daryle Williams, *Culture Wars in Brazil: The First Vargas Regime, 1930-1945*. Durham: Duke University Press, 2000; Simon Schwartzman, Helena Maria Bousquet Bomeny e Vanda Maria Ribeiro Costa, *Tempos de Capanema*, op. cit.

concebeu e institucionalizou o dispositivo maleável e integrador da elite política e intelectual. Tratava-se de feitoria sujeita a estatuto sui generis de operação, sorte de quadro de honra da nata da inteligência, a exigir dos beneficiários isenção política e prática de arte pura. A cooptação não estava adstrita à relação de emprego, à prestação de serviços, à lealdade de rotina. O escritor bafejado sofria mutações cifradas de status e de nomeada em paralelo às insígnias concedidas por instâncias paraestatais que resgatavam da mediania aqueles eleitos pelos pares. O realejo de notoriedade contemplava intelectuais e políticos; a senha de intercâmbio consistia na ciência dos ganhos de parte a parte, os intelectuais e artistas lustrando a imagem dos mentores políticos, os quais externavam prodigalidades em prol dos homens de cultura. Longe de constituir laurel em disputa, o ingresso no "céu governamental" era dádiva concedida a fundo perdido, faísca de segunda natureza. A estima dos críticos respeitados, as resenhas laudatórias, o sucesso comercial, o aceite em panelas de escol, nada disso substituía o galardão conferido por colegiados invisíveis na dinâmica do campo intelectual.

Em sociedade com baixo nível de escolaridade, cindida entre a mídia radiofônica de alcance popular e a cultura de elite doravante alçada ao rótulo incensado de "patrimônio histórico e artístico nacional", o Estado Novo instituiu o padrão esquizoide de campos estanques de produção e consumo cultural. No polo de atendimento aos segmentos carentes, a política de educação cívica em calendário de rituais patrióticos: a comemoração do Dia do Trabalho e, no natalício do presidente, o Dia do Índio, os espetáculos de canto orfeônico, os festejos de Nossa Senhora Aparecida, padroeira do Brasil, veiculados em radiojornais em parceria com o Office of the Coordinator of Inter-American Affairs; o Repórter Esso, com notícias da United Press, retransmitido pela Rádio Nacional nos principais estados, com verba de empresas e agências de publicidade norte-americanas — General Electric, Standard Oil, RCA Victor, Thompson e McCann-Erickson; a vertente da cultura de massa com carimbo da Igreja e das Forças Armadas.[133] No território de recreio reservado à minoria letrada, a política cultural voltada à promoção dos acervos da cultura erudita: as letras, o teatro, os monumentos históricos, em regime praticamente livre de censura e de salvaguardas ideológicas, por meio de projetos confiados a intelectuais e artistas da hoste conventual.

A editora José Olympio — carro-chefe da indústria do livro em surto de expansão, insígnia de pertencimento à clique, selo oficioso de qualidade — e a Academia Brasileira de Letras manejavam termômetros de prestígio dos letrados, concessionárias de lauréis em disputa. Davam conta da dupla incumbência com lastro tanto maior de legitimidade na condição de entidades privadas e paraestatais, prontas a dispensar o troféu máximo esfumando o beneplácito oficial. Os escritores contemplados teriam feito jus ao título de "imortais", condecorados pela nação de escribas de uma "brasiliana" não mercantil, o suprassumo da "cultura brasileira". O truque de sagração laica dos maiorais da inteligência.

Entre 1930 e 1945, foram eleitos à Academia Brasileira de Letras representantes de sortidos quadrantes ideológicos da geração a reivindicar o selo modernista: os pré-modernistas que foram se acomodando, cada um a seu jeito, aos paramentos de vanguarda, ao verso livre, ao linguajar coloquial, aos brasileirismos, aos temas do cotidiano. Alguns se elegeram em cotas previstas no estatuto, no mais das vezes instigados por panelas literárias; outros lograram acesso antes da colaboração

---

133 O tripé de sustentação político-ideológica do Estado Novo — militares, Igreja e alta burocracia — prenuncia o esquema homólogo implantado pelo regime peronista alguns anos depois.

mais estreita com órgãos do regime. Guilherme de Almeida, Ribeiro Couto e Manuel Bandeira se enquadram no figurino de "trânsfugas" do passadismo. Guilherme de Almeida, um dos promotores da Semana de Arte Moderna, foi eleito em 1930, pouco antes de atuar como prócer da revolução paulista, pelo que foi preso e exilado. Ribeiro Couto, quadro do Judiciário antes de ingressar no corpo diplomático, ascendeu ao grêmio em 1934 e endossou com fervor o golpe de Estado de 1937; em 1941, passou a colaborar no suplemento Autores e Livros do jornal *A Manhã*. Manuel Bandeira, figurão no establishment literário, brindado com o cargo de inspetor de ensino, o mais disputado entre os pedidos de emprego a Capanema,[134] professor de literatura no Colégio Pedro II, catedrático de literatura hispano-americana na Faculdade Nacional de Filosofia, membro do conselho consultivo do Sphan, destinatário de encomendas estratégicas, foi eleito em 1940. Trata-se de eleição instrutiva a respeito dos melindres inerentes à transação. Nas vésperas, Bandeira havia publicado um compêndio,[135] sem citar catorze acadêmicos no capítulo sobre literatura brasileira, alguns dos quais revidaram.[136] No ano em que reuniu a obra lírica,[137] venceu no primeiro escrutínio com 21 votos, em colegiado de 40,

---

134 Angela de Castro Gomes, "O ministro e sua correspondência: Projeto político e sociabilidade intelectual". In: Id. (Org.), *Capanema: O ministro e seu ministério*, op. cit., p. 33: "Os intelectuais pedem nomeações para cargos nas áreas de educação e saúde [...]. Destes cargos alguns são campeões entre os pedidos, como é o caso dos inspetores de ensino". **135** Manuel Bandeira, *Noções de história das literaturas*. São Paulo: Companhia Editora Nacional, 1940 (2. ed.: 1943). Abgar Renault e Cyro dos Anjos, integrantes do grupo Estrela, ingressaram na Academia Brasileira de Letras, respectivamente, em 1º de agosto de 1968 e em 1º de abril de 1969. **136** Na cronologia da *Obra completa* (Rio de Janeiro: José Aguilar, 1958, v. I, p. CV), informa-se, a título de "pormenor", que não citara catorze acadêmicos; já Osório Borba refere vinte acadêmicos não citados em *A comédia literária* (Rio de Janeiro: Alba, 1941, p. 70). **137** Manuel Bandeira, *Poesias completas*. Rio de Janeiro: Cia. Carioca de Artes Gráficas, 1940.

escore decepcionante em vista das suas credenciais, derrotando quatro concorrentes, entre os quais Oswald de Andrade.[138]

O time reserva de escritores prestativos logrou presença saliente na cota de medalhões, pela cabala em favor de sumidades da direita modernista. Cassiano Ricardo, dissidente chauvinista no movimento Anta, líder do grupo verde-amarelo, ganhou no terceiro escrutínio em 1937, por apenas dezoito votos,[139] malgrado as nódoas de conduta pregressa. Na Revolução de 1932, havia integrado, junto com Menotti del Picchia e Cândido Mota Filho, o gabinete do interventor Pedro de Toledo, líder civil do movimento. A vitória limpou a ficha e o habilitou a tarefas de porte: dirigiu a seção paulista do DIP e o diário

---

138 Derrotou Berilo Neves (7 votos), Júlio Nogueira (5), Basílio de Magalhães (1), Oswald de Andrade (1). Eleito em agosto, foi recepcionado pelo amigo Ribeiro Couto em 30 de novembro de 1940. Ver Fernão Neves, *A Academia Brasileira de Letras: Notas e documentos para a sua história (1896-1940)*. Pref. de Afrânio Peixoto. Rio de Janeiro: Publicações da Academia Brasileira, 1940, p. 141. O discurso de posse está em *Ensaios literários* (In: *Obra completa*, op. cit., v. 2, pp. 963-85). Segundo Drummond, que estava presente, a posse "foi o acontecimento literário do fim do ano" (*Euclydes*, Rio Janeiro, 1 jan. 1941) — reproduzido em Carlos Drummond de Andrade, *Conversa de livraria, 1941-1948* (Porto Alegre: Age; São Paulo: Giordano, 2000, pp. 5-6). Eis um trecho da carta de Mário de Andrade a Henriqueta Lisboa por ocasião do pleito: "Outra coisa deliciosa dos tempos foi a eleição do Manuel Bandeira pra Academia. Embora eu não tivesse nenhum jeito nem possibilidade pra auxiliar o nosso poeta, fui dos primeiros, faz dois ou três anos já, a insistir com ele pra que se candidatasse. De forma que torci demais, me apaixonei e tive uma enorme ventura com a vitória, fiquei com ela pra mim. Mas o divertido foi a alegria do Manuel. Nunca ele destratou a Academia, é certo, mas nunca manifestou, nem na intimidade, qualquer desejo de entrar nela. Podia ser discrição, senso da medida e cuidado com a oportunidade, que tudo isto o Manuel tem mesmo e muito" (Eneida Maria de Souza (Org., intr. e notas), *Correspondência Mário de Andrade & Henriqueta Lisboa*. São Paulo: Peirópolis; Edusp, 2010, p. 122).   **139** Derrotou Viriato Correia (16 votos), Bastos Tigre (11), Jorge de Lima (8) e Basílio de Magalhães (4). Ver Fernão Neves, op. cit., p. 139. Foi recepcionado por Guilherme de Almeida em 28 de dezembro de 1937.

governista *A Manhã*, no Rio de Janeiro. Menotti del Picchia, criador dos movimentos verde-amarelo e Bandeira, primeiro diretor da filial paulista do DIP, na interventoria Ademar de Barros, diretor do chapa-branca *A Noite*, em São Paulo, levou a melhor em 1943, em segundo escrutínio com 22 votos, após duas candidaturas falhadas.[140] Prêmio a que fez jus pelos escritos áulicos. Outros colaboradores de proa do Governo Provisório fizeram por merecer o fardão: Gregório Porto da Fonseca, engenheiro militar, diretor da secretaria da Presidência da República (1930-34), eleito em 1931 com 25 votos, sem concorrente; Rodolfo Augusto de Amorim Garcia, historiador e diretor da Biblioteca Nacional em 1932, eleito em 1934 em primeiro escrutínio, com 24 votos;[141] Múcio Carneiro Leão, diretor do suplemento Autores e Livros de *A Manhã* em 1941, eleito em 1935 em primeiro escrutínio com 23 votos; Francisco José de Oliveira Viana, ministro do Tribunal de Contas em 1940, eleito em 1937 em primeiro escrutínio por dezenove votos.[142]

A eleição de Alceu Amoroso Lima[143] em 1935, líder católico e fiador de Capanema, de quem era amigo íntimo, confidente e suporte político,[144] carimbou as pretensões de primazia

---

140 Derrotou Wanderley Pinho (11 votos), Ivan Lins (2) e outros sem voto. Foi recepcionado em 20 de dezembro de 1943 por Cassiano Ricardo, parceiro nos mensários *São Paulo* e *Brasil Novo*. Ver José Murilo de Carvalho, *A Academia Brasileira de Letras: Subsídios para sua história (1940-2008)*. Rio de Janeiro: Academia Brasileira de Letras, 2009, pp. 17-9.   141 Gustavo Dodt Barroso (1888-1959), diretor do Museu Histórico Nacional, fora eleito em 1923. Ver Fernão Neves, op. cit., pp. 123-4.   142 Ibid., pp. 132-8.   143 Alceu foi eleito em primeiro escrutínio com 22 votos e 6 em branco, derrotando Berilo Neves, que teve cinco votos. Ver ibid., p. 136.   144 Alceu Amoroso Lima era "o correspondente mais sistemático e especial do ministro" e também o mais assíduo, com 149 cartas no acervo, segundo Angela de Castro Gomes (Org.), *Capanema: O ministro e seu ministério*, op. cit., pp. 27 e 31. Pelo relato de diversas fontes, a Igreja apoiou a indicação de Capanema ao ministério em detrimento de uma candidatura integralista.

doutrinária no auge da militância no *front* confessional — o Centro Dom Vital e a revista *A Ordem*.[145] Ascendera à proeminência intelectual e ideológica por causa dos serviços prestados à Igreja, dos escritos de crítica literária e de ensaios de timbre reacionário, como também por pertencer ao clã de ricaços polígrafos que o haviam precedido no colegiado.[146] O curinga eminência parda fez valer os interesses dos educandários confessionais, batalhou pela inclusão da instrução religiosa na escola pública, pelo desmonte da inovadora Universidade do Distrito Federal, pela inscrição de festas religiosas no calendário patriótico, pela inserção do programa católico no domínio de indulgências do mecenato Capanema.[147]

Por último, o ingresso de Getúlio Vargas em 1941 desvela o modus vivendi entre o pedágio cobrado aos escritores arregimentados e a retórica na construção da persona de déspota

---

145 Em 1932, Alceu ensinou sociologia e doutrina social da Igreja no Instituto Católico de Estudos Superiores, ligado ao Centro Dom Vital; em 1935, foi designado membro do Conselho Nacional de Educação; em 1937, indicado pelo Ministério da Educação a integrar a Comissão de Defesa da Cultura Nacional contra o Bolchevismo, decerto por causa da postura favorável ao franquismo na guerra civil espanhola. Escolhido, pelo governo, reitor da Universidade do Distrito Federal, onde assumiu a cátedra de sociologia; em 1941, investido na cátedra de literatura brasileira da recém-criada Faculdade Nacional de Filosofia da Universidade do Brasil. Defensor do ensino religioso obrigatório e contrário ao Manifesto dos Pioneiros da Educação Nova, batalhou por incorporar a agenda educacional e moral da Igreja na Constituinte de 1934. **146** Alceu era genro do industrial Alberto de Faria (1865-1931), acadêmico em 1928; cunhado do médico e romancista Afrânio Peixoto (1876-1947), acadêmico em 1910 e presidente da ABL em 1923, e do romancista Otávio de Faria (1908-80), acadêmico em 1972. Ver Fernão Neves, op. cit., pp. 109-10, 129; José Murilo de Carvalho, op. cit., pp. 136-7. **147** Acerca das pressões confessionais no sistema de ensino, ver Sergio Miceli, "O Conselho Nacional de Educação: Esboço de análise de um aparelho de Estado, 1931-1937". In: *Intelectuais à brasileira*, op. cit., pp. 293-341.

ilustrado.[148] Foi preciso alterar os estatutos da Academia para abolir o requisito de inscrição e a praxe das visitas protocolares a fim de permitir a eleição do presidente na categoria de "expoente".[149] À parte escrúpulos e suscetibilidades, o sufragado alcançou o escore acachapante de 33 votos, um em branco, sem concorrentes.[150]

A política cultural nas letras pode ser aquilatada pelo perfil das inciativas editoriais voltadas ao desenho e à promoção do cânone literário nativo. Manuel Bandeira foi incumbido pelo ministro Capanema a organizar as antologias dos poetas brasileiros das fases romântica e parnasiana,[151] e a editar o legado poético de Alphonsus de Guimaraens, o guru até então relegado do movimento simbolista. Ainda no marco centenário do

148 Eis um trecho do discurso proferido por Capanema na inauguração do Museu Imperial de Petrópolis, em 16 de março de 1943: "[…] vimos aparecer as universidades, a pesquisa científica, vimos o desenvolvimento da cultura e filosofia, vimos o ressurgimento da arte e da tradição […]. Por isto é que digo, sr. Presidente, que V. Exa. é parente de Péricles, parente de Augusto, parente de Luís XIV, o rei-sol, parente de todos esses grandes homens de Estado que encheram a história de fulgor e beleza" (Arquivo Gustavo Capanema, Rio de Janeiro, Fundação Getulio Vargas, apud Daryle Williams, "Gustavo Capanema, ministro da cultura". In: Angela de Castro Gomes (Org.), *Capanema: O ministro e seu ministério*, op. cit., p. 259). Como se sabe que Drummond escrevia os discursos de Capanema, talvez seja ele o escriba dos encômios. Ver João Camillo Penna, *Drummond, testemunho da experiência humana*. Rio de Janeiro: Casa de Rui Barbosa, 2011.   **149** Wilson Martins, *História da inteligência brasileira (1933-1960)*. São Paulo: Cultrix; Edusp, 1979, v. 7, p. 165. **150** O eleitorado virtual de Vargas incluía ainda acadêmicos magistrados: Ataulfo de Paiva (1867-1955), ministro do Supremo Tribunal Federal; Adelmar Tavares (1888-1963), desembargador. Ver Fernão Neves, op. cit., pp. 117, 126. **151** Manuel Bandeira (Org.), *Antologia dos poetas brasileiros da fase romântica*. Rio de Janeiro: Ministério da Educação e Saúde, 1937 (2. ed.: 1940), prefácio republicado nos *Ensaios literários* (In: *Obra completa*, op. cit., v. 2, pp. 913-23); Id., *Antologia dos poetas brasileiros da fase parnasiana*. Rio de Janeiro: Ministério da Educação e Saúde, 1938 (2. ed.: 1940) — prefácio republicado nos *Ensaios literários* (In: *Obra completa*, op. cit., v. 2, pp. 923-34); Alphonsus de Guimaraens, *Poesias*. Rio de Janeiro: Ministério da Educação e Saúde, 1938.

romantismo, Capanema encomendou a Sousa da Silveira[152] a edição crítica de *Suspiros poéticos e saudades* (1836), de Gonçalves de Magalhães.[153] No rol de projetos incentivados pelo Sphan, Manuel Bandeira e Gilberto Freyre foram convidados a redigir guias das cidades de Ouro Preto e Olinda, conjuntos urbanos tidos como exemplares do acervo histórico e arquitetônico nos moldes da "cultura brasileira" concebida pela política preservacionista.[154] O empenho na divulgação da literatura brasileira no exterior[155] teve acolhida no Ministério das Relações Exteriores com a publicação em inglês de ensaios assinados por especialistas nativos.[156] Ao longo do Estado Novo, a febre de revalorização da tradição literária autóctone se espelhou nas reedições críticas de obras completas dos clássicos,

---

152 Álvaro Ferdinando de Sousa da Silveira foi professor de filologia portuguesa na Universidade do Distrito Federal (1935); catedrático de língua portuguesa na Faculdade de Filosofia da Universidade do Brasil (1939); membro da Comissão de Estudos sobre Alfabetização (1934) e da Comissão dos Programas Secundários (1942), por indicação do Ministério da Educação. Ver Raimundo de Menezes, *Dicionário literário brasileiro*. 2. ed. Rio de Janeiro: Livros Técnicos e Científicos, 1978, p. 640.   **153** Gonçalves de Magalhães, *Suspiros poéticos e saudades*. Ed. anot. por Sousa da Silveira; pref. de Sérgio Buarque de Holanda. *Obras completas*. Rio de Janeiro: Ministério da Educação e Saúde, 1939, v. 2.   **154** Manuel Bandeira, *Guia de Ouro Preto*. Rio de Janeiro: Ministério da Educação e Saúde, 1938 — com ilustrações de Luís Jardim e Joanita Blank; Gilberto Freyre, *Guia de Olinda*. Rio de Janeiro: Ministério da Educação e Saúde, 1938.   **155** Em especial, o volume subsidiado por Capanema, *Poésie brésilienne*, com organização e tradução de A. D. Tavares Bastos (Rio de Janeiro: Ministério da Educação e Saúde, 1937), resenhado por Manuel Bandeira. Ver "O livro. França inspiradora", *Dom Casmurro*, 23 dez. 1937 — republicado em Manuel Bandeira, *Crônicas inéditas*, op. cit., v. 2: pp. 166-7.   **156** Elói Pontes, *The Press in the Intelectual Formation of Brazil*; Prudente de Morais Neto, *The Brazilian Romance* (editado em português pelo ministério em 1939); Carlos Rubens, *The History of Painting in Brazil*; Mário de Andrade, *Popular Music in Brazil* — todos publicados pelo Ministério das Relações Exteriores em 1943.

no prelo de editoras privadas, em exposições oficiais[157] e na enxurrada de biografias consagradas aos expoentes do cânone.

A nata da inteligência modernista, com voz na jurisdição sob alvitre do Ministério da Educação, investiu na tessitura dos momentos-chave na formação de nossa literatura, realçando os mestres dos principais movimentos, na conjuntura derradeira do campo intelectual em gestação em que as letras ainda estavam no proscênio da agenda. Em vista da partilha de territórios pelo regime — o braço de propaganda tutelado pelo DIP *versus* o limbo desregulado e receptivo às prioridades da cultura letrada —, foi se instituindo um padrão de convívio e de trânsito pelo aporte dos "puros" em órgãos oficiais e pelo aceite dos "áulicos" nas instâncias de reconhecimento. As volumosas contribuições de Ribeiro Couto, Manuel Bandeira[158] e Vinicius de Moraes em colunas e suplementos do jornal *A Manhã* tiveram em contrapartida a crisma derrogatória concedida a Cassiano Ricardo e Menotti del Picchia. O impacto das obras dos viajantes, de historiadores e cientistas sociais, atuantes no período, contribuiu para a expansão considerável das coleções Brasiliana (Cia. Editora Nacional) e Documentos Brasileiros (Editora José Olympio),[159] sem afetar por ora a supremacia dos escritores na feitura do paradigma de excelência no interior do campo intelectual.

As estantes infladas de obras doutrinárias ao longo do período Vargas, com pico de veemência no Estado Novo — os

---

157 Por exemplo, a grande mostra sobre Machado de Assis, organizada pelo Ministério da Educação e Saúde em 1939.   **158** As colunas de artes plásticas de Manuel Bandeira no jornal *A Manhã*, entre agosto de 1941 e fevereiro de 1943, constam do volume *Crônicas inéditas*, op. cit., v. 2, pp. 252-365. **159** Heloisa Pontes, "Retratos do Brasil: editores, editoras e 'Coleções Brasilianas' nas décadas de 1930, 40 e 50". In: Sergio Miceli (Org.), *História das ciências sociais no Brasil*. São Paulo: Vértice; Finep, 1989, v. 1, pp. 359--409 — republicado no *Boletim Informativo e Bibliográfico* (*BIB*), n. 26, 1988, pp. 56-89.

libelos elitistas em defesa do Estado autoritário, os ensaios adulatórios do regime de exceção, as biografias de Vargas,[160] os textos apologéticos do mecenato governamental — entremostram o ideário regressivo de parcela expressiva da inteligência brasileira, a qual vaticinava o receituário do autoritarismo como o advento da reforma, o novo normal ante a derrocada da democracia. Desde o início da década de 1930, o ativismo conservador prevalecia na avalanche de ensaios voluntaristas, opiniáticos, cujos diagnósticos reiteravam o desgaste do liberalismo e o pleito em favor de Estados fortes, sob o tacão de líderes messiânicos. O contingente dos "pensadores" da crise brasileira, chavão da hora, eram juristas e homens públicos, obcecados por modelos de organização em roupagem legalista, infensos às constrições da história nacional, refratários a indicadores empíricos, amiúde ignorantes das ferramentas em vias de elaboração pela ciência social nascente.[161] Afonso Arinos de Melo Franco, Miguel Reale, Gustavo Barroso, Luís Amaral acrescentaram ao cardápio a cunha sinistra do antissemitismo.[162]

O avanço do movimento integralista, em meados da década de 1930, com aval dos baluartes católicos e coonestado pela hierarquia eclesiástica, incitou proclamas fervorosas dos

---

160 Epitácio Pessoa Cavalcanti de Albuquerque, *Getúlio Vargas*. Rio de Janeiro: Imprensa Nacional, 1938 (2. ed.: 1941); André Carrazzoni, *Getúlio Vargas*. Rio de Janeiro: José Olympio, 1939; Paul Frischauer, *Presidente Vargas*. São Paulo: Companhia Editora Nacional, 1943. **161** Pontes de Miranda, *Os fundamentos atuais do direito constitucional*. Rio de Janeiro: Freitas Bastos, 1932; Alceu Amoroso Lima, *Problema da burguesia*. Rio de Janeiro: Schmidt, 1932. **162** Afonso Arinos de Melo Franco, *Introdução à realidade brasileira*. Rio de Janeiro: Schmidt, 1933; Miguel Reale, *O Estado moderno*. Rio de Janeiro: José Olympio, 1934; Gustavo Barroso, *Brasil, colônia de banqueiros*. Rio de Janeiro: Civilização Brasileira, 1934; *O integralismo de norte a sul*. 2. ed. Rio de Janeiro: Civilização Brasileira, 1934; Luís Amaral, *Iniciação social e política*. Rio de Janeiro: Calvino, 1934.

experimentos totalitários na Europa. As inclinações do escriba instruíam o retrato falado dos *condottieri*: Menotti del Picchia enxergava o "homem do destino" em Plínio Salgado;[163] Azevedo Amaral vestia a carapuça em Getúlio Vargas;[164] Francisco Campos, o campeão das soluções funestas, artífice da carta do Estado Novo, atribuía feições de César ao futuro hierarca.[165] A obra citada de Francisco Campos, epítome do pensamento autoritário na época, condensa as justificativas à criação de um Estado totalitário no país. A falência da experiência liberal-democrática teria engendrado um Estado capaz de arregimentar as massas em torno de ideário comum, do mito corporificado na figura do chefe. O êxtase irracional e submisso da massa alicerçaria o papel do líder carismático, cerne da integração política e árbitro dos anseios do povo, modelo de organização que sustaria a ruína do mundo capitalista decorrente da anarquia liberal. O novo Estado teria de se escorar no chefe em comunhão com a vontade da massa.[166] Os livros mencionados foram escritos antes do golpe de 1937, o qual prenunciaram e ajudaram a fazer existir.[167] Decerto confiante pelas diretrizes cristãs acolhidas na Constituinte de 1934, Alceu Amoroso Lima confeccionou o presságio mais contundente,

163 Menotti del Picchia, *Soluções nacionais*. Rio de Janeiro: José Olympio, 1935. **164** Antônio José de Azevedo Amaral, *O Brasil na crise atual*. São Paulo: Companhia Editora Nacional, 1934; Id., *A aventura política do Brasil*. Rio de Janeiro: José Olympio, 1935. **165** Francisco Campos, *O Estado nacional*. Rio de Janeiro: José Olympio, 1935 (2. ed.: 1941). **166** Helena Bomeny, "Antiliberalismo como convicção: Teoria e ação política em Francisco Campos". In: Flávio Limoncic e Francisco Carlos Palomanes Martinho (Orgs.). *Os intelectuais do antiliberalismo: Alternativas à modernidade capitalista*. Rio de Janeiro: Civilização Brasileira, 2010, pp. 263-315. **167** Cassiano Ricardo, *O Brasil no original*. São Paulo: Bandeira, 1936 (2. ed.: 1937); Id., *Marcha para oeste*. Rio de Janeiro: José Olympio, 1940.

no apogeu de influência e brio do conchavo entre pontifícios e camisas-verdes.[168]

A primeira edição de *Raízes do Brasil*, de Sérgio Buarque de Holanda, tampouco se mostrou reticente à sintonia, a bem da verdade, um tanto aluada, com a voga autoritária do momento.[169] Por detrás da psicogênese de tinturas culturalistas, erguia-se, sobranceira, a sociogênese de poderes incontrastáveis, em afinidade com a crítica conservadora e antidemocrática. A defesa do elitismo oligárquico, emanação do povo como coletivo e não como estrato social particularizado, se estriba no personalismo derivado de instintos populares e anseia pela retomada de um Estado forte, à semelhança do Império, tutelado por uma elite ou por um homem providencial apto a livrar a nação da crise. O argumento do livro se escora no choque entre uma estrutura de personalidade hostil ao bem comum, à igualdade, e o anseio por um regime político pronto a esposar uma sociedade minada pelo personalismo.[170]

A partir de 1937, continuam a fluir obras em consonância com os experimentos aziagos na Europa, em paralelo à derrama de literatura antijudaica. O desplante da elegia promove Azevedo Amaral a ideólogo-mor e configura a "brasiliana" votada ao enaltecimento do regime.[171] O católico Tasso da Silveira,

---

168 Alceu Amoroso Lima, *O espírito e o mundo*. Rio de Janeiro: José Olympio, 1936; *Indicações políticas*. Rio de Janeiro: Civilização Brasileira, 1936. No estertor do regime, Alceu foi objeto de um livro de homenagem, por ocasião dos jubileus de nascimento e casamento, com patrocínio da Junta Nacional da Ação Católica Brasileira por ele presidida: Monsenhor Leovegildo Franca et al. (Orgs.), *Alceu Amoroso Lima* (Rio de Janeiro: Lumen Christi, 1944). **169** Sérgio Buarque de Holanda, *Raízes do Brasil*. Rio de Janeiro: José Olympio, 1936. **170** Ver o esclarecedor artigo de Leopoldo Waizbort, "O mal-entendido da democracia: Sérgio Buarque de Holanda, *Raízes do Brasil*, 1936" (*Revista Brasileira de Ciências Sociais*, v. 26, n. 76, jun. 2011, pp. 39-62). O livro foi reeditado em 1948 e em 1967, com retificações de monta. **171** Antônio José de Azevedo Amaral, *Getúlio Vargas estadista*. Rio de Janeiro: Pongetti, 1941.

o "modernista" Cassiano Ricardo, o indefectível Francisco Campos e o anticomunista Alceu Amoroso Lima juntam novos arroubos à divulgação de escritos e discursos do homem providencial.[172] Por volta de 1941, estabilizado o dispositivo de propaganda cultural em torno de jornais e periódicos subsidiados, os encômios ao regime e ao todo-poderoso procedem de quadrantes distintos do espectro ideológico.

Os ensaios de Almir de Andrade e de Rosário Fusco — *Força, cultura e liberdade*[173] e *Política e letras*[174] — alcançam o paroxismo em matéria de sabujice. O então diretor responsável pela revista *highbrow* do DIP, *Cultura Política*, elaborou o argumento especioso segundo o qual os efeitos benfazejos do Estado Novo estariam soldando as conquistas civilizatórias ao tempo da colonização portuguesa e do regime monárquico: a unidade linguística e cultural, os predicados da tolerância e da plasticidade no exercício do mando, o fortalecimento da autoridade central se sobrepondo às demandas regionais. O hierarca onisciente retempera o poder moderador do monarca. O retrato de Pedro II como que antecipa os predicados de Vargas: conciliador, flexível, amigo do povo, súmula do interesse nacional. O regime republicano teria falhado pela importação da liberal-democracia, corroída pelo confronto incessante

---

172 Tasso da Silveira, *Estado corporativo*. Rio de Janeiro: José Olympio, 1937; Id., *Caminhos do espírito*. São Paulo: Fagundes, 1937; Francisco Campos, *Antecipações à reforma política*. Rio de Janeiro: José Olympio, 1940; Alceu Amoroso Lima, *Pela União Nacional*. Rio de Janeiro: José Olympio, 1942; Id., *Meditações sobre o mundo moderno*. Rio de Janeiro: José Olympio, 1942. **173** Almir de Andrade, *Força, cultura e liberdade: Origens históricas e tendências atuais da evolução política do Brasil*. Rio de Janeiro: José Olympio, 1940. O livro é dedicado ao pai do autor, o capitão de mar e guerra Francisco Bomfim de Andrade: "Pelo muito que devo ao seu espírito e à inspiração cotidiana do seu exemplo de energia, trabalho, ordem, tolerância e dedicação ao Brasil". **174** Rosário Fusco, *Política e letras: Síntese das atividades literárias brasileiras no decênio 1930-1940*. Rio de Janeiro: José Olympio, 1940.

entre facções, partidos e lideranças, refém de modelos de gestão desatentos às "necessidades nacionais". O impasse desarmado pela Revolução de 1930 e a recaída na Constituinte de 1934 foram obra de intervenção moderadora, encarnada na pessoa de um chefe.

O incenso ao carisma de Vargas, equiparado ao colonizador e ao imperador, se espraia soldando a meada narrativa. As palavras do chefe de governo, extraídas dos pronunciamentos — a caudalosa *A nova política do Brasil* —,[175] são transcritas no corpo do texto, em passagens extensas, a que se seguem paráfrases apologéticas do hagiógrafo. O tirocínio, a sintonia com o povo, a dispensa dos intermediários, o controle aos privilégios de casta, dos mandarins, dos empistolados, eis os acicates que moveram o supremo mandatário a instituir o regime de 1937, com suporte das Forças Armadas. O "equilíbrio entre a tolerância e a força",[176] legado de experimentos políticos exemplares, alicerça a "doutrina brasileira do Estado". A falência da liberal-democracia pariu o movimento de 10 de novembro de 1937, "fundamentalmente democrático e, ao mesmo tempo, decisivamente antiliberal", receptivo ao sentido da evolução política do mundo. O palavrório sobre democracia, cultura, liberdade, as citações de historiadores de nomeada, de estudiosos nativos, de jurisconsultos, nenhum aperitivo faz sombra às litanias do pajé.

O opúsculo de Rosário Fusco troca o enquadramento político pela cartografia do establishment literário. O histórico sumário dos movimentos literários no Império e na República deságua no bálsamo revolucionário de 1930. A "imposição popular" que o modernismo havia antecipado repercute nas

---

175 Getúlio Vargas, *A nova política do Brasil*. Rio de Janeiro: José Olympio, 1938, v. 1-5; 1940, v. 6-7; 1941, v. 8; 1943, v. 9; 1944, v. 10; *As diretrizes da nova política do Brasil*. Rio de Janeiro: José Olympio, 1942. **176** Almir de Andrade, op. cit., p. 141 (grifos do autor): "A essência dessa doutrina é o *equilíbrio entre a tolerância e a força*".

palavras proferidas pelo "homem do destino" na Esplanada do Castelo. O homem "falava as coisas como elas deviam ser ditas e como ele, povo, queria ouvi-las da boca do responsável de fato e de direito pelos destinos da nacionalidade".[177] O mote do "autêntico governo do povo para o povo",[178] democrático, rege a visada do mecenato governamental no campo das letras. A recensão de obras e autores contemporâneos testemunha o avanço concomitante da política e das letras, o "sereno e tolerante" benfeitor à testa do fomento concedido à "fervorosa criação intelectual mais brilhante de seu país".[179] Ele próprio se "fez autor de um exame público de consciência política, estampando cinco volumes nos quais, pela primeira vez [...] um chefe de Estado desce ao povo para expor-se ao julgamento de todos e à opinião de cada um".[180]

No fecho do capítulo de digressões em torno do gênero biográfico, dos heróis da literatura e das Forças Armadas, Rosário Fusco mensura a penca de estudos machadianos à messe equivalente sobre Vargas. Fruto das iniciativas do poder central, o progresso literário no país fez germinar "um segundo modernismo", estribado no romance em lugar da poesia, na dianteira dos escritores do Nordeste, na temática social prevalecendo sobre a introspecção de cariocas e mineiros. Não obstante, na segunda metade dos anos 1930, a inteligência subsidiada fez coexistir pré-modernistas e modernistas de primeira e segunda geração. A menção fortuita a Drummond esclarece a primazia conferida aos incorpóreos Vinicius de Moraes, Augusto Frederico Schmidt e Murilo Mendes. A tese subentendida se explicita no epílogo: a política oficial ensejou o florescimento das letras: "A experiência do Estado Novo, em três anos

---

177 Rosário Fusco, op. cit., pp. 69-70.   **178** Ibid., p. 71.   **179** Ibid., p. 80.
180 Ibid., p. 80.

de trabalho, constitui realmente, para as letras do país, uma permissão social das mais fecundas e das mais promissoras".[181]

As fontes, os intérpretes

As fontes sobre o modernismo mineiro se repartem entre os estudos de cientistas sociais, os textos memorialísticos e as análises de crítica literária. O caso mineiro mereceu interpretações instigantes de historiadores e sociólogos, interessados em escrutinar as feições singulares da geração de letrados na província, sem descuidar dos desdobramentos de atuação fora do estado. A parca literatura biográfica acaba compensada pela abundância de testemunhos autobiográficos, cuja variedade de suportes — cartas, crônicas, diários, memórias, ensaios, resenhas, versos — propicia à reconstrução do experimento o molejo do contraditório. A opulenta fortuna crítica devotada a Carlos Drummond de Andrade enseja o cotejo de leituras calcadas em pressupostos antitéticos, bem como o rastreamento da doxa prevalecente em momentos distintos do campo literário. Os que repelem a força de esclarecimento inscrita no itinerário de vida imaginam o feitio de exegese direcionada apenas aos materiais expressivos da obra. Todavia, o repúdio aos constrangimentos externos não cancela os modismos esposados em rompante de enunciado autoral. A obra exala a experiência a despeito do abracadabra formalista. Vedado o descarte na íntegra do biográfico, insumo amiúde acionado conforme a conveniência do intérprete, muita vez se apela a psicologismos travestidos pela intuição da personalidade singular, espécime

---

181 Ibid., p. 205. Com pseudônimo de "O observador literário", Drummond fez nota curta e elogiosa sobre o livro de Fusco: "Como informação e como julgamento, é um livro que a todo instante precisaremos consultar" (*Euclydes*, Rio de Janeiro, v. 2, n. 10, 15 jan. 1941) — reproduzido em Carlos Drummond de Andrade, *Conversa de livraria: 1941-1948*, op. cit., pp. 9-10.

congruente de sujeito anfíbio, persona particular em envoltório universal. O recalque do vivido reflui no idioma da natureza humana, do inconsciente, em predicados de um modelo a-histórico de excelência, de sensibilidade, de invenção.

Os estudos pioneiros do sociólogo Fernando Correia Dias rastrearam autores e obras no contexto peculiar da província a braços com transformações de envergadura. Primeiro elaborou um retrato da vida e obra do escritor João Alphonsus,[182] figura ímpar do impulso geracional e depositário da tradição regional: filho do poeta místico Alphonsus de Guimaraens, cultuado pelos modernistas de fora — Bandeira e Mário de Andrade —, como luminar do movimento simbolista, pareado a Cruz e Souza. Trata-se da única monografia exaustiva sobre um integrante do grupo Estrela, arredia aos ditames do gênero biográfico e também às adulações de praxe.

Raras vezes mencionado na bibliografia de especialistas no assunto,[183] Fernando Correia Dias se esmerou em reconstruir a cena literária em germe sem esquivar as tensões entre os jovens promissores e os arrimos oficiais, entre recrutas e situacionismo. O realce às constrições regionais incidentes no recrutamento da emergente guarda literária e política não perdeu de foco o protagonismo intelectual de Carlos Drummond de Andrade. O retrato do grupo de rapazes interioranos, procedentes do mesmo estrato social, absorvidos em redes de sociabilidade na capital burocrática, estriba o universo de valores, os projetos de vida e a prontidão forjada em resposta às premências da oligarquia. No alinhavo do argumento, preserva-se a liga entre o desígnio individual e a empena social e

---

182 Fernando Correia Dias, *João Alphonsus*, op. cit. **183** Id., *O movimento modernista em Minas*, op. cit. Ver Sergio Miceli, "Sociologia do modernismo mineiro" (*Teoria & Sociedade*, número especial, maio 2004, pp. 72-9), texto redigido por ocasião do seminário "Imagens de Minas", em homenagem a Fernando Correia Dias.

política. Se bem que pela tangente, o autor não elide as achegas comparativas com as mudanças em curso em São Paulo, estado exposto às demandas de forças sociais — o operariado, o empresariado industrial — que não tinham a mesma amplitude e poder de convocação em Minas, contrastando o ramerrão da classe média em Belo Horizonte às gaiatices nos salões do mecenato paulista.

A liderança de mentor carismático exercida por Drummond o habilita a captar anseios partilhados no grupo, substanciando a voz que apruma o talhe de escritor na província. As notações de análise seguem o *timing* da educação sentimental e literária, sem apelar a tiradas anacrônicas obcecadas em projetar no passado aporias gestadas em outro entorno. Drummond se faz portador do imaginário no qual se condensam as aspirações dos companheiros, confrontados aos coetâneos paulistas e cariocas, orixá existencial da geração conformada no ocaso da república oligárquica.

A terceira investida é a coletânea *Líricos e profetas*,[184] que reúne análises de obras e vertentes da época (o livro de estreia de Drummond, a linhagem do romance urbano culminando em João Alphonsus e Cyro dos Anjos), o exame de fontes incontornáveis (as memórias de Pedro Nava), o escrutínio de textos e de figuras precursores da política de preservação do Sphan (artigos de Alceu Amoroso Lima e de Mário de Andrade sobre o barroco) e o depoimento tocante sobre a figura e a lírica de Emílio Moura. Um feito e tanto a safra de estudos de Fernando Correia Dias.

As consequências advindas da inserção dos modernistas mineiros no mercado de oportunidades culturais e políticas, dentro e fora do estado, foram abordadas em perspectivas de abrangência variada. A obra coletiva coordenada por Simon

---

184 Fernando Correia Dias, *Líricos e profetas*, op. cit.

Schwartzman[185] recuperou a experiência dos intelectuais no período Vargas pelo exame das matrizes políticas e ideológicas norteadoras dos projetos educacionais e culturais da gestão Capanema; balizou as expectativas e veleidades literárias do grupo Estrela pelo mercado de oportunidades políticas, primeiro no estado, logo dilatado na órbita federal. A carreira política dessa coorte geracional converte-se em padrão dominante de mobilidade ocupacional no interior da elite.

Atento às linhas de força dessa pesquisa, o livro de Helena Bomeny[186] focalizou a atuação dos jovens letrados na Belo Horizonte em gestação, cidade planejada como a nova capital do estado, em compasso de muda nas alianças intraoligárquicas. O argumento faz valer as feições da elite mineira — ao admitir o papel coadjuvante do setor exportador —, em contraste com a morfologia classista diversa no caso paulista. Abstendo-se de realçar efeitos pertinentes do enrosco entre intelectuais e setores oligárquicos, a autora mostra como a nova capital se prestou à trabalhosa engenharia política na crise sucessória do presidente Antônio Carlos (1929), destacando o fracionamento do Partido Republicano Mineiro, que deixou sequelas em dissídios inegociáveis. Nos termos da equação interpretativa, os jovens intelectuais mineiros tiveram de compatibilizar a ambição literária e a participação política no espaço urbano em efervescência. Na senda de contrastes entre eles e os coetâneos paulistas, a narrativa sublinha os descompassos no plano das ideias: os mineiros prensados no horizonte provinciano e paroquial; os paulistas na forja de um credo original da história, da sociedade e da cultura brasileira. A capital emergente atiçou o imaginário da rapaziada, propensa a reelaborar os *topoi*

185 Simon Schwartzman, Helena Maria Bousquet Bomeny e Vanda Maria Ribeiro Costa, *Tempos de Capanema*, op. cit. 186 Helena Bomeny, *Guardiães da razão: Modernistas mineiros*. Rio de Janeiro: Editora da UFRJ; Tempo Brasileiro, 1994.

da ideologia da "mineiridade" e, no contrapé, destapou as interferências do envolvimento político sobre a fatura literária. Em retrospecto, as instâncias modeladoras do coletivo — acicate urbano, ofício literário, trabalho na imprensa, militância político-partidária, ideários reformistas — insinuam o diagnóstico derivado dos valores partilhados. Em artigo de leitura indispensável,[187] Helena Bomeny empreendeu análise arguta dos arreglos oligárquicos, a mais completa e matizada história política do período, desde a crise de 1929 até a nomeação do interventor Benedito Valadares e de Capanema ao Ministério da Educação e Saúde Pública em 1934.

Na estante memorialística, cujos riscos heurísticos decorrem da costumeira crença na verdade do testemunho, convém inquirir as condições de produção das obras para desvelar as credenciais do autor, o encaixe do relato no conjunto da obra, o *timing* de fatura e as manhas da narrativa, antes de ajuizar os moldes de estilo e a substância da fábula. No gênero, o resguardo se exerce pela tirania das contingências. O caso Pedro Nava quadra bem aos quesitos mencionados. Com a divulgação do volume inaugural no início da década de 1970, as memórias ciclópicas[188] acalentam o desígnio holístico de enfeixar, entrecruzados, a autobiografia pessoal e familiar, a história da geração e os espasmos da vida nacional. Tido até então como poeta bissexto pelos confrades, renome atestado no círculo restrito de amigos e contemporâneos, o médico-escritor fez das memórias o penhor de reconhecimento tardio. O vulto de

---

187 Id., "A estratégia da conciliação: Minas Gerais e a abertura política dos anos 30", op. cit. **188** Pedro Nava, *Baú de ossos*. Rio de Janeiro: Sabiá, 1972; Id., *Balão cativo*. Rio de Janeiro: José Olympio, 1973; Id., *Chão de ferro*. Rio de Janeiro: José Olympio, 1976; Id., *Beira-mar*. Rio de Janeiro: José Olympio, 1978; Id., *Galo das trevas*. Rio de Janeiro: José Olympio, 1981; Id., *O círio perfeito*. Rio de Janeiro: Nova Fronteira, 1983; Id., *Cera das almas*. São Paulo: Ateliê, 2006.

investimento no projeto, espraiado em sete volumes, baliza o afinco na fatura da proeza capaz de justificar os anseios de recepção no campo literário. Tamanho esforço foi recompensado pela acolhida entusiástica de críticos de renome, de historiadores e de colegas de juventude.[189] As memórias de Nava deram carne ao Juízo Final dos pares quanto ao seu relevo no firmamento literário, cinquenta anos após as reinações no grupo Estrela. Referido antes como escritor cult para entendidos, o caudal de reminiscências o habilitou à fortuna crítica retumbante, à repentina conversão de escritor semiclandestino em modelo de excelência no gênero. A aposta atendeu em cheio ao pleito promocional.

Logo as recensões se apressaram a frisar a bainha dupla em que se moviam as memórias: escritos autobiográficos e, ao mesmo tempo, poéticos, metaficcionais, vale dizer, criativos. Em vez de esticar a conversa entre a dimensão documental e o intento estético na obra de Nava, melhor indagar as razões da conversão fulminante em fonte privilegiada do modernismo mineiro. Tal primazia se deveu ao fato de o autor haver conquistado o estatuto de intérprete ocular da história do grupo Estrela, de sua classe, da geração e, de lambujem, dos batentes estruturais do país. Apesar de o próprio Nava insistir no caráter híbrido do trabalho, a meio caminho entre o material

---

189 Francisco Iglésias, "Baú de ossos", *Suplemento Literário de Minas Gerais*, Belo Horizonte, v. 8, n. 343, 24 mar. 1973, pp. 2-3; Antonio Candido, "Poesia e ficção na autobiografia". In: *Educação pela noite*. Rio de Janeiro: Ouro sobre Azul, 2006; Davi Arrigucci Jr., *Enigma e comentário: Ensaios sobre literatura e experiência*. São Paulo: Companhia das Letras, 2001; Joaquim A. de Aguiar, *Espaços da memória: Um estudo sobre Pedro Nava*. São Paulo: Edusp; Fapesp, 1998; Fernando Correia Dias, "O prisma de Nava". In: *Líricos e profetas*, op. cit., pp. 49-71; André Botelho, "As memórias de Pedro Nava e a modelagem do modernismo mineiro". In: Sergio Miceli e Jorge Myers (Orgs.), *Retratos latino-americanos: A recordação letrada de intelectuais e artistas do século XX*. São Paulo: Edições Sesc, 2019, pp. 257-68.

e o episódico, como que emulando os relatos vitriólicos de Saint-Simon, ele injetou na saga a dosagem maciça de empiria com auxílio da pletora de fontes mobilizadas — cartas, fotos, recortes, memórias dos outros, genealogias, repertórios biográficos, obras de arte. A combinatória de mananciais avaliza, em larga medida, a verossimilhança dos incidentes repaginados no texto pelo autor em idade avançada. A proeza operada pelo narrador onisciente transparece na matéria textual fruto do transe. A embolada de episódios plausíveis, cujo teor de verdade factual se escora em detalhes de fulgurante credibilidade, borra os andaimes da ordem social convertida em epifenômeno. O alinhavo de prismas na tessitura ajuda na inteligibilidade dos retratos dos companheiros do grupo Estrela, os quais são investidos do elã de verdade pelo testemunho ao vivo — a narrativa-matriz do que teria sido o modernismo mineiro. Não obstante, as estratégias de escrita do passado não conseguem apagar a dívida do intérprete com as exigências do presente. A avalanche de reminiscências transmuda o autor já idoso, aos 69 anos, em vidente indene, figura quase ficcional, incólume às marcas do tempo, a dar conta do movimento.

Malgrado o mérito artístico e o fascínio da leitura, quero frisar o viés suscitado pelo esbatimento das escoras sociais e políticas com que modela os retratos dos colegas, em favor do realce de traços de fisionomia e de caráter. O prontuário psíquico e moral prevalece sobre os condicionantes materiais; as idiossincrasias nublam as afinidades de classe. O leitor degusta a curiosidade enovelada às tramas da experiência coletiva. O verismo-autópsia faz palpitar estampas, descritas por indícios mesclados: relances visuais dos figurantes, sintomas de caráter na fisionomia, registros aparentados à ficha médica. Destituídos dos atavios de exclusivismo, das presilhas políticas, das injunções prosaicas na família, no emprego, os jovens letrados se assemelham a predestinados a figurar na távola redonda. Na óptica do cronista nativo, o idílio prosaico na urbe encantada converte privilégios em segunda natureza: de manhã a faculdade, de tarde em trânsito pelos redutos da malta, a livraria, o café, o cinema. O restauro de iniciação recreativa à casta oligárquica.

O sabor do relato provém das credenciais de verdade do narrador, da escrita incandescente, dos testemunhos por quem viveu os episódios, centelhas de inferno e paraíso deflagradas pelo escriba memorioso. A descrição minudente conforma a pátina documental em que se estribam sentimentos, valores e confidências. A lembrança da Livraria Alves esmiúça a topografia — o quarteirão, o prédio, a vizinhança —, as vitrines, as divisórias, os funcionários, a freguesia, os *faits divers*. A minúcia dá foros de vida esfuziante aos enlevos dos personagens; o mapeamento em símile de tempo real propicia recheio às fadigas de rapazes promissores. O café Estrela se presta a tratamento idêntico: lambris de madeira, espelhos, armários, mesas com tampo de mármore, adega, painel, florões, quitutes, refrescos e sorvetes de vinte frutas, garçons, curiosidades. A fenomenologia faceira do cinema Odeon fecha o circuito dos transeuntes letrados. A ênfase no pormenor, no incomum, no instantâneo de vida, no teatro animado, acautela o leitor e amacia a passagem do documental ao interpretativo, do particular ao coletivo, do ínfimo ao agregado.

Os sítios em que transita a moçada culta servem de enquadramento às estampas dos "quatro grandes aproximadores" do grupo Estrela: Alberto Campos, Emílio Moura, Milton Campos e Carlos Drummond de Andrade.[190] O perfil de cada um deles toma prumo pela genealogia familiar, focaliza traços corporais, imantados a atributos de personalidade, com saliência de estigmas e peculiaridades, associados a padrões de conduta,

---

190 Pedro Nava, *Beira-mar*, op. cit., p. 158.

às leituras e às preferências literárias. Recorre o estratagema do memorialista: os traços de máxima individuação, peculiaríssimos, servindo ao veredito das razões de fundo à integração moral e intelectual do coletivo de "vocações". A pegada se assemelha à anamnese, avulta em notações e registros médicos, esgares corporais e fisionômicos prenunciando enfermidades, enguiços e tormentos de matiz variado.

As memórias de Cyro dos Anjos,[191] redigidas na maturidade, se enquadram no feitio convencional do gênero, conjugando o zelo documental à reconstituição do histórico familiar e ao itinerário do autor. Sem a pretensão de cunhar uma novilíngua ou de conceber macrointerpretação mesclando o percurso pessoal ao grupal, o geracional ao político, o relato se eximiu de apelar à variedade de fontes em apoio à verdade dos eventos. A narrativa é bem arquitetada, pela alternância dos focos de análise, dando a ver os enguiços econômicos da família, as atribulações envolvendo a prole numerosa, os calços da história social de molde a espicaçar a "vocação" de escritor no projeto existencial de um bacharel "improvável" proveniente do sertão.

A bagagem memorialística de Drummond se dispersa em diversos gêneros — ensaios, crônicas, contos, diários, cartas — e constitui o filão da obra poética. *Confissões de Minas*[192] reúne textos escritos entre 1932 e 1943, que misturam reminiscências do passado familiar, de Itabira, a flagrantes de convívio no círculo de artistas e escritores atuantes na constelação Capanema. Os ensaios de abertura sobre os românticos brasileiros[193] vazam convicções da poética pessoal e denotam o interesse em

---

191 Cyro dos Anjos, *Explorações no tempo*. Rio de Janeiro: Ministério da Educação e Saúde; Os Cadernos de Cultura, 1952; *A menina do sobrado* (op. cit.) inclui, sob o título "Santana do Rio Verde", o primeiro volume mencionado.
192 Carlos Drummond de Andrade, *Confissões de Minas*, op. cit., pp. 505-607.
193 Id., "Três poetas românticos". In: *Confissões de Minas*, op. cit., pp. 507-21 (Fagundes Varela, Casimiro de Abreu e Gonçalves Dias).

firmar opinião própria, em voltagem despretensiosa, a respeito de luminares da história literária. Como não estão datados, é arriscado confirmar o palpite do desígnio em testar sua opinião pessoal no tocante à genealogia do gênero. Ciente de não dispor de competência técnica comparável à de seus mentores — Bandeira e Mário de Andrade —, Drummond investe na voz de entendido na prática do gênero, bem distinta do crítico habituado a apreciar o histórico da recepção. A postura reflexiva ressurge em motes recorrentes: o necrológio de García Lorca, exaltado pelo estro depurado "do acidental, insubstancial ou meramente decorativo", afeito ao "cabedal lírico" do povo;[194] as reservas perante a poesia engajada do poeta antifranquista José Boadella,[195] então exilado no Brasil.

A vertente memorialística se faz presente no escorço autobiográfico, no depoimento acerca das cartas de Mário de Andrade, nas crônicas sobre Itabira, na evocação do grupo Estrela, nos retratos de Abgar Renault e Emílio Moura, no relato cifrado da experiência no *front* de combate entre mineiros e paulistas em 1932.[196] A visita à casa de Portinari ilustra o convívio na turma de escritores na órbita do regime.[197] O trabalho de Drummond no ministério transparece, de esguelha, no elogio

---

194 Id., "Morte de Federico García Lorca". In: *Confissões de Minas*, op. cit., pp. 546-9. **195** Id., "Boadella entre elefantes". In: Ibid., pp. 552-3 — prefácio à coletânea de versos de José Boadella Garrós *La caravana de los elefantes* (Rio de Janeiro: Pongetti, 1943). **196** Carlos Drummond de Andrade. "Autobiografia para uma revista", "Suas cartas", "Vila de Utopia", "Recordação de Alberto Campos", "Pessimismo de Abgar Renault", "O secreto Emílio Moura", "Lembro-me de um padre". In: *Confissões de Minas*, op. cit., pp. 532-3, 533-541, 557-62, 522-4, 528-31, 572-4. **197** Id., "Estive em casa de Candinho". In: Ibid., pp. 541-3. Portinari pintou os retratos de Carlos Drummond de Andrade (óleo sobre tela, 72 × 58 cm, assinado e datado, "Portinari 36") e da filha Maria Julieta (óleo sobre tela, 73,5 × 60,5 cm, 1939). Ver Sergio Miceli, *Imagens negociadas, retratos da elite brasileira (1920-1940)*. São Paulo: Companhia das Letras, 1996, pp. 96-8.

ao bibliógrafo e bibliófilo Simões dos Reis,[198] na alusão ao privilégio do carro oficial,[199] no relato do almoço com o professor norte-americano William Berrien (Universidade Northwestern), enviado oficial da Fundação Rockefeller.[200] Os mementos autobiográficos inspiram rasantes ao "mundo da infância", à história de Itabira, às cidades e igrejas barrocas.

O veio crítico de Drummond terá continuidade em *Passeios na ilha*,[201] textos consagrados a poetas brasileiros de seu agrado, pretexto a externar linhas de força na prática do ofício. No texto "A rotina e a quimera",[202] ele formula a tese de que "quase toda a literatura brasileira, no passado como no presente, é uma literatura de funcionários públicos", como se fosse plausível nivelar escritores-funcionários da escola romântica, da geração de 1890, do pré-modernismo, obliterando as condições distintas de inserção no serviço público e na relação com a classe dirigente. O *frisson* generalizador constitui subterfúgio, quiçá involuntário, a borrar os liames de parcela da inteligência com o Estado Novo. A homologia a fórceps naturaliza e descarna o transe dilacerante de intelectuais colhidos na engrenagem de cooptação. Rotinas de exceção, quimeras de serviço.

O observador no escritório,[203] diário de Drummond do período turbulento de transição no tocante à vida funcional e aos

---

198 Carlos Drummond de Andrade, "Poesia e utilidade de Simões dos Reis". In: *Confissões de Minas*, op. cit., pp. 543-6. Entre 1941 e 1943, Antônio Simões dos Reis organizou cinco séries de *Pseudônimos brasileiros* (Rio de Janeiro: Zelio Valverde, 1941), três volumes da *Bibliografia nacional* e a *Bibliografia das bibliografias brasileiras*. **199** "[...] como se o fato de também utilizar-me de carro oficial e tê-lo parado ali no jardim fizesse cair sobre meus ombros a responsabilidade do desastre" (Carlos Drummond de Andrade, "Morte de um gordo". In: *Confissões de Minas*, op. cit., pp. 583-4). **200** Id., "O simpático William Berrien". In: Ibid., pp. 553-6. **201** Id., *Passeios na ilha*, op. cit., pp. 609-725. **202** Id., "A rotina e a quimera". In: Ibid., pp. 657-9. **203** Id., *O observador no escritório*, op. cit.

posicionamentos políticos, fornece material indispensável, de um lado, à apreensão do tranco de rupturas em meio ao desmoronamento do regime e, de outro, dos arreglos de reconciliação com o Estado profundo na longa duração.

As biografias de Drummond e de Abgar Renault propiciam subsídios esclarecedores de episódios cruciais do itinerário de vida e trabalho, mas carecem de visada interpretativa capaz de resistir à toada dos mistérios insondáveis de homens de exceção.[204] O estudo de Fernando Correia Dias a respeito de João Alphonsus não se encaixa, a rigor, na esparrela da "ilusão biográfica", valendo-se de achegas pertinentes sobre a trajetória do escritor no intento de vasculhar, com lastro, o universo temático do trabalho ficcional.

A abundância de materiais biobibliográficos acerca de Drummond faz jus à centralidade do poeta na cena intelectual da época, escancara o status do autor como móvel de confronto em litígios da crítica literária e condensa os impensados inerentes à inquirição entre vida e obra, entre obra e atuação funcional, entre prática intelectual e conduta política, relance exemplar na gênese da inteligência nativa no século XX.

Os volumes de correspondência entre Drummond e escritores contemporâneos oferecem mirante privilegiado à apreensão matizada do embate entre constrições externas e respostas práticas. Por conta da assimetria entre os interlocutores, o cotejo entre as personas investidas no diálogo permite confrontar as estratégias autorais à revelia do discurso literal e mesmo questionar a caução empírica de evidências tomadas em absoluto. As cartas trocadas entre Mário de Andrade e Drummond, tisnadas pelos diferenciais de idade, de reconhecimento, de cabedais, perfilam um moço provinciano com ambições literárias

---

204 José Maria Cançado, op. cit.; Solange Ribeiro de Oliveira, op. cit.

ainda desmesuradas;[205] a conversa espichada entre Drummond e Cyro dos Anjos desvela a parceria cultivada entre iguais que se reconhecem, confidentes em início de carreira, confrontados a constrangimentos homólogos, à vontade para externar juízos desassombrados, aprendizes com futuro promissor no maná clientelista e na labuta literária.[206]

O intercâmbio entre Drummond e Alceu Amoroso Lima[207] se resume, em síntese, ao comércio de favores em dialeto de gente educada. Alceu apela à intercessão de Drummond a apressar processos e contenciosos administrativos envolvendo interesses de organizações confessionais no sistema de ensino. A correspondência gira em torno da mediação exercida pelos poderes inflados do chefe de gabinete. Na fase anterior ao ingresso de Drummond no governo Vargas, entre 1929 e 1934, prevaleciam a troca de ideias e de opiniões em matéria literária, as confidências de Drummond a respeito do "problema religioso"; entre 1934 e 1945, ao tempo em que ele juntou às funções de gabinete a presidência da Comissão de Segurança do Ministério da Educação (1942) — "incumbida de investigar a existência [...] de elementos nocivos à Segurança Nacional"[208] —, a troca epistolar se efetivava por bilhetes, recados e missivas telegráficas, com pedidos de emprego e de interferência no andamento de questões legais e administrativas envolvendo os interesses de entidades católicas, raros eram os escritos de ordem pessoal fora da alçada burocrática. Nessa fase, os pedidos de Alceu se estendem ao espectro de favores — remoções, nomeações, promoções, concursos —, em maioria destinados aos protegidos da Ação Católica, aos correligionários do Centro Dom

---

205 Lélia Coelho Frota (Org.), *Carlos & Mário*, op. cit. **206** Wander Melo Miranda e Roberto Said (Org.), *Cyro & Drummond*, op. cit. **207** Leandro Garcia Rodrigues (Org.), *Drummond & Alceu*, op. cit. **208** Memorando de Capanema datado de 27 de agosto de 1942 (Arquivo Carlos Drummond de Andrade, Rio de Janeiro, Fundação Casa de Rui Barbosa).

Vital e de outras frentes da Igreja. O vínculo de admiração intelectual foi se transmudando em enlace utilitário entre o líder católico e o poeta-despachante.

Entre 1926 e 1933, a correspondência entre Drummond e Pedro Nava inclui apenas cartas de Nava, sendo retomada em 1947 com a primeira incursão epistolar de Drummond.[209] Mesmo sem conhecer as respostas de Drummond nos anos de serviço público no estado, depreende-se a disparidade de situações: médico jovem, em trânsito por diversas cidades, Nava almejava renda e estabilidade profissional; funcionário com cargos de confiança em secretarias do estado, Drummond não podia se esquivar ao assédio do amigo. Pelo que diz e pelo que insinua, Nava enxergava em Drummond o mediador acessível a quem se permite pedir emprego em favor da irmã e, quem sabe, o empurrão junto a próceres que poderiam lhe arranjar posto no serviço médico carioca. Relação desengonçada entre amigos que se querem bem, confrontados a circunstâncias díspares justo no momento que sucedia a guinada na carreira de Drummond.

A correspondência com Ribeiro Couto se concentra em anos cruciais na formação literária de Drummond, antes e logo após a publicação de *Alguma poesia*, em 1930, cada interlocutor buscando escoras a juízos trocados entre o quase estreante com vinte e poucos anos e o escritor promissor com 26 anos.[210] Apesar da proximidade etária, se bem que com sinal trocado, a conversa trilha disjuntiva idêntica ao confronto de Drummond com Bandeira e Mário de Andrade. O intercâmbio girava em torno de leituras, preferências literárias, estilos, se estiolando a partir de 1928 com o primeiro posto consular de Ribeiro Couto em Marselha, se interrompendo entre 1935 e 1938, não

---

209 *Descendo a rua da Bahia: A correspondência entre Pedro Nava e Carlos Drummond de Andrade*. Org. de Eliane Vasconcellos e Matildes Demetrio dos Santos. Rio de Janeiro: Bazar do Tempo, 2017.   **210** *Carlos Drummond de Andrade e Ribeiro Couto: correspondência*, op. cit.

obstante o endosso de Couto ao novo regime, retomada com seis mensagens evasivas até 1945. Altos e baixos que expressam, em surdina, o ostracismo literário de Couto e a fenomenal projeção de Drummond.

Por último, o breve apanhado de trabalhos da crítica literária restitui lances na recepção da obra de Drummond, sem trazer subsídios palpáveis à história social do autor e do modernismo mineiro. Os críticos literários costumam adotar clausuras interpretativas que não conversam com a história e a sociologia — a gangorra entre a vida e a obra, entre o primado da forma e o registro de injunções políticas, entre o enraizamento na sociedade brasileira e os rompantes de universalismo, entre o material e o metafísico —, ora acolhendo condicionantes que calham no molde da exegese, ora abjurando injunções que lhes parecem espúrias. Eles subsumem os sentidos da obra ao partido guia da análise. Em regra, não estão interessados em ajuizar à luz de constrangimentos externos, nem sequer de indagar a respeito de condições prosaicas presidindo a fatura literária. A variedade de recortes e formatos — as interpretações da obra completa, as monografias de livros-chave, as leituras estilísticas de vertentes expressivas (composições reflexivas, poesia confessional etc.), as exegeses de poemas "modelares" — impõe escolhas aos estudiosos na impossibilidade de cobrir a fortuna crítica do autor.

John Gledson esboçou o roteiro econômico dos argumentos mobilizados pelas principais vozes críticas acerca do escritor mineiro até o início dos anos de 1980.[211] Os afeitos ao método estilístico[212] mostram os ligamentos entre as peculiaridades de

---

211 John Gledson, "Introdução". In: *Poesia e poética de Carlos Drummond de Andrade*, op. cit, pp. 11-20. **212** Othon Moacyr Garcia, *Esfinge clara: Palavra-puxa-palavra em Carlos Drummond de Andrade*. Rio de Janeiro: São José, 1955; Hélcio Martins, *A rima na poesia de Carlos Drummond de Andrade*. Rio de Janeiro: José Olympio, 1968; Gilberto Mendonça Teles, *Drummond: A estilística da repetição*. Rio de Janeiro: José Olympio, 1970.

fatura — harmonia/desarmonia, rimas, repetição de palavras, inconsciente do autor — e o feitio da composição. Os praticantes do enfoque dito ideológico buscam identificar o lance convergente que restitui as balizas do estro poético. Curiosamente, os críticos interessados na poesia pública de Drummond situam o fulcro da mensagem na coletânea que me parece o livro mais conturbado do período, *Sentimento do mundo*, sem cogitar a respeito das circunstâncias de gestação nem tampouco de recepção. O texto é lido literalmente, sem cerimônia, como que sobrepairando ao entorno em que foi concebido, divulgado e recepcionado na moita. A ausência de mediações converte o volume em suporte da pulsão projetiva dos intérpretes. O esquema da fenomenologia heideggeriana[213] ou o enfoque marxista[214] descortinam aí a história e o tempo como balas de prata da poética, optando pelo descarte de obras e de senhas de muda no itinerário.

José Guilherme Merquior intentou um diagnóstico de compromisso entre considerações estilísticas e notações histórico-culturais pela mescla dos níveis de estilo, na pegada de Auerbach.[215] Porém, segundo Gledson, o estudo de Merquior não dá conta das mudanças reconhecíveis na obra e, mesmo admitindo as fragilidades da coletânea, tachando *Sentimento do mundo* de "neorromântico", volta-se a evidenciar a "ruptura" que boa parte da fortuna crítica enxerga no quase manifesto de poesia social. Desde então, a fortuna crítica se avolumou com recortes sensíveis da poética de Drummond, trazendo leituras instigantes e esclarecedoras dos talentos de virtuose,

---

213 Affonso Romano de Sant'Anna, *Drummond: o gauche no tempo*. Rio de Janeiro: Lia, 1972; Silviano Santiago, *Carlos Drummond de Andrade*. Petrópolis: Vozes, 1976. **214** Luiz Costa Lima, *Lira e antilira: Mário, Drummond, Cabral*. Rio de Janeiro: Civilização Brasileira, 1968; Iumna Maria Simon, *Drummond: Uma poética do risco*. São Paulo: Ática, 1978. **215** José Guilherme Merquior, *Verso universo em Drummond*. Rio de Janeiro: José Olympio, 1975.

bem como das dívidas com a tradição no gênero ou do diálogo incessante com veteranos, "iguais" e novatos no ofício. Não obstante a valia de tais estudos à compreensão entranhada dos apuros técnicos e dos cimos expressivos,[216] a história social e política do autor não constituía motivo de interesse prioritário. A leitura dos trabalhos críticos mencionados propiciou imersão de porte na inteligibilidade dos versos de Drummond, a despeito do diferencial de enfoques no tocante à conexão entre vida e obra do escritor. Dei preferência aos estudos da crítica literária com mira nas obras de Drummond entre 1930 e 1945, objeto deste estudo.

Gledson presta atenção às circunstâncias na prática do ofício poético, sensível às concepções de Drummond e às injunções externas pertinentes ao esclarecimento das mutações na obra. Mostra-se receptivo a constrições extraliterárias, quase um ato contra a corrente, sem abrir mão de entender "esta poesia nos seus próprios termos". A novidade de postura advém do aceite de motivações de ordem biográfica e, por conseguinte, de vetores de caráter político na leitura compreensiva e diacrônica dos poemas.

Entenda-se aqui o arrastão político em termos de pano de fundo cujos impasses e desafios se transmudam em elementos de sentido acolhidos na obra, em sucessivas etapas de percurso do autor no mundo social e literário. Gledson é um crítico que admite e explicita interesse pelos nexos entre a vida e o trabalho literário, sem apelar às gambiarras de determinismo selvagem. A bem da verdade, em vez de excomungar os liames

---

216 Ver Davi Arrigucci Jr., *Coração partido*, op. cit.; Alcides Villaça, *Passos de Drummond*, op. cit.; Vagner Camilo, *Drummond: Da Rosa do povo à rosa das trevas*. São Paulo: Ateliê, 2001; John Gledson, *Influências e impasses: Drummond e alguns contemporâneos*. São Paulo: Companhia das Letras, 2003; José Miguel Wisnik, *Maquinação do mundo: Drummond e a mineração*. São Paulo: Companhia das Letras, 2018.

entre o autor e a obra, ele busca conciliar na exegese os intentos reconhecíveis na práxis de Drummond e os materiais expressivos sedimentados em verso.

Gledson também explorou os poemas que manejam a reflexividade. A despeito da argúcia nessas passagens, eximiu-se de esmiuçar as circunstâncias na prática da poesia na conjuntura do campo literário em que o romance havia tomado a dianteira no interesse do público, da imprensa, dos editores e dos críticos de rodapé. A meu ver, parcela ponderável da veemência ideológica de Drummond, em *Sentimento do mundo*, espelha o acerto de contas instigado pela concorrência no interior do establishment literário. Acossado pela voga dos poetas espiritualistas, pelo tiroteio ideológico entre escritores de variada observância e pelas sagas do país embutidas no romance social, Drummond decerto quis romper o dique represando as réguas do gênero ao instilar nas composições o alvo deliberado de nomear, com vigor e intemperança, as tinturas da crise, os desvãos do mundo dilacerado pela ditadura, pela guerra, pela exploração capitalista.

A leitura de Gledson me auxiliou um bocado no exame dos anos de gestação da voz de Drummond, contexto de aprendizagem no ambiente familiar, na embolada sentimental com os companheiros de geração, na iniciação compulsória no *front* burocrático-político-militar no interior do qual o poeta maturou amargura e denegação, e do qual extraiu renda, salvo-conduto, reconhecimento, proteção, mobilidade e voz própria. Em meio a circunstâncias tão convulsivas, a experiência política como indutor da palavra poética o faz oscilar entre estrondos de arte pura, volteios de altivez psíquica, vertigens de denúncia, recessos de humor e apostas redobradas nas vertigens de um gênero com legitimidade em baixa.

Modernistas e crise oligárquica (última instância)

A história social, política e intelectual dos modernistas sucedeu no vórtice da crise oligárquica nos estados. Não fora a fragmentação do estado-maior dos grupos dirigentes paulistas e a consequente amplitude do mercado de oportunidades de trabalho político e cultural ao longo dos anos de 1920, não se teria fraturado o esquema de reprodução autárquica confinado à nata de bacharéis em direito que dispunham de lastro material e das credenciais de sociabilidade em nichos de convívio da elite.[217] Não fora o esgarçamento das lides no processo sucessório mineiro e a peleja insanável entre facções pela preeminência na cúpula situacionista, quiçá a turma de intelectuais e políticos do Estrela não lograria o ingresso no estado-maior que avocou o trabalho de negociar junto ao Governo Provisório a representação dilatada dos interesses do estado no coração do poder central.

Os modernistas da primeira geração em São Paulo, quase todos nascidos na última década do século XIX, estreantes

---

217 Sobre a história social, política, intelectual e cultural de São Paulo nas décadas de 1920, 1930, 1940 e 1950, ver Sergio Miceli, "A transformação do papel político e cultural dos intelectuais da oligarquia". In: *Intelectuais à brasileira*, op. cit., pp. 88-114; Id., *Nacional estrangeiro: História social e cultural do modernismo artístico em São Paulo*. São Paulo: Companhia das Letras, 2003; Heloisa Pontes, "Campo intelectual, crítica de cultura e gênero". In: *Intérpretes da metrópole: História social e relações de gênero no teatro e no campo intelectual, 1940-1968*. São Paulo: Edusp; Fapesp, 2010, pp. 87-127; Maria Arminda do Nascimento Arruda, *Metrópole e cultura: São Paulo no meio século XX*. Bauru: Edusc, 2001; Fernando Antônio Pinheiro Filho, *Lasar Segall: arte em sociedade*. São Paulo: Cosac Naify, 2008; Luiz Carlos Jackson e Alejandro Blanco, "Sociólogos e ensaístas no Brasil e na Argentina (1930-1970)". In: Sergio Miceli e Heloisa Pontes (Orgs.), *Cultura e sociedade: Brasil e Argentina*. São Paulo: Edusp, 2014, pp. 337-75; Marcelo Ridenti, "Caleidoscópio da cultura brasileira (1964-2000)". In: Sergio Miceli e Heloisa Pontes (Orgs.), op. cit., pp. 21-71.

entre os anos 1910 e meados da década de 1920, forjaram percursos em meio às dissidências em afronta ao jugo do Partido Republicano Paulista (PRP), ao lidar com demandas heteróclitas que lhes faziam magnatas da imprensa, chefes políticos e empresários do setor cultural (Monteiro Lobato, por exemplo). Socializados em meio à vaga contestatária nas hostes do situacionismo, vivenciaram a lavada em 1930 e a derrocada em 1932 com base em diagnósticos recessivos timbrados pelo fantasma do separatismo. Nascidos na primeira década do século XX, os modernistas mineiros rastreados ao longo dos anos de 1920, ao tempo do curso de direito, só viriam a atinar com os impasses advindos do perremismo em xeque às vésperas da campanha pela Aliança Liberal. Em choque, desnorteados pelo esboroamento da presunção oligárquica, os escorços literários da turma entravam de contrabando na pauta oficialista por conta da solda entre imprensa chapa-branca, partido único e chefia do Executivo estadual.

O retrato coletivo do grupo Estrela evidencia os calços do enlace entre a jovem guarda e o mecenato governamental. Sendo a primeira geração a concluir o curso superior em Belo Horizonte, capital carente de setor robusto de instâncias privadas de produção cultural e ideológica — jornais, revistas ilustradas, editoras —, a moçada nem sequer podia diversificar investidas em frentes de trabalho, tal como ocorrera em São Paulo graças às iniciativas do grupo Mesquita e da dissidência democrática. Em Minas Gerais, as lutas e as rivalidades entre facções da oligarquia não desaguaram em programas e redutos alternativos de ação política, mesmo no pico das desavenças em torno do comando no governo estadual. Exceto no ano de vigência da Legião de Outubro, divisor momentâneo e controverso na cúpula dirigente, as lideranças em choque preferiam driblar dissensões, coibir contenciosos, como que obcecadas em inventar nichos partidários que recobrassem o amálgama de interesses.

O recrutamento dos integrantes da frente modernista em São Paulo se efetivou no bojo de entidades partidárias e culturais em disputa pelo poder oligárquico. O itinerário funcional, intelectual e político dos rapazes do grupo Estrela esteve atrelado, desde a crise do perremismo até a queda do Estado Novo, aos ditames do oficialismo, nos planos estadual e federal, sem derivas de ganho no mercado de bens simbólicos. As mudanças suscitadas pelo fracionamento dos colegiados e pelo arrojo das instâncias de produção cultural haviam transtornado as feições do sistema de reprodução até então prevalecente em São Paulo. Incapazes de resistir ao assédio de filhos de imigrantes e de recrutas letrados de extração social remediada, os herdeiros de berço foram instados a enfrentar a concorrência em divisórias do trabalho político: a imprensa, os partidos e as instituições culturais.

No caso mineiro, a passagem pela faculdade de direito garantia o acesso ao escalão de servidores sacramentados da oligarquia e a assunção dos modelos masculinos da classe dirigente. Por força da esfera política rarefeita no plano institucional e da ausência de foros de produção ideológica com alguma autonomia, não ocorrera a sutura nos procedimentos usuais de reprodução da elite. O trunfo do diploma de bacharel, vinculado, em regra, à rede de parentes e padrinhos, garantia o desfrute da condição de membro nato da casta, fazendo jus a funções públicas bem remuneradas e a cargos prestigiosos. Em lugar da sociabilidade emproada nos círculos da alta roda paulista, do trânsito compulsório em clubes e salões, da gestão dos negócios — a exemplo do que faziam Oswald de Andrade, Guilherme de Almeida, Cândido Motta Filho, Alcântara Machado, o primeiro a braços com a fortuna familiar, os demais à testa dos escritórios de advocacia dos lentes genitores —, os rapazes do Estrela estavam rendidos à tutela e à agenda de mentores cujos cacifes de ingerência dependiam da provisão de recursos governamentais. O esquema tripartite de inserção — imprensa oficialista, serviço público, estado-maior da chefia de facção — que tomou assento e impulso no plano estadual teve continuidade em âmbito federal, no embalo dos acertos entabulados pelos maiorais de anéis burocráticos.

Os modernistas mineiros se moviam em espaço acanhado de oportunidades acessíveis à colaboração de intelectuais. A potência da máquina situacionista bloqueara a continuidade de alternativas radicais de militância. Mesmo a Legião de Outubro não logrou se firmar, engolfada por rachas entre facções oligárquicas. Os jovens entusiastas do Partido Democrático (1926) paulista tiveram ao menos o ensejo de experimentar o arremedo de ousadia fora do situacionismo perrepista. A hegemonia incontestes do partido único em Minas não permitia a filiação a movimentos radicais — integralismo, Partido Comunista —, aos quais foram arregimentados quadros jovens despejados do Partido Republicano Paulista. Assim, os moços do Estrela vivenciaram as benesses e as agruras do regime de cooptação, único arrimo institucional da carreira burocrática e, por tabela, da aventura intelectual.

Os paulistas se beneficiaram do mecenato exercido pela nata europeizada dos grupos dirigentes, em paralelo às funções públicas cumpridas nas repartições, no Palácio do Governo, no parlamento, na imprensa. Os mineiros, por sua vez, repartiam esforços entre a labuta compulsória nos jornais situacionistas — extensões do governo e do PRM — e os serviços de funcionários graduados em gabinetes das secretarias, sem o refrigério aliciante de figurões da burguesia local. Em São Paulo, Paulo Prado, Freitas Valle, Olívia Guedes Penteado, Júlio Mesquita, florões da fração cultivada, balizaram o roteiro de eventos e devaneios, com lastro em fortunas privadas. A ausência de patronos com capital próprio em Minas sujeitou os jovens escritores à mercê dos baluartes da concertação junto ao Governo Provisório. Os três números da mineira *A Revista*, iniciativa sustada pela escassez de fundos e pela falta de patrocínio, sinalizam a esqualidez da cena cultural fora da órbita governamental, se comparada à lufada de revistas modernistas em São Paulo, cobrindo amplo espectro de credos estéticos e ideologias.

O modernismo paulista se firmou no campo literário e no artístico, dando a ver o substrato de experiências suscitado pela imigração e pelo protagonismo de artistas mulheres. Na contramão da vanguarda argentina, o papel de coadjuvante assumido por Menotti del Picchia, por exemplo, atesta não obstante o desconcerto entoado pela voz imigrante, recalcado na esfera literária e pulsante nas artes plásticas. Os aportes inovadores de Lasar Segall e de Victor Brecheret repercutiram na paginação da sociabilidade nos salões da elite, em ritmo de miscigenação entre ricaços quatrocentões, italianos, judeus, e na decoração de ambientes na metrópole periférica. As figurações de Tarsila do Amaral e de Anita Malfatti modelaram, com feição própria de gênero, a parceria com escritores modernistas, dilatando o impacto em nichos expressivos até então monopolizados por letrados da velha guarda e árbitros de estesias.

Em consequência da urbanização estribada no planejamento da capital política e administrativa, infensa a mudanças desencadeadas pela imigração massiva, o universo de experiências transmudadas nas obras do modernismo mineiro se resguardou do estrangeiro, das rebordosas do capital, do arrastão operário, dos embates de gênero. O lirismo e a emergente tradição de prosa citadina foram vazados em esquadros de vida característicos de letrados fincados no serviço público, no imaginário regional, na nostalgia do barroco, nas reminiscências de uma classe senhorial em acelerado processo de reconversão. Os apelos à metafísica, à fenomenologia, ao manto formalista, à espiritualidade de criadores fora de série, postulados afeitos à ilusão da imaculada concepção, nada disso desvela o mundo social que fermentou os módulos expressivos de escritores enfurnados, desde a mocidade, em redoma autárquica, "estação no inferno" público de préstimos e regalias, quiasma de realismo e fantasia.

Os modernistas adquiriram o semblante a revelar as marcas das condições sociais em que foram gestados. Os paulistas trilharam itinerários ajustados à diferenciação de interesses no campo cultural, a que se atrelavam alternativas de militância caudatárias de mentores de fluida observância. O fascínio pelos bailes dos endinheirados, os concertos, as temporadas de teatro estrangeiro, o acesso às mansões dos colecionadores de arte, o pertencimento a panelas de confrades e a círculos de ajuda mútua, a inserção em postos variados na divisão do trabalho de dominação propiciavam aos jovens letrados e artistas a partilha no trem de vida no campo cultural em ebulição. A *Revista do Brasil*, os jornais oposicionistas, os magazines ilustrados, os periódicos literários, as editoras, o incipiente mercado de arte, espaços e veículos subsidiados por particulares, configuraram um padrão peculiar de mecenato. A geração emergente de escritores e artistas se escorava em regime misto de sobrevivência e reprodução; juntavam os recursos angariados sob tutela privada aos proventos auferidos em instituições públicas de ensino e em cargos de confiança no Executivo e no parlamento.

Francisco Campos foi o arquiteto-esteio da gestação e durabilidade do anel de poder que, após maturar na cúpula regional, firmou alicerces na alçada federal pela ação concertada dos ministérios da Justiça e da Educação. Os laços de parentesco davam liga ao consórcio de interesses que impulsionou a carreira de diversos integrantes do grupo Estrela: Francisco Campos era irmão mais velho de Alberto Campos, primo de Emílio Moura, de Gustavo Capanema, de Olegário Maciel, de Benedito Valadares. Designado pela alcunha de Chico Ciência, liderança intelectual admirada e reverenciada pelos contemporâneos, cultor dos doutrinadores antiliberais, autor de clássicos da literatura autoritária, amealhara prestígio e legitimidade ao cabo da década de trabalho conjugando funções de destaque no parlamento e iniciativas inovadoras no plano educacional. Após exercer mandatos como deputado estadual (1919-22) e federal (2 legislaturas, 1921-26), impulsionou a criação da Universidade de Minas Gerais e empreendeu reformas do ensino (primário, normal) na qualidade de secretário do Interior e da Educação (1926-30). As empreitadas educacionais e a militância entusiasta na Aliança Liberal credenciaram-no a representar Minas Gerais no Governo Provisório e, ao revés, a implementar no estado as diretrizes do poder central: ministro da Educação e Saúde Pública (1930-31, 1931-32) e criador do Conselho Nacional de Educação, tendo replicado as reformas do ensino na esfera federal. Em duas ocasiões (dezembro de 1930; e de março a setembro de 1932), acumulou o cargo de ministro da Justiça. Em 1931, empenhou-se na montagem da Legião de Outubro no estado, desejoso em liquidar a facção bernardista. Apesar da suspeita de haver apoiado a insurgência paulista, no ano seguinte foi designado consultor-geral da República e efetivado no cargo de consultor jurídico do Estado. Após breve incursão a frente da secretaria de educação no Distrito Federal (1935-37), foi incumbido de redigir a Constituição que justificava o golpe de Estado em 10 de novembro de 1937, préstimo que lhe valeu o cargo de ministro da Justiça de Vargas (1937-42). Entrosado com os regimes totalitários na Alemanha, Itália e Espanha, monopolizou a política antissemita no Estado Novo ao estender sua jurisdição sobre o Ministério das Relações Exteriores, endossou a eugenia e concebeu os decretos de 1938 que incluíam judeus entre os imigrantes indesejados.[218]

218 Ver Rubens Glasberg, *Os indesejados: Uma história de refugiados no tempo do nazismo*. São Paulo: Terceiro Nome, 2021.

Como um dos homens fortes do Estado Novo, Francisco Campos começara bem antes a firmar compromissos que lhe garantiriam a custódia de acordos e o êxito dos parceiros diletos. O empenho em estreitar os laços da Legião de Outubro com a Igreja foi afiançado adiante, na disputa acirrada em torno do controle do Ministério da Educação em 1934: o nome de Capanema prevaleceu pela anuência da hierarquia eclesiástica à tratativa sob sua responsabilidade, abortando a promessa prévia do cargo à liderança integralista. Respaldado pelo primo, Capanema resguardou os interesses da Igreja no sistema de ensino e as prerrogativas de Alceu Amoroso Lima como interlocutor. Não se pode minorar o aval do ideólogo-mor do regime à jurisdição excelsa em que se movia a gestão Capanema, dotada de salvo-condutos em matéria de política cultural e ideológica. Tendo alçado voo funcional em reservas dispensadas do trabalho grosseiro de propaganda, os modernistas mineiros desfrutaram do sortilégio de aliar o ganha-pão ao imaterial, o ramerrão ao escape pelo sublime, a autocondescendência à virtude, as letras à indulgência. A ninguém, nem aos modernistas, é dado o privilégio de triar as constrições que moldam o percurso de vida e de trabalho.

2.
Experiência social e imaginário literário nos livros de estreia dos modernistas em São Paulo

A história social e intelectual do movimento modernista prioriza o enlace de componentes relativos à experiência familiar, educacional e profissional dos escritores e artistas, aos condicionantes institucionais e políticos tendentes a modelar os projetos autorais, as orientações doutrinárias e as tomadas de posição partidárias.[1] O deflagrador da análise incide sobre a vida familiar e afetiva que repercute sobre o destino social e o trabalho desses "homens" de cultura e, em apreciação reversa, o testemunho contido em suas obras acerca das vivências pessoais, os registros a respeito da aprendizagem intelectual, as imagens da sociedade brasileira com que estavam operando,

---

1 Ver Sergio Miceli, *Poder, sexo e letras na República Velha: Estudo clínico dos anatolianos*. São Paulo: Perspectiva, 1977; Id., *Intelectuais e classe dirigente no Brasil (1920-1945)*. São Paulo: Difel, 1979 — ambos republicados em *Intelectuais à brasileira* (São Paulo: Companhia das Letras, 2001); Id., *Imagens negociadas: Retratos da elite brasileira (1920-1940)*. São Paulo: Companhia das Letras, 1996; Id., *Nacional estrangeiro: História social e intelectual do modernismo artístico em São Paulo*. São Paulo: Companhia das Letras, 2003; Simon Schwartzman, Helena Bomeny e Vanda Costa, *Tempos de Capanema*, op. cit.; Nicolau Sevcenko, *Orfeu extático na metrópole: São Paulo, sociedade e cultura nos frenéticos anos 20*. São Paulo: Companhia das Letras, 1992; Id., *Literatura como missão: Tensões sociais e criação cultural na Primeira República*. Ed. rev. e ampl. São Paulo: Companhia das Letras, 2003; Angela de Castro Gomes, *História e historiadores: A política cultural do Estado Novo*. Rio de Janeiro: Fundação Getulio Vargas, 1996; Heloisa Pontes, *Destinos mistos: O Grupo Clima no sistema cultural paulista (1940-1968)*. São Paulo: Companhia das Letras, 1998.

as formas de identidade social e intelectual a que estavam propensos: a apreensão balanceada de vida e obra servindo à inteligibilidade da cultura literária e artística em mudança.

Em São Paulo, a formação familiar e escolar da primeira geração modernista restitui as coordenadas da vida afetiva na infância e na mocidade, o módulo de aprendizagem cultural, constrições incontornáveis à leitura dos livros de estreia e da guarnição plástica, emblema do imaginário em gestação.

Eis a feição dos círculos familiares em que nasceram e se educaram os integrantes do movimento modernista. As origens sociais constituem o elemento-chave à compreensão das modalidades de inserção de intelectuais *in nuce* nas instâncias do sistema de produção cultural emergente na cidade de São Paulo, imersa no remoinho acelerado pelos processos de industrialização e urbanização, sob impacto de mudanças drásticas na estrutura social, pela presença avassaladora de milhões de imigrantes aqui transladados desde as últimas décadas do século XIX.

A linha divisória no coletivo da primeira geração modernista, nascida e educada no estado de São Paulo, deriva de características econômicas, culturais e sociais das famílias, ou melhor, das espécies e montantes de capital amealhados. Tais fatores se confrontam à procedência geográfica dos clãs, bem como à antiguidade e às modalidades de inserção no espaço da classe dirigente, ora pertencentes de longa data às corporações especializadas no trabalho político, com histórico residencial na cidade, ora em meio à reconversão de antigos proprietários rurais em declínio em quadros das frações culturais de elite, em transição das casas senhoriais no interior para domicílio urbano.

A inscrição espacial e social propiciou alternativas de formação educacional e, por conseguinte, carreou oportunidades diferenciadas de acesso aos nichos do mercado de trabalho cultural destinados a postulantes às carreiras intelectuais ou artísticas. O fato de nascer na capital não constitui, por si só, indício seguro de inclinações profissionais, de filiações literárias ou de regimes de sociabilidade. O local de nascimento se enlaça ao espaço urbano em que sucedeu a socialização dos escritores. Guilherme de Almeida nasceu em Campinas (SP), mas concluiu a educação na cidade de São Paulo — exposto ao traquejo de juristas e advogados na roda do pai, Estevão de Araújo Almeida, sócio em prestigioso escritório de advocacia e professor da Faculdade de Direito. Menotti del Picchia, nascido na capital, passou períodos prolongados da infância, adolescência e mocidade no interior, onde a família alternava domicílio no périplo das obras encomendadas ao pai empreiteiro.

O enraizamento das famílias de escritores em pequenas cidades e fazendas do interior do estado constituiu, amiúde, o nutriente a esclarecer a herança de mentalidade, afetando as preferências em matéria estética e literária, a extensão e a variedade de recursos, de repertórios e linguagens, os credos e filiações políticas, doutrinárias e partidárias, e mesmo a seleção de temas e personagens do universo literário ou artístico.

Em planos da vida pessoal — a formação escolar, as ocupações rentáveis e, por que não, o primeiro casamento —, os liames familiares no interior influíram nas "escolhas" assumidas. São reconhecíveis condicionantes de outra ordem na existência dos vocacionados às carreiras intelectuais que passaram a juventude no regaço de parentelas corporativas domiciliadas na capital. O trânsito entre espaços alternativos de formação e recrutamento baliza os ligamentos — parentesco, amizade, profissão — entre as corporações burocráticas (judiciário, magistério superior) e setores proprietários. O movimento modernista se beneficiou pela dilatação do espaço público ao alcance das elites corporativas, vinculadas ou não à atividade governamental, em detrimento do vozerio dos grupos oligárquicos de feitio tradicional.

Entre os procedentes do interior e da capital, com a exceção bizarra de Mário de Andrade, a passagem pela Faculdade de

Direito do Largo de São Francisco constituiu a única experiência de vida partilhada por todos. Cumpre, a propósito, apreender o sentido das obras, em especial a de estreia, como lances desferidos no fogo de embates acadêmicos. Com frequência, os amigos reverenciados em dedicatórias dos versos eram colegas de turma, docentes, luminares acadêmicos, com quem os poetas compartilham preocupações, ideias, leituras, experiências amorosas, projetos e o que mais dava sentido à vida pessoal e pública dos rapazes da primeira geração modernista.

As contribuições proporcionais do capital familiar e o nivelamento das expectativas de êxito profissional internalizado na Faculdade de Direito calibravam as oportunidades ao alcance desses jovens, em matéria de casamento, profissão, renda e atividade intelectual. Tirante Oswald de Andrade, cujo itinerário amoroso se emparelha à progressiva dilapidação da fortuna, e o celibatário Mário de Andrade, o primeiro casamento de integrantes das alas "caipira" e "cosmopolita" do modernismo se enquadra em estratégias de aliança familiar. Menotti del Picchia e Plínio Salgado casaram-se com herdeiras egressas de famílias proprietárias na região; Guilherme de Almeida e Sérgio Buarque de Holanda se consorciaram a moças de estirpe, descendentes de linhagens dotadas de apreciável cabedal político e social, semelhante àquele ostentado pelas famílias dos escritores da ala "cosmopolita" do modernismo.

No tocante ao perfil de investimentos indispensáveis à aquisição de capital cultural em complemento ao transmitido no curso jurídico — com as exceções do autodidata Mário de Andrade e de Sérgio Buarque de Holanda, que reorientou o foco disciplinar pelos frutos do estágio de dois anos na Alemanha, aos 27 anos de idade —, os modernistas paulistas aprimoraram a competência nos gêneros diletos (poesia, ficção, crônica).

O período probatório de atividade profissional sucedeu na imprensa, o espaço por excelência capaz de garantir empregos e rendas adequados à perseverança no projeto literário autoral. Todavia, em paralelo ao papel coadjuvante à "vocação" letrada, os módulos do trabalho em jornal deixaram marcas na fatura literária, no repertório de assuntos e no estilo.

A convivência prolongada com a imprensa estimulou o entrosamento no estado-maior de dirigentes políticos, aí exercendo encargos de confiança. Ao arrepio do chavão, o empenho no recesso dos gabinetes, no desempenho de missões em chave confidencial, na redação de discursos e pronunciamentos cerimoniais, na representação em colegiados de escol, como que constituiu, no campo intelectual da época, o requisito indispensável ao resguardo da veleidade literária. Àquela altura do percurso híbrido, a labuta literária era prerrogativa de moços trunfados, em momento do ciclo de vida em que persistia indeterminado o campo de atividade no qual investir: a política partidária, a imprensa ou a literatura.

Por outro lado, sequiosos em firmar presença na cena cultural, os modernistas se lançaram em empreitadas de risco, semiempresariais, na efervescência das revistas ilustradas, aliando folga financeira e ambição intelectual: Cassiano Ricardo e Guilherme de Almeida em fases consecutivas da revista *Panóplia*; Oswald de Andrade, proprietário-responsável pelo semanário *O Pirralho;* Menotti del Picchia e Oswald de Andrade na revista *Papel e Tinta*; Cassiano Ricardo, Plínio Salgado e Menotti del Picchia à frente da revista *Novíssima*; Sérgio Buarque de Holanda e Prudente de Morais Neto, mentores da revista *Estética*; Oswald de Andrade e Tarsila do Amaral, artífices da *Revista de Antropofagia*. Na mescla entre privilégio, precocidade e audácia de iniciativa, os rapazes modernistas peitaram desafios — testaram dotes como desenhistas e ilustradores — e mobilizaram montante apreciável de recursos financeiros junto às famílias ou subtraídos à fortuna pessoal.

Merecem registro os empreendimentos editoriais bancados pelo pessoal modernista: a Editorial Helios, investida da trinca "verde-amarela" (Cassiano Ricardo, Plínio Salgado e Menotti del Picchia) na divulgação das próprias obras; as primeiras edições custeadas por Mário de Andrade e Oswald de Andrade. Uns e outros se envolveram de cabeça no processo editorial: o projeto gráfico de miolo, capa e ilustrações; a composição, acabamento e impressão; as agruras da distribuição. Os volumes de correspondência de alguns deles, em particular os de Mário de Andrade, se referem às dificuldades dos jovens a braços com a edição de seus escritos.

Quero frisar o contributo das investidas editoriais no mercado da época, ainda desprovido de instâncias adequadas de difusão e comercialização; os estreantes arcavam com as despesas de tempo e dinheiro na edição do livro de versos, decerto o lance fadado a granjear reputação nessa conjuntura da vida intelectual. O projeto de se firmar intelectual, na geração, exigiu com frequência certo arrojo empresarial, indispensável em vista do quadro incipiente de oportunidades ao alcance de debutantes na área. Logo, o movimento modernista também contribuiu ao surto desse ramo de negócios.

As alas "caipira" e "cosmopolita" da primeira geração modernista evidenciam percursos distintos de acesso à carreira literária. Os integrantes da ala "caipira" se viram instados a sujeitar as obras de cunho autoral a demandas em fogo cruzado, impostas, de um lado, pelo feitio das colaborações na imprensa e, de outro, pela injunção imperiosa dos serviços prestados aos mentores políticos. O embaraço de interesses se fazia sentir na adoção de assuntos, de linguagens, de enredos e de personagens com trânsito desempenhado nos meios de divulgação, de preferência já incorporados ao cânone. Eis a razão pela qual a maioria dos modernistas estreou com livro de versos, buscando ombrear-se aos figurões parnasianos e simbolistas.

O escrutínio circunstanciado da arrancada na carreira propicia achegas indispensáveis à inteligibilidade do campo prestes a ser remodelado consoante ideais e práticas que os futuros modernistas continuavam, em parte, a tomar de empréstimo no passado. Os livros de estreia permitem assuntar os padrões antiquados de excelência literária, ainda predominantes no imediato primeiro pós-guerra.

Na acepção de sintomas pouco persuasivos a contestar o establishment literário, tais obras ajudam a rastrear os prenúncios da atitude de insurgência que extravasa e deságua aos poucos em espaços estratégicos do campo cultural — as revistas ilustradas, os grandes diários do eixo Rio de Janeiro-São Paulo, a *Revista do Brasil* —, os clamores de mudança que ressoavam no ambiente político abalado pela sequência de greves irrompida em 1917 e pela inquietação militar que rebentou nas revoltas tenentistas. Ao longo da década de 1920, as sucessivas fraturas no mando situacionista nutriram o caldeirão da crise final do sistema oligárquico.

A interpretação do movimento modernista ganha prumo e sentido no contexto da crise política oligárquica. Os integrantes do movimento, sem exceção, viabilizaram as franquias de acesso ao status de autor pela mediação prévia de envolvimento com setores dirigentes no estado. A história literária de praxe prefere denegar a conduta política dos modernistas, ou pior, costuma tratar o assunto em registro anedótico, quiçá um trâmite conjuntural na trajetória de, entre outros, Mário e Oswald, para mencionar apenas os poucos dignos de reverência estética. Não obstante, é forçoso admitir que a maioria dos escritores modernistas, em quaisquer etapas da trajetória intelectual, se envolveu em atividades políticas, de impacto sobre suas vidas e de funda repercussão sobre os grupos concorrentes nos confrontos culturais e políticos do tempo. O bafo da experiência social e política exala no espartilho do lirismo antiquado e no pesadelo projetivo de Oswald.

Livros de estreia dos modernistas paulistas

O exame circunstanciado das obras de estreia da primeira geração de modernistas esclarece as orientações doutrinárias e os modismos literários, o imaginário de referências pessoais, religiosas, profissionais e políticas. Os registros clamorosos de subjetividade, as temáticas, os vacilos na modelagem do linguajar culto, o repertório de citações, os interlocutores, as figuras-chave na experiência familiar e afetiva, o ensaio de voz autoral, eis as achegas a restituir o teor dos escritos.

A análise textual não dispensa o inventário das circunstâncias na feitura do livro, com realce no feitio visual. Livros relegados ao esquecimento, repudiados pelos autores, expurgados das obras completas, às vezes desfigurados se reeditados, ou reciclados por balizas em sintonia com inflexões ulteriores de carreira. Poucos foram incorporados ao cânone literário, objeto de escrutínio estético. Não obstante, essa leva comportava volumes de feição gráfica esmerada, a capa, as vinhetas e as ilustrações com timbre de artistas plásticos reconhecidos.

Embora por vezes reeditadas sem o aparato original, a linguagem gráfica se coaduna ao projeto do autor e ao impacto visado no contexto da época. Em vez do descarte do programa visual pelos estudiosos de literatura, a leitura das imagens dificulta o juízo anacrônico do desígnio autoral. Trata-se de material incontornável na perspectiva da história social e intelectual do movimento modernista.

Os escritores eram com frequência responsáveis pela feitura das imagens, ou se mostraram empenhados em colaborar com os capistas e ilustradores. Uns poucos modernistas se arriscaram nas artes visuais, mantendo a prática amadora em paralelo ao trabalho literário — Menotti del Picchia, Guilherme de Almeida, Cassiano Ricardo. A fatura visual contribuiu à inteligibilidade das obras de estreia, em sintonia com evidências biográficas pertinentes.

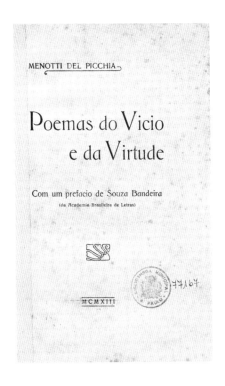

Menotti del Picchia, *Poemas do vício
e da virtude* (São Paulo, 1913)

Paulo Menotti del Picchia,[2] nascido na cidade de São Paulo, em 1892, era o caçula na prole de cinco filhos de empreiteiro de obras, o imigrante toscano Luís del Picchia. Os negócios

---

2 Sobre o autor, ver Menotti del Picchia, *A longa viagem: 1ª etapa*. São Paulo: Martins, 1970; *A longa viagem: 2ª etapa: Da Revolução Modernista à Revolução de 1930*. São Paulo: Martins, 1972; Yoshie S. Barreirinhas (Org. e intr.), *Menotti del Picchia, o Gedeão do modernismo: 1920-22*. Rio de Janeiro: Civilização Brasileira; São Paulo: Secretaria de Estado da Cultura de São Paulo, 1983; Miguel Reale, *Menotti del Picchia*. Rio de Janeiro: Assessoria de Comunicação e Marketing, 1988.

do pai obrigam a família a se transferir a Itapira (SP) quando Menotti tinha seis anos. Mais tarde, ele retorna à capital do estado, onde começa o ginásio, prosseguindo os estudos em Campinas, na escola Culto à Ciência, hospedado pela família italiana associada ao irmão mais velho, o fotógrafo José. Nenhum dos outros irmãos — Liberal, Luís e Ranieri — chegou à idade adulta: Liberal ficou cego, atingido por macrocefalia causada pela meningite; Luís morreu na Primeira Guerra, soldado da Legião Estrangeira; Ranieri morreu bebê. Os remanescentes — Carolina, a irmã mais velha, José e Menotti — firmaram liga de apoio, soldada pela morte da mãe, bancando Menotti na Faculdade de Direito em São Paulo.

O pai serviu na capital a clientes abastados, inclusive na construção do edifício Martinelli. Outras frentes e oportunidades no interior levaram-no a Itapira, cidade cafeeira da Mogiana, com maciço contingente de imigrantes italianos, em seguida a Pouso Alegre (MG), onde Menotti concluiu o secundário no Ginásio Diocesano São José como aluno interno. O pai influiu bastante na bagagem cultural com a sugestão de leituras, a assinatura de revistas estrangeiras, por meio da roda de mestres-artesãos seus empregados, arquitetos, pintores, escultores, estucadores e praticantes em artes aplicadas.

O persistente aperto financeiro do pai tornou o adolescente Menotti dependente do irmão José, em Campinas e em Pouso Alegre, onde trabalhou como professor de desenho. Os contatos aí entabulados com o bispo Correa Nery ajudaram Menotti a preencher a posição de escriturário no Seminário Episcopal da Luz. O salário suplementava a módica mesada paterna nos anos do curso jurídico.

Na adolescência, o handicap da hérnia inguinal inflou a entusiasmo por atividades religiosas, artísticas e literárias, tomando distância do universo de socialização masculina. Apartado dos garotos, sem jogar bola e praticar esportes, Menotti se enfronhou em tarefas de igreja: assumiu as tarefas de coroinha, desenhou a planta baixa do Ginásio Diocesano, ensaiou versos místicos, fundou um jornaleco e começou a fazer esculturas, em destaque os bustos do cardeal Arcoverde e do fundador dos padres claretianos.

A despeito das agruras financeiras do pai, delegando o encargo da casa ao trabalho de costura da irmã solteira, Menotti mobilizou recursos que lhe permitiram concluir a faculdade em São Paulo. Na condição de "pensionista mais pobre do grupo", com a minguada mesada de 100 mil-réis, o direito ainda lhe parecia o trampolim às "múltiplas vocações" que então o instigavam, ao proporcionar a habilitação intelectual polivalente, o manejo competente da escrita e, trunfo crucial, a rede de contatos indispensável à conquista de arrimo na imprensa e no trabalho de assessoria política.

Em 1912, um ano antes de concluir a faculdade, Menotti casou-se com a herdeira de família antiga de fazendeiros da Mogiana, Francisca Avelina da Cunha Sales. O sogro, José Gomes da Cunha, era proprietário de terras em Itapira. Os filhos do pequeno empreiteiro imigrante, malsucedido nos negócios, haviam firmado alianças fora da colônia italiana. José se ligara pelo casamento a outra família de proprietários, os Ribeiro de Carvalho.

Na maré de consórcio benfazejo, já detentor do grau de bacharel, Menotti editou o volume de versos *Poemas do vício e da virtude*, com frontispício à memória da mãe. O prefaciador, o acadêmico Souza Bandeira, enxerga aí o balanço das experiências afetivas do poeta, "dos seus sonhos, [...] amores, [...] desilusões [...] crenças [...], das suas ternuras, das suas ilusões, dos seus ideais" (pp. 4-7). A trinca de abertura sugere a esquisita *ars poetica*, de feitio algo instrumental, moeda conversível em troca de benesses ao alcance do versátil bacharel escriba: "Mulheres, fama, glória e braçadas de louros" (p. 11).

A segunda parte é ofertada à turma de "bacharelandos em direito de 1913"; a quarta é dedicada ao pai e o poema final à esposa. Os versos lidam, a maioria, com a experiência amorosa: registram o elã de parceiros apaixonados ("Serenata caipira", "Olhar nevoento"); relembram figuras do ambiente interiorano em cenas-chavão ("Cantiga do sapateiro", "O médico", "O vestidinho branco"); fazem declarações às eleitas ("Aninha", "A uma mulher", "Olhos verdes", "Um mal que se deseja", "Mistério íntimo", "A filha do sr. Antonio"); remoem sentimentos de amor não correspondido ("Calvário", "Leda cristã", "Impossível", "Ciúme").

Os versos de interesse são fabricados na métrica das quadrinhas populares. O disparo de imagens e estados d'alma recheia a embolada, cuja graça se insinua em imagens despretensiosas, em instantâneos de senso comum, a escrita despida de artifícios. A "Serenata caipira" se enquadra em fatura evocativa do cancioneiro popular, tocante ao estancar o enredo por achados canhestros.

> *Deixai-me cantar que a gente*
> *Diz que quando a gente canta,*
> *Noss'alma toda contente,*
> *Todas as mágoas espanta.*

Em passagens engessadas, a fatura de vezo popular apela à cultura erudita, a personagens e espaços do mundo greco-romano. "Olhar nevoento", por exemplo, contrasta personagens medievais a chavões do imaginário popular.

A experiência de escultor aprendiz motivou o poema "Pigmalion" (dedicado ao escultor de versos Olavo Bilac), no qual descreve as etapas do ofício. A proximidade com o universo rural inspirou "Ode ao arado", ao invocar de esguelha o "velho trabalhador". "A filha do sr. Antonio" narra, em estrofes de enquadramento fotográfico, o enlevo pela "filha do hortelão".

"Tercinho d'ella" reúne quadrinhas singelas, arrastadas, em preito à ex-namorada e ora esposa. Os sonetos também convocam figuras femininas: a jovem pura do terço, de "olhinhos azuis" ("Tercinho d'ella"); a adúltera cobiçada ("Visões pagãs") e os embalos de moral dúbia ("Amor").

A "Prece da virgem" exprime juízos acerca da sociedade em que buscava alento literário e profissional. O poema contrasta os privilégios dos ricos e a penúria "digna" dos pobres, por meio das divagações da "virgem" abjurando o desejo pelo partido da "honra". "Cérebro e ventre" confronta o artista desinteressado ao burguês argentário, pessoa indigna do amor que enxerga na mulher o dote em vez da redenção. "Castelo ideal" é regalo lírico à esposa.

O fecho do volume, o breve sainete "História antiga", encena, em primeiro plano, o diálogo entre o marquês cinquentão e a duquesa quarentona, namorados na juventude; em plano recuado, sucede o encontro entre os filhos, a continuidade do ciclo de vida, em clima que prenuncia o triângulo envolvendo Pierrô, Arlequim e Colombina de *As máscaras* (1919).

A coletânea rebarbativa, monotemática, apela a modelos parnasianos, sem respiro de invenção: versos chapados ("o fecundo prazer da carne e dos sentidos", "porque o maior dos bens é o que não se alcança", "plantando flores e colhendo espinhos, sonhando sonhos e fazendo versos", "Mulher! És mais do que eu a tentação do Mundo") que revelam o acadêmico jejuno em matéria de cultura poética.

Cassiano Ricardo, *Dentro da noite* (São Paulo, 1915)

Cassiano Leite Ricardo,[3] nascido em São José dos Campos, em 1895, filho de fazendeiro da região, passou a infância entre a propriedade familiar em Vargem Grande e a casa dos pais

---

3 Sobre o autor, ver Prudente de Morais Neto, "Cassiano Ricardo". *Revista do Brasil*, Rio de Janeiro, 2ª fase, ano I, n. 5, 15 nov. 1926, pp. 30-1; Tristão de Athayde, *Estudos: 1ª série*. Rio de Janeiro: Terra do Sol, 1927, pp. 86-93; Roger Bastide, "Cassiano Ricardo". *A Manhã*, Suplemento Letras e Artes, 21 e 28 set. 1947; Renard Perez, *Escritores brasileiros contemporâneos: 1ª série*. Rio de Janeiro: Civilização Brasileira, 1960; Cassiano Ricardo, *Viagem no tempo e no espaço*. Rio de Janeiro: José Olympio, 1970; Sergio Milliet, *Diário crítico*. 2. ed. São Paulo: Martins, 1981, v. 5, pp. 126-33.

na cidade. Aos nove anos, ajudou a criar um jornalzinho, a que se seguiram a revista *Íris*, o diário *Quatro Paus* (1911), artiguetes em *A Tribuna*. Os primeiros versos saíram no *Almanaque* local, assinados por Cassianinho, sob a égide de parentes que o instigaram. Nas memórias, relata as aulas de desenho com o retratista dos pais, seu instrutor na feitura de mapas e trabalhos escolares. As inclinações plásticas perduraram até a mocidade, tendo divulgado desenhos na revista *Panóplia*, "mensário de arte, ciência e literatura", que fundou em São Paulo em 1917.

Pouco antes de começar o curso jurídico, a família se instalou na capital paulista. O livro de estreia, *Dentro da noite* (1915), foi publicado quando cursava a faculdade. Ao que se sabe, o desenho da capa é lavra do autor: no interior da moldura retangular art nouveau, em formato de bambu retorcido, palmeiras esguias à esquerda e o contorno da lua no canto superior direito se refletem no lago à direita, elementos esboçados em linhas negras sobre tonalidades de azul na superfície da imagem. A súmula figurativa da substância textual, mímesis da noite azul.

Comentaristas na época frisaram a tristeza e a melancolia como traços dominantes de lirismo, em mistura com laivos de misticismo e religiosidade. Surpreendeu a ausência de versos amorosos, peça de resistência compulsória em plaquetes de estreantes.

Os poemas do começo — "Visão do poente" — descrevem o crepúsculo, o mar, as árvores, o jardim, os cisnes. O sentimento de *spleen*, palavra recorrente no texto, constitui a chave de leitura, a sublinhar a imersão do poeta na melancolia, o travo de tristeza que o afasta do convívio. Em vez de desgosto pelos reveses na vida, o *spleen* infunde predicados humanos à paisagem natural.

Na dicção, o leitor logo repara na voz emocionada, que ressoa a despeito de fórmulas retesadas de entranhado parnasianismo. A filiação passadista não embaça de todo o pulso autoral. Em meio a imagens surradas, faísca o lampejo de achados.

O *spleen* imanta disposições de vida: os matizes de azul guarnecem a figuração poética do mundo. A "cegonha" metaforiza o ego do autor, prestes a se subtrair; a "casuarina" mimetiza a melodia da alma incompreendida; personagens, plantas, pássaros, como que impregnados por ânsias humanas, evocam os tumultos do poeta. Não obstante, a fluência é travada pela insistência em dotar as composições de cenário "natural" importado do repertório greco-romano: o poeta transita em caminho ladeado de ciprestes, rumo ao templo pagão sobre colunas, à luz de piras, em meio a escombros e ruínas, siderado pela esfinge; o bardo dos Alpes europeus, atento às harmonias de harpas, se perde em lagos cercados de escarpas e abismos, povoados de cisnes, nenúfares, silfos e ondinas, em paleta de azul.

O *spleen*, a tristeza, a melancolia, a nostalgia da felicidade são sentimentos amiúde associados à premonição da morte, figurada na estereotipia dos ciprestes. Em "Insônia", declaradamente confessional, o *spleen* estraga o sono e deprime a alma, prenúncio do pior, de imagens da finitude. O violino e o piano entoam a tristeza externada na lamúria do poeta.

Então com vinte anos, Cassiano Ricardo não alude sequer de raspão aos parentes e amigos, ou a alguma experiência erótica. Os espasmos de misticismo não traduzem um sentido de religiosidade. Tampouco incorpora paisagens da região, ou personagens da infância e da mocidade no interior. O poeta simula o êxtase perante o sublime da natureza europeia. As paisagens livrescas parecem decalques de estampas, em meio às quais ele busca infundir algum hálito de experiência.

Comparado às estreias de Menotti del Picchia e de Plínio Salgado, por exemplo, *Dentro da noite* é fruto de fatura ardilosa, ao dispor os inventos em eixo narrativo e cronológico, fazendo suceder aos poemas do crepúsculo os sonetos lastreados em temas adultos da "noite", ao adensar, no percurso, as experiências conducentes à perda de si, à dissolução, à morte, ao que não tem saída.

Plínio Salgado, *Thabôr* (São Paulo, 1919)

Plínio Salgado,[4] nascido em São Bento do Sapucaí, em 1895, era filho de uma professora da Escola Normal e de chefe político do vilarejo na fronteira com o sul de Minas Gerais, farmacêutico de profissão e coronel da Guarda Nacional. Os avós eram imigrantes, os maternos de Portugal, e os paternos, da

---

4 Sobre o autor, ver Tristão de Athayde, *Estudos: 5ª série*. Rio de Janeiro: Civilização Brasileira, 1933, pp. 197-205; *Revista Panorama*. São Paulo, número especial sobre Plínio Salgado, 1936; Israel Beloch e Alzira Alves de Abreu (Coords.), *Dicionário histórico-biográfico brasileiro, 1930-1983*. Rio de Janeiro: Forense Universitária; CPDOC; Fundação Getulio Vargas; Finep, 1984, v. 4, pp. 3051-61.

Espanha, e haviam se consorciado a tradicionais famílias paulistas, os Cerqueira César pelo lado da avó paterna e os descendentes de Pero Dias pela avó materna.

Alfabetizado pela mãe, Plínio iniciou o secundário em colégio da cidade. A morte do pai em 1911 obrigou-o, na condição de primogênito, a largar o curso de humanidades no Ginásio Diocesano de Pouso Alegre (MG); passou a residir na capital paulista, no sufoco, sem desistir da formação autodidata.

Em 1913, de volta a São Bento, trabalha como mestre-escola e agrimensor. Em 1916, em parceria com o futuro cunhado, funda o semanário *Correio de São Bento*; além de supervisionar o Tiro de Guerra, dirigia um grupo de teatro e um clube de futebol. As crônicas no *Correio de São Bento*, algumas transcritas na *Revista do Brasil*, impressionaram intelectuais de renome como Monteiro Lobato.

Em 1918, participou na criação do Partido Municipalista, agremiação contestatária do situacionismo estadual, congregando lideranças em dezesseis cidades do Vale do Paraíba. Salvo por pouco da gripe espanhola, aos 23 anos, casou-se com Maria Amália Pereira, enviuvando meses depois, quando a única filha tinha duas semanas de vida. Em transe de perda, buscou consolo na religião: coligiu poemas líricos, sociais e místicos no volume *Thabôr*; publicou a conferência *A boa nova* sobre a vida de Jesus.

Os escritos prenunciam fortíssima identificação de Salgado, espicaçado pela viuvez, a Jesus Salvador. A capa do volume figura a mulher-anjo em azul suave subindo ao céu azul-chumbo, o título e o nome do autor na mesma cor. A página de frontispício louva a falecida, com palavras tocantes e a promessa de relato acerca "de nossa efêmera ventura, do meu paraíso perdido"; logo abaixo a dedicatória, "A meu pai", em que externa revolta perante a penúria material da família, a honradez como "tesouro" remanescente. Quase a antítese dos versos de

Bandeira estreante — "Sou bem nascido. Menino,/ Fui, como os demais, feliz" (*A cinza das horas*, 1917).

Eis as vertentes temáticas em *Thabôr*: evocação de entes próximos; proclamações de cunho nativista; arroubos místicos; denúncia político-social. A perda da esposa motiva quadros: alçada à condição de "estrela"; pranteada pelas fotos no álbum; o poeta na pele do "califa" que se mata de saudade; o homem tresloucado de amor queima cartas no fogão. "A lareira", dedicado à mãe e aos irmãos, quer restituir o aconchego na casa roceira.

O poema nativista, em louvor ao padrinho Monteiro Lobato, equipara a emoção do artista à seiva no "radioso ipê da flora brasileira". "Brasil" instiga o brado destemido, em defesa da pátria a qualquer preço. No avesso do pacifismo em *Há uma gota de sangue em cada poema*, em pranto pelos mortos em combate, Plínio oferta a vida na moldura idealizada da nação. O tom engajado pontua "Em marcha", ao descrever o movimento da tropa.

A extensa composição "Palavras" condensa a *ars poetica* do autor, ao encadear o ressentimento pela perda à responsabilidade como chefe de família, e daí à compaixão pelos desamparados. Os versos confrontam sentimentos virtuosos (bondade, amizade) às emoções egoístas de despeito, na recusa de benesses materiais pelos votos de modéstia e humildade.

Outros poemas evidenciam o desvelo pelos pobres, trabalhadores, ao contrastar suas carências aos privilégios dos ricos, em sintonia com os destituídos. Em meio às notícias desencontradas sobre a Revolução Russa, "Tzar" justifica a carnificina pelo disparate entre a multidão faminta no frio da estepe e a prepotência do poder imperial.

Os versos de denúncia social replicam ambientes de miséria ("O pão", "Inverno"), gestos de revolta motivados pela fome, inclusive a evocação ao rigor do frio no alto da Mantiqueira.

O confronto entre a abastança material e a riqueza espiritual, afetiva, sobretudo moral, permeia imagens canhestras (pedras preciosas versus coração, em "A oferta") ou se presta a historietas de fundo edificante: o rico perde o patrimônio e enlouquece ("Trazilando"); o crente atesta a natureza como evidência de Deus; o ateu rebate com a fome e a pobreza como provas de desconfiança ("A dúvida"). "Aos bons", "Regresso ao lar", "A lareira" enaltecem a pureza e a bondade entre os trabalhadores humildes.

Os versos de exaltação mística evocam a religiosidade interiorana, a honradez pessoal e familiar como sinal de predestinação, a presença divina como elucidação do mundo social. O título *Thabôr* — o monte onde Jesus fez preces na véspera da crucificação — chancela orações expressas em transe de provação, o autor ombreado à figura de Cristo. Sem recursos, órfão, viúvo, as provações da infância encadeadas aos lutos na vida adulta, abandonado, desarvorado, o poeta enfrenta o desafio de educar a filha e de prover meios ao sustento da mãe e dos irmãos. Judas e Jesus encarnam a luta entre o bem e o mal, ao demarcar divisórias entre a verdade e a mentira, a virtude e o crime, subentendendo o travo maniqueísta. "S. Domingos", por exemplo, faz confluir experiências pessoais (escalada da Pedra do Baú), o caráter compensatório do ofício poético, a invocação da pátria e de Deus, em manejo consolador das perdas.

Os poemas abusam de clichês e frases feitas ("A vida é um tormento mas o poeta vai vencer pelo amor", "A vida é diversa mas breve"), meditações de senso comum, o poeta instigado a abrir mão da desforra diante das vicissitudes. Vazados em linguagem despretensiosa, as notas destoantes ressoando em poemas "escapistas", povoados de personagens lendários, os poemas de estreia de Plínio Salgado consistem em apelo contrito a Deus, pátria e família, em momento de derrocada e destituição.

Ribeiro Couto, *O jardim das confidências* (São Paulo, 1921)

Rui Ribeiro Couto,[5] nascido na cidade de Santos (SP), em 1898, filho único do baiano José de Almeida Couto, vereador da Câmara Municipal, e Nízia da Conceição Lopes Ribeiro, da Ilha da Madeira. Órfão de pai aos quatro anos, foi criado por viúvas portuguesas, a mãe, a adorada avó Antonia e a bisavó. A família sobreviveu pelo trabalho materno de costura, em seguida pelo padrasto Juvenal Franco Camargo, cujas posses bancaram os estudos e os cuidados com a tuberculose contraída pelo enteado.

[5] Sobre o autor, ver Vasco Mariz e Milton Teixeira (Orgs.), *Ribeiro Couto: 30 anos de saudade*. Santos: Editora da Universidade Santa Cecília dos Bandeirantes, 1994; Elvia Bezerra, *A trinca do Curvelo: Manuel Bandeira, Ribeiro Couto, Nise da Silveira*. Rio de Janeiro: Topbooks, 1995.

Couto fez o primário em Santos, aluno brilhante e escrevinhador de sonetos. Já adolescente, guarda-livros em firma comissária de café, foi matriculado pelos patrões na Escola de Comércio, da qual sairia bacharel, em 1914. Divulgava então escritos na imprensa santista, com destaque no certame Jogos Florais, da prefeitura.

Em 1915, ingressou na Faculdade de Direito de São Paulo, trabalhando na capital como revisor do *Jornal do Commercio* e no *Correio Paulistano*. Nos anos do curso e de trabalho na imprensa, abrigado em pensões na Liberdade, equilibrava a renda com aulas no colégio sírio da rua Vinte e Cinco de Março e anúncios comissionados no *Almanaque Laemmert*. Em 1918, após vencer o concurso literário com chancela da revista *A Cigarra*, pelo alvitre do conterrâneo parnasiano Vicente de Carvalho, arrisca-se a viver no Rio de Janeiro, onde concluiria o curso jurídico.

Ao que parece, a decisão fora motivada pelo projeto de ingressar na diplomacia. Fracassou no primeiro concurso prestado no Itamaraty e se aproximou de escritores atuantes na revista *Fon-Fon* e em outras revistas ilustradas. Os sintomas de tuberculose surgiram na época, tendo sido socorrido pelo padrasto e por préstimos na imprensa.

As fotos do período evidenciam a aposta na aparência — ternos cintados, calças de bainha curta, gravata-borboleta, chapéu de aba com fita escura, óculos redondos, sapatos de verniz com cadarço —, sem disfarçar tanto quanto desejava os traços negroides da ascendência paterna. O nariz e os lábios grossos se acomodam à cabeleira farta, engruvinhada, arranjo homólogo ao cabelo pixaim, à escovinha, dos registros como acadêmico em São Paulo.

Uma foto de 1920 exibe estampa no capricho, no requinte do chapéu de aba com fita. É desse ano seu famoso retrato feito por Vicente do Rego Monteiro, que suaviza as feições de mestiço apessoado, a figura estirada pelo pescoço esguio à la Modigliani. O pintor alterou bastante os traços: o nariz afilado, a boca em simetria, o cabelo engomado e repartido, os olhos de chamego por trás de lentes gigantes, a cova pronunciada no queixo, o semblante varado por paixão e energia, o encaixe da figura longilínea em balanço com as montanhas coloridas nos lados, subindo ao céu, em meio ao desalinho entre a roupa convencional e os olhos marejados. O retrato impressiona por ter sido executado antes da estreia em livro, emblema de ambição do rapaz pertinaz e ciente da imagem condizente às veleidades de êxito mundano e literário.

Data do período a coletânea *O jardim das confidências*, com selo do paulista Monteiro Lobato. O título insinua o intento de relatar episódios amorosos: os cenários de enlevo entre parceiros (parque, jardim, cais, alcovas); acicates naturais a pontuar pulsões (chuva, névoa, bruma, neblina, estações); envoltórios de luz (lâmpada, vela, luar).

O enlevo se endereça à moça próxima pela idade, de condição social superior, e à desconhecida anêmica e tuberculosa, a "princesa de balada", com quem teria se iniciado em Santos. Os apontamentos da virtualidade erótica, calibrados pela distância da mulher cobiçada, são "romances perdidos", com achegas às experiências na infância e na mocidade.

As referências pungentes evocam a mãe e o colo da avó na "melhor idade que vivi". A confessional "Noite monótona de um poeta enfermo" situa o personagem em ambiente confortável: casa de alameda com sala de jantar, estante abarrotada de livros e lençol de linho. A doença tonaliza os versos do bacharel, de bem com a vida, ao prospectar amores de risco.

Apenas o soneto de abertura, "A São Paulo", alude à hierarquia ao mencionar bairros aristocráticos, burgueses e pobres. De resto, os ambientes e espaços por onde transita são designados em lirismo padrão. O mote reiterado, quiçá a mensagem cifrada, é o refrão do amor impossível, por óbices de toda ordem. "A vigília da mãe fatigada", na segunda parte, relata as apreensões da boa católica, ao flagrar os indícios de sexo na roupa. A morte do pai é a razão da penúria da família, todos mirando "o retrato da parede".

Guilherme de Almeida, *Nós* (São Paulo, 1917)

Guilherme e Tácito de Almeida,[6] nascidos respectivamente em 1890 e 1899, em Campinas, eram o primogênito e o caçula dos quatro filhos do advogado, jurisconsulto e professor da Faculdade de Direito de São Paulo Estevão de Araújo Almeida. A família residiu em cidades da região — Rio Claro, Araras, Limeira —, conforme as conveniências do escritório de advocacia paterno. Em 1890, o pai, recém-formado, com 27 anos, lecionava no ginásio Culto à Ciência e atendia clientes

[6] Sobre os irmãos Guilherme e Tácito de Almeida, ver Frederico Ozanam Pessoa de Barros (Org.), *Guilherme de Almeida: Literatura comentada*. São Paulo: Abril Educação, 1982; Tácito de Almeida, *Túnel e poemas modernistas: 1922-23*. Estab. de texto e est. de Telê Porto Ancona Lopez. São Paulo: Art, 1987.

na cidade; após o primário em Araras e Campinas, Guilherme se transferiu para o colégio onde o pai ensinava.

Em 1902, o pai instalou o escritório na rua Boa Vista, em São Paulo, em sociedade com Vicente Rao; em 1909, foi aprovado no concurso à cátedra de direito civil na Faculdade de Direito de São Paulo. Ao que parece, o pai incentivou Guilherme ao estudo do grego e do latim, bem como à leitura dos clássicos portugueses; prosseguiu os estudos secundários nos colégios São Bento e Nossa Senhora do Carmo, no qual se diplomou em Ciências e Letras, em 1907.

Ingressou a seguir na Faculdade de Direito de São Paulo, concluindo o curso no prazo regular, em 1912. Ao longo do período, dedicou-se às atividades condignas a um rapaz de status elevado, ao repartir tempo, energia e recursos entre os prazeres de sociabilidade, os arroubos letrados e os contatos profissionais: reuniões juvenis no Velódromo; rodas literárias com colegas prendados (Oswald de Andrade); empreitadas de risco, como a direção da revista ilustrada *Panóplia*; o ingresso no grupo à testa do jornal *O Estado de S. Paulo*; colaborações na imprensa.

O jornalzinho acadêmico *11 de Agosto* publicou na época "O eucalyptus", que exalta o emblema da paisagem caipira nas cidades da infância; o grupo de *O Pirralho*, semanário de Oswald de Andrade, divulgou seus escritos. Decerto o intenso enrosco na boêmia paulistana motivou a decisão paterna de afastá-lo da capital após a formatura, retiro forçado por quase dois anos.

No interregno, morou em Apiaí, no Vale do Ribeira, e em Mogi Mirim, no cargo de promotor interino, replicando passos de carreira similar à do progenitor. De volta a São Paulo em 1914, persistiu na batida ao exercer o ofício no escritório familiar. Em 1916, publicou *Théâtre brésilien*, em parceria com Oswald de Andrade — peças escritas em francês, *Mon Coeur balance* e *Leur Âme* —, vencendo o concurso do brasão de armas da cidade, lançado pelo prefeito Washington Luís. Tais eventos evocam as rodas elegantes das quais ele e Oswald eram convivas e entusiastas, novatos siderados pelo êxito no *vaudeville*, gênero em voga na cultura afrancesada de salão.

Em 1917, Guilherme começou a trabalhar em *O Estado de S. Paulo*, a convite de Julio Mesquita: aí o amigo Amadeu Amaral o encorajou a publicar o livro de versos; por instância do pai, submeteu a obra à leitura do parnasiano Vicente de Carvalho, santista na panela do Estadão, e encomendou a capa e as ilustrações ao artista português Correia Dias. O esteio paterno envolveu ainda o sócio no escritório, Francisco Morato, que se dispôs a custear a impressão.

A estreia de Guilherme de Almeida sucedeu em circunstâncias propícias: a plaquete *Nós* (1917), em edição de 1015 exemplares impressos nas oficinas de *O Estado de S. Paulo*. O escrutínio da obra se elucida pelo cotejo do texto e das ilustrações na edição original. A contrapelo da leitura convencional da história de amor, em versos de incontestável fluência, o timbre do romance se ampara, em meio ao escopo antiquado do imaginário e da escrita, nas evocações suscitadas pelas vinhetas de Correia Dias.

A sequência de ilustrações começa pela mulher chorosa da capa, achega aos incidentes do romance no texto. O sentido da capa se completa com a imagem da mulher desgrenhada que fecha o volume, embaralhando a conversa entre o ícone e o texto. O leitor nem sempre enxerga a imagem com lastro no fraseado: as vinhetas indiciam a cenografia, reticentes à narrativa, ora por meio de imagens virtuais, ora por ambivalências dos personagens.

O desfecho do idílio é substanciado por inusitado comércio de interesses: a mulher se consorcia ao protetor sênior da elite, e o narrador retorna ao mercado matrimonial de sua classe em busca de parceira compatível. No plano visual, o rapaz, sozinho ao longe, assiste à queda das folhas, lembrete do envelhecimento social irresistível, desenlace da volubilidade amorosa; a mulher em close, encovada, envelhecida, sem os atrativos da imagem na capa.

Os 33 sonetos narram uma história de "amor ilícito" entre o rapaz de boa família e a mulher de programa. O romance termina em ruptura, por causa de assimetrias que dilatam aos poucos os desacertos entre os personagens. A elucidação apoia-se na letra dos versos e nos conteúdos insinuados nas vinhetas.

Ilustração de capa e contracapa feita por Correia Dias para o livro *Nós* (1917), de Guilherme de Almeida.

A mulher experiente, de carne "suculenta", seios e cabelos fartos, vistosa e enigmática, evidencia traços de prostituta de luxo, quiçá estrangeira, a exemplo de figuras congêneres em romances da época.[7] O rapaz enamorado, alter ego do poeta,

---

[7] Ver, por exemplo, o romance *Madame Pommery*, de Hilário Tácito, pseudônimo do engenheiro e jornalista José Maria de Toledo Maia (Campinas: Editora da Unicamp; Rio de Janeiro: Fundação Casa de Rui Barbosa, 1992 [1. ed.: São Paulo: Revista do Brasil, 1920]).

logo enfeitiçado, refém dos encantos, em armadilha de sujeição. A sequência de sonetos pontua o deslanche, o clímax e a saciedade da iniciação sexual.

O assunto é o amor carnal, na toada de registro pedagógico, manual de higiene, cujo desfecho se amolda aos ditames da conveniência burguesa — sem rodeios, o romance fugaz entre o rapaz de estirpe e a "mulher de programa". O protagonista relata a experiência recente, o deslumbre de "poucos meses" na mocidade.

O introito aos personagens de pronto sinaliza a diferença de idade como disparo ambivalente da paixão fulminante e do rompimento. A libido é impulsionada pelo desengonço em que se enredam. A juventude se contrapõe à tarimba da amante experiente, a beleza antagônica à testosterona. A atração mútua, afogueada pela diferença de idade, se esgarça no tempo, até culminar na colisão. Os corações sobrepostos da vinheta são os velhos da ilustração contígua, proximidade de enlace virtual, mas socialmente inviável, estéril, sugerem os galhos secos do quadrinho, imagem crua do impasse reprodutivo.

Vinhetas I e II feitas por Correia Dias para o livro *Nós*.

O romance se enquadra em narrativa convencional: encontro, envolvimento e paixão, passando ao período das dúvidas e hesitações, daí às resistências de cartilha, cumpridas no destino social dos litigantes pós-separação. A personagem feminina estabiliza sua condição pelo enlace de conveniência; o rapaz se casa com "moça de família", de idade e condição próximas às suas. O fogaréu se extinguiu.

O terceiro soneto faísca a pulsão na "flor da carne". Segue-se o prenúncio do fracasso pelo tumulto íntimo. A mulher vistosa da vinheta, de capa esvoaçante, gola alta e chapéu de plumas, o colo descoberto, já apreensiva na imagem seguinte, a cabeça apoiada na mão, com blusa de mangas compridas e gola fechada. O quinto soneto evoca o *frisson* clandestino entre a "beldade" e o "herdeiro", enlaçados, de chapéu, de costas ao leitor.

Vinhetas III, IV e V feitas por Correia Dias para o livro *Nós*.

Texto e imagem do soneto VI sucedem no interior da *garçonnière*, no centro da cidade, os amantes abraçados. O soneto seguinte subentende o repouso pós-coito, "o gorjeio frenético de um beijo", súmula da sofreguidão. O oitavo encena a intimidade, os parceiros saciados mirando a paisagem. A atmosfera de repouso na imagem esbate a provocação textual, em tomadas complementares: a mulher entretida na leitura, o rapaz absorto, prelúdio de escalada a estalar na natureza, o cheiro de jasmim, o clarão da lua, fecho ao romance de iniciação.

Vinhetas VI, VII e VIII feitas por Correia Dias para o livro *Nós*.

O canário na gaiola, metonímia do rapaz enredado e presságio ruim, introduz, de esguelha, a sombra de constrangimentos, a morte do pássaro como deixa ao adeus do mocinho. O soneto X ensaia o rompimento, fazendo crer em circunstâncias inarredáveis em revés ao arbítrio dos protagonistas. Após evocar (XI) os traços da mulher na carta do amante, o idílio prestes à dissolução, as folhas mortas no asfalto, o moço (XII), derreado na poltrona em casa, o retrato oval na parede, cindido entre o futuro convencional e a transgressão, dúvida que aflora na fumaça do cigarro (XIII), pista de solidão e de enrascada.

Vinhetas XI e XII feitas por Correia Dias para o livro *Nós*.

A cena de confronto com a voz da sociedade (XIV) contrasta o ápice de felicidade, "a suprema delícia de viver!", às dificuldades de peitar as convenções, figuradas nas mulheres à direita na vinheta. A recusa ao idílio (XV) transpira nos dizeres de maledicência, transcritos em aspas nos versos: as expectativas da comunidade irrompem no cerne da imagem. Sem saída, os protagonistas se veem prensados "entre o quadro de uma porta e o retângulo azul de uma janela".

Quatro sonetos (XVI-XIX) elaboram as dúvidas partilhadas pelo casal ou suprem as barreiras pela fantasia. Os "trunfos" da beleza e da juventude se convertem em óbices; vislumbra-se a ruptura na vinheta (XVIII) do rapaz sozinho, abatido. A quimera de envelhecer juntos equivale à perda da mocidade e da beleza — rugas e cabelos brancos, idosos, curvados —, estancada na cena subsequente de sonho: a presença da amada pressagia o desfecho ruinoso, a "coroa de espinhos" em que se transmudaram as rosas ao fim do caso.

Vinhetas XIV e XV feitas por Correia Dias para o livro *Nós*.

Os versos de rompimento se consumam em sucessivas tomadas do cenário, de início o paralelo entre os imbróglios do romance e as estações, seguido pelo rastreamento dos objetos no entorno. O "nosso ninho" era a minúscula *garçonnière* no quarto andar, endereço do qual se afastam rumo ao destino prestigioso, ele de volta ao recesso familiar, ela firmando consórcio à altura dos dotes. A senhora de traquejo usa vestido de gala decotado, *manteau* de gola bufante, colar de diamantes, penas de avestruz no penteado, marcadores ostensivos do percurso de êxito na sociedade paulista. Na quadra do transe, a correlação de forças reverteu: a virtualidade do poeta figurado em "pobre moço" constitui o mote da ilustração em que as corujas e o caminho de ciprestes enquadram a cabeça inclinada do "cético suicida".

A "alcova tépida e sombria", a escada, os gerânios na sacada, as cortinas de tule, o canto do canário são toques nostálgicos, o crescendo de lembranças que restituem o êxtase do "romance fatal" (XXIV-XXVI). No plano visual, a escada, as flores vermelhas e o cortinado demarcam o espaço dos amantes em encontros furtivos. Os sonetos subsequentes qualificam o desenlace: os caminhos divergem, a começar pela sociabilidade. As cartas incitam a memória dos sentidos; os vestígios da paixão reavivados pela mulher na sacada, provocante, de vestido decotado. O fecho da sequência faz paralelo entre a história e a narrativa contada pela empregada sobre o príncipe e a mulher bonita.

A imagem recorrente da infância no repertório de Guilherme de Almeida — o menino brincando com barquinhos de papel na calçada molhada de chuva — em contraste ao homem-feito, solitário, a mirar as folhas do outono ritmando o ciclo de vida. No arremate dessa "idade da inocência", versos e imagens convergem ao retratar os protagonistas envelhecidos: ele de cabelos brancos, as rugas no rosto e no pescoço da belíssima mulher da capa, a cabeça apoiada na mão direita, a expressão contraída, a face chupada, o cenho franzido, o nariz adunco, os olhos fundos, os cabelos sem viço. O livro se fecha com a imagem da mulher emoldurada pela coroa fúnebre de rosas, a trama de galhos com espinhos lancetando o coração. O amor se esvai pelas injunções de classe na cosmópole.

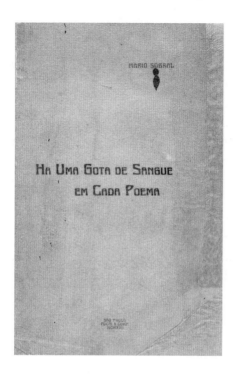

Mário de Andrade (Mário Sobral), *Há uma gota de sangue em cada poema* (São Paulo, 1917)

Mário Raul de Morais Andrade,[8] nascido na cidade de São Paulo, em 1893, segundo filho homem de modesto burocrata

---

[8] Sobre o autor, ver Mário de Andrade, *Cartas a Manuel Bandeira*. Pref. e notas de Manuel Bandeira. Rio de Janeiro: Edições de Ouro, 1966; Francisco de Assis Barbosa, *Retratos de família*. 2. ed. Rio de Janeiro: José Olympio, 1968; Telê Porto Ancona Lopez, *Mário de Andrade: Ramais e caminhos*. São Paulo: Duas Cidades, 1972; Paulo Duarte, *Mario de Andrade por ele mesmo*. São Paulo: Hucitec, 1977; Moacir Werneck de Castro, *Mário de Andrade: Exílio no Rio*. Rio de Janeiro: Rocco, 1989; Marcos Antônio de Moraes (Org., intr. e notas), *Correspondência Mário de Andrade & Manuel Bandeira*. São Paulo: Edusp; IEB, 2000.

mestiço, Carlos Augusto de Andrade, que exercera funções de tipógrafo, guarda-livros, escriturário, gerente de banco. O manejo letrado lhe garantiu trabalho como jornalista ou escritor ocasional de versos e de peças de teatro. Aos 25 anos de idade, Carlos Augusto era colaborador de Joaquim de Almeida Leite Moraes, professor de direito e político do Partido Liberal, a quem secretariou na presidência da província de Goiás. Ao se casar com Maria Luísa, a filha de Leite Moraes, Carlos Augusto revertia a maré de alianças matrimoniais assimétricas entre os ascendentes e os da esposa.

O avô materno Joaquim Leite Moraes casara-se com Ana Francisca, mestiça pobre, mais velha, de quem se tornara amante nos tempos de faculdade. O avô paterno de Mário, o pernambucano Pedro Veloso, colega de faculdade de Leite Moraes, se consorciou a uma parenta da avó materna, Manoela, também mestiça de modesta condição social, deixada com filhos pelo companheiro. Um deles era o pai de Mário, Carlos Augusto.

Herdeiro, pelas avós, de traços mestiços, a aparência de Mário chamava atenção no círculo familiar em que os irmãos haviam branqueado. A família residiu em sobrado de esquina, no Largo do Paissandu; Mário iniciou estudos no grupo escolar vizinho. Aos doze anos, ingressou no colégio secundário dos Irmãos Maristas, reforçando a militância católica familiar que o tornara congregado mariano e seguidor de procissão, vestido a caráter e segurando vela. As evidências biográficas revelam a crescente imersão nos espaços e no "partido" das mulheres da família — a mãe, a tia-madrinha, a preta Sebastiana, às quais se juntou a irmã caçula —, amargando as desavenças no relacionamento com o pai, com o avô provedor, e atiçando a rivalidade com o irmão mais velho.

Os reveses no ambiente doméstico calibravam a culpa e o sentimento de responsabilidade pela morte, em 1913, do irmão mais moço, Paulo, o filho paparicado e cheio de atrativos, bonito, loiro, "inteligente", "sensível". A posição em falso no espaço familiar, um caçula retardatário e indesejado aos vinte anos, se juntava à feiura, à cor e à inclinação pelo universo feminino, quiçá o vislumbre de aliança afetiva, capaz de compensar o desdém pelo curso de direito, pela política, pelas "coisas de homem" às quais se dedicou profissionalmente o primogênito Carlos.

Mário foi o único escritor na primeira geração modernista que não fez direito, relegado à contabilidade que não concluiu, adiante ao Conservatório Dramático e Musical. Assim, foi modelando o projeto idiossincrásico de remediar pelo vastíssimo cabedal cultural, conquista árdua de autodidata, a escassez de cacife material, escolar e mesmo social. Ao enfrentar desvantagens de peso, foi instado a investimentos intelectuais de monta, na prática confluindo os domínios de conhecimento na época — literatura, belas-artes, música, folclore, etnografia, história —, com vistas a diversificar no limite os campos propícios à sua competência polivalente.

Em 1917, ano de perda do pai, Mário publicou, com o pseudônimo de Mário Sobral, *Há uma gota de sangue em cada poema*. Os treze poemas do volume, ilustrados com a gota de sangue, repercutem tumultuada mescla de doutrinas poéticas, políticas e religiosas. Os versos acomodam ideologias díspares na pena do estreante, em cujo imaginário repontam o quietismo pacifista, a ingenuidade político-doutrinária, o alarido confessional e o fervor patriótico. Ancorado em valores e modelos existenciais dos poetas católicos diletos (Francis Jammes e Paul Claudel) e na bússola de "temática social" (Verhaeren, Victor Hugo, Guerra Junqueiro e António

Nobre), o letrado e congregado mariano Mário de Andrade parecia receptivo ao pacifismo unanimista alardeado por Jules Romains.[9]

As fontes cultas mencionadas permitem rastrear as opções políticas do autor em prol dos países invadidos (França e Bélgica); não obstante, se coadunam aos rompantes maniqueístas dos escritos de propaganda. A guerra se converte em peleja algo caricata, o bem e o mal em atrito, entre os territórios ultrajados e a Alemanha, potência responsável pela carnificina.

Os poemas transpiram propósitos morais elevados, o fervor religioso de denúncia. Redigidos em batida de prece leiga, ato de contrição perante aliados, repicam a linha de força doutrinária. Todavia, a pegada na ladainha escancara a precária bagagem histórica, indício de despreparo no escrutínio de aspectos controversos do conflito. Apoiado em saber livresco e refém de preconceitos no assunto, Mário pinça aportes em autores de cabeceira (Jules Romains) ou se vale de estampas e pinturas (Corot, Millet) ao evocar a paisagem europeia.

O sinete autobiográfico, na abertura do livro, define o estreante de "estragosa sensibilidade". Tirante os arroubos de espiritualidade e a invocação de Deus, a escrita consuma o apagão do autor. Em vez do lirismo amoroso tão saliente nos contemporâneos, *Há uma gota de sangue em cada poema* é espécime de lírica engajada, de militância no aceso da batalha, de acolhimento incondicional às palavras de ordem antigermânicas.

---

9 Ver, a respeito, Telê Porto Ancona Lopez, "A estreia poética de Mário de Andrade". In: *Mariodeandradiando*. São Paulo: Hucitec, 1996, p. 313.

O otimismo crédulo deriva da ética cristã de estrita obediência, ao exaltar a fé, o trabalho, a educação, a cultura, como em "Exaltação da paz":

Provocar nas cidades, nas aldeias,
as guerras sacrossantas dos trabalhos;
distribuir pelos povos
trigos e livros a mancheias;
honrar, com outros novos,
os monumentos velhos e grisalhos...
[...]
Ter razão é levar pelo atalho da fé
[...]
e os homens todos rezarão aos céus,
numa ressurreição da esperança e da crença!

O catolicismo entranhado de Mário o faz enxergar a divindade em quaisquer manifestações de vida: as transformações na natureza — a mudança de estações — espelham a visada holística do cosmos.

A atitude antigermânica não o impede de discernir os sofrimentos de soldados inocentes e a prepotência dos mandantes, no contraste entre o combatente sem vida, longe da mulher e do filho, e o retrato moral do kaiser Guilherme, "o pior dos homens deste mundo". O substrato de catolicismo alicerça as composições, manifesto por invocações, práticas piedosas, santos, lugares, objetos litúrgicos, festas religiosas, personagens bíblicos, bem como pelo idioma conceitual da escrita.

Oswald de Andrade, *Os condenados* (São Paulo, 1922)

José Oswald de Sousa Andrade,[10] nascido na capital paulista em 1890, descendia de famílias antigas, ilustres e abastadas, pelos ramos materno e paterno. A mãe, Inês Henriqueta de Sousa Andrade, era filha caçula do desembargador Marcos Antônio Rodrigues de Sousa, proprietário de imensas glebas de terra na capital. A família conseguiu anular o primeiro

---

10 Sobre o autor, ver Oswald de Andrade, *Um homem sem profissão: I. Sob as ordens de mamãe*. Rio de Janeiro: José Olympio, 1954; Aracy Amaral, *Tarsila, sua obra e seu tempo*. São Paulo: Perspectiva, 1975; Id. (Org., intr. e notas), *Correspondência Mário de Andrade & Tarsila do Amaral*. São Paulo: Edusp; IEB, 2001; Maria Eugenia Boaventura, *O salão e a selva: Uma biografia ilustrada de Oswald de Andrade*. Campinas: Editora da Unicamp; São Paulo: Ex Libris, 1995.

casamento da filha e consorciá-la a José Oswald Nogueira de Andrade, corretor próspero a serviço do pai, descendente de linhagens inscritas na genealogia de Silva Leme. O tio materno era o jurista e escritor Herculano Inglês de Sousa, chegado à família, quiçá o modelo de excelência do sobrinho, do qual era próximo. O lastro da fortuna familiar consistia em terrenos e imóveis na capital, em surto de intensa expansão urbana, propício a centuplicar o valor venal de tamanho patrimônio.

Na condição benfazeja de filho único de pais idosos e conservadores, Oswald começou os estudos com professores particulares. Aos dez anos, ingressou na Escola-modelo Caetano de Campos, daí transferido ao Ginásio Nossa Senhora do Carmo, prezado pela orientação religiosa; foi matriculado no Colégio São Bento em 1904, onde fez amizade com Guilherme de Almeida. Na época, o Oswald gordinho das fotos, apelidado Pipa, aparece em companhia dos mestres beneditinos.

Instigado pela mãe a veleidades literárias, ingressou na Faculdade de Direito de São Paulo em 1909, decerto no intento de virar profissional liberal à imagem do tio novelista e dos professores diletos, em especial o doutor Estevão de Araújo Almeida, pai do colega e parceiro Guilherme. No entanto, o percurso convencional sofreu contratempos. A bonança financeira lhe garantia o desfrute dos privilégios de casta e o capital a fundo perdido para investimentos, de retorno incerto, em publicações e revistas culturais.

Entre o ano de ingresso na faculdade e a formatura, em 1919, Oswald testou aptidões em atividades na imprensa e se enredou em sulfurosos casos de amor. Entre 1909 e 1911, já repórter e crítico teatral no *Diário Popular*, cobria a estreia de espetáculos nacionais e estrangeiros, com acesso às estrelas das trupes; em 1911, lançou a revista literária *O Pirralho*, com recursos liberados pela mãe; desde 1916, redator e colunista social no *Jornal do Commercio*, reassumiu adiante a crítica de teatro em

A Gazeta; em meio a percalços, retomou o controle de *O Pirralho* em 1915, até o seu fechamento, em 1917; entre maio de 1920 e fevereiro de 1921, editou o periódico *Papel e Tinta*; em 1922, leu trechos de *Os condenados* na Semana de Arte Moderna.

Aos 22 anos, trancou a matrícula na faculdade e realizou a primeira viagem à Europa, entre fevereiro e setembro de 1912. Ao que parece, era a viagem de adeus, ao cabo da qual o herdeiro assumiria os negócios da família, anseio do pai hostil ao projeto literário. A morte da mãe, antes do regresso ao país, azedou o entrevero com o pai, inconformado com as atitudes de Oswald no tocante à gestão da fortuna familiar, às alternativas profissionais e à tempestuosa pulsão erótica.

Oswald voltou da Europa em companhia de Henriette Denise Boufflers, jovem alta e loira de dezessete anos, filha de cozinheira de luxo em Paris, que ele havia conhecido como servente em restaurante. Após a temporada em Londres, Oswald e Kamiá, apelido da moça, se instalaram em casa no bairro de Pinheiros. Em 1914, em meio ao fim do caso, nasceu o primeiro filho de Oswald, José Oswald Antônio de Andrade (Nonê), ora embevecido por outra rapariga.

A bordo do navio *Martha Washington* rumo à Europa em fevereiro de 1912, Oswald conhecera a menina Maria Carmen Kosbab (Carmen Lydia), de nove anos, acompanhante da avó, atraído pelos seus encantos de dançarina; logo aceitou o convite da avó como padrinho de batismo de Carmen, em Milão, onde estavam residindo; meses depois, Oswald passou a custear as aulas de piano de sua protegida na cidade. Em 1915, de retorno ao Brasil, Carmen e os avós se hospedaram em pensão no Rio de Janeiro. Já separado e de volta à boêmia, Oswald intensificou o assédio a Carmen Lydia, no vaivém entre viagens ao Rio e temporadas em São Paulo. O convite à avó de Carmen para ser madrinha de Nonê não desanuviou as desavenças com a ex-mulher, a qual decidira se resguardar, quem sabe, até ampliar seu quinhão com aval do sogro. Por injunção paterna e decerto pelo afeto a Nonê, Oswald acedeu a registrar o filho com dois anos e meio.

No interregno, com 25 anos e o filho de colo, Oswald passou a viver na órbita de Carmen Lydia, empenhado em ajudá-la a se aperfeiçoar na dança, mentor e refém de paixão bravia com adolescente desnorteada de treze anos, sob tutela da avó. Oswald plantou matérias promocionais na imprensa e encomendou o retrato a óleo da protegida a Wasth Rodrigues. O caso acabou merecendo o trato habitual, em termos de arranjo capaz de livrar a família Andrade de maiores responsabilidades pelo que viesse a acontecer à menor: em 1917, Carmen Lydia foi matriculada em colégio de freiras em Santana, bairro afastado da zona norte paulistana; ato contínuo, juízes do peito concederam sua tutela a personalidades amigas de Oswald.

Uma foto de 1916 mostra Oswald de jaquetão, gravata de listras, chapéu de aba com fita de seda, o corpo avantajado, a cara juvenil, os lábios grossos, a cova pronunciada no queixo, olhos penetrantes, tal como resume a biógrafa: "uma figura redonda em torno de 85 kg, medindo 1,78 m, calçando nº 41. [...] espadaúdo e forte, compleição de atleta, aloirado e olhos verdes".[11] Os retratistas buscaram amiúde salientar a corpulência, no intento de conjuminá-la à agilidade corporal. Afora a ginástica, o boxe e o halteres, Oswald nadava e jogava futebol, sustendo a tendência a engordar. A menção reiterada aos músculos e às práticas esportivas do personagem João do Carmo em *Os condenados* externam autoestima e zelo pela imagem pública.

O subsequente *affaire* de Oswald envolveu a musa do grupo de amigos e usuários do estúdio-*garçonnière,* alugado por Oswald à rua Líbero Badaró em 1917, no momento em que retomou o curso de direito. Maria de Lourdes Castro Dolzani

---

11 Maria Eugenia Boaventura, op. cit., p. 34.

(Cyclone ou Dasy), a única mulher no círculo, normalista de dezessete anos, cortejada pelos companheiros, pertencia a família modesta do interior paulista e se hospedava com parentes no Brás. Dasy e Oswald se enredaram em tórrida paixão, logo sustada por enguiços de saúde que a fizeram voltar à casa dos pais. Já vitimada pela gripe espanhola, Dasy contraiu tuberculose, passando a depender dos empréstimos de Oswald. Após perder o pai, em 1919, Oswald instalou a namorada e a avó em casa no Paraíso, onde residiram até a morte de Dasy em agosto, "por complicações pulmonares decorrentes de um aborto malfeito". Desesperado pelo tranco, Oswald casou-se *in extremis* e enterrou a esposa no jazigo da família Andrade no cemitério da Consolação.

Os relacionamentos amorosos relatados figuram o padrão de expectativas e condutas de Oswald na mocidade. A atração dele por raparigas bem mais jovens tomava alento proporcional à distância econômica e social das "eleitas". Os relatos biográficos de Oswald esbatem tais assimetrias e preferem enfatizar o quanto ele despendia no custeio das atividades profissionais e artísticas das namoradas, esquivando os laços de sujeição a permear o arrastão. Oswald escolhia amantes jovens, de condição social inferior, ao custo de montante considerável de dinheiro, tornando-as dependentes, pronto descartadas ao preço de outro desembolso de monta. Em paralelo ao jornalismo e à trepidante pulsão erótica, Oswald se bacharelou no curso de ciências e letras do Colégio de São Bento, frequentador assíduo das missas no mosteiro. Tais práticas reforçaram os laços com a Igreja, como demonstra o indefectível *Laus Deo* no romance de estreia.

Em 1916, Oswald d'Andrade e Guilherme d'Almeida, assim grafados, financiaram a edição do *Théâtre brésilien* pela Tipografia Asbahr, com projeto gráfico de Wasth Rodrigues, constando a comédia *Mon Coeur balance* e o drama *Leur Âme*, em francês, sobre as atitudes femininas no jogo amoroso. No caso de Oswald, os experimentos encerravam o ciclo de peças inacabadas, subproduto da militância como crítico teatral e da intimidade com os bastidores do ofício.

Redigido entre 1917 e 1921, o romance *Os condenados*, tido como "arquivo de vivências pessoais", recicla ficcionalmente experiências dolorosas na mocidade. O enredo aborda o triângulo envolvendo a jovem prostituta Alma d'Alvelos, o cafetão Mauro Glade e o moço apaixonado, o telegrafista João do Carmo. O relato emprega narrativa de cortes cinematográficos, flashes curtos de embolada com cenas de ambientação, fazendo avançar o fiapo de história: a qualificação dos protagonistas e coadjuvantes, os picos de tensão — o parto e a morte de Luquinhas —, o desfecho com o suicídio do telegrafista.

A despeito do vezo da história literária ao ressaltar o quanto Oswald se projetou em João do Carmo, a pungência do texto deriva do verismo documental nos relatos e juízos acerca das relações tempestuosas de sexo e afeto. O cafetão Mauro é o personagem esquemático da trinca, esboçado por elipses e subentendidos do fascínio exercido junto às parceiras. A corruptela insinuada no seu nome, Mauro Gla(n)de, é a deixa no rumo do ofício. O retrato de Alma toma vulto por registros matizados da biografia. O perfil menos verossímil do apaixonado João do Carmo, talhado pela conjunção algo postiça de condição humilde e cacife cultural sofisticado.

Os traços de cada personagem são eloquentes. Mauro Glade é fruto do enlace entre a empregada doméstica e o merceeiro do Brás. Alma d'Alvelos, meretriz aos vinte anos, ruiva, prima de escultor estagiário em Roma, descende de famílias prestigiosas de fazendeiros no Amazonas. João do Carmo, alter ego de Oswald, originário de clã pernambucano destituído, irmã louca e mano padre, educado em colégio francês, recita Bouilhet, admira Baudelaire, aprecia ópera, pratica natação no rio Tietê, compõe versos e trabalha no telégrafo da Estação da Luz, aí nomeado com pistolão.

O romance descreve o ambiente dos bordéis e redutos da vida boêmia paulistana (cassinos, cabarés, restaurantes), buscando emparelhar as clivagens sociais aos locais de residência dos personagens. Os cômodos modestos do avô se contrapõem ao bangalô das Perdizes, que abriga Alma, o filho e o engenheiro seu protetor; o quarto ascético de João do Carmo destoa dos palacetes de Higienópolis, por cujas avenidas Alma caminha no final do livro. Os personagens secundários, atuantes nas redes de apoio mútuo, contribuem a explicitar as virtualidades da prática social ao alcance dos protagonistas. O gordo Frederico Carlos Lobão, lírico e noveleiro, ou o funcionário de delegacia e versejador Dagoberto Lessa, careca de bigodes ruivos, são letrados canhestros e fracassados, inferiores ao herói suicida João do Carmo. Camila Maia, "uma perdida elegante", apaixonada pelo rapaz do comércio, paramentada às custas de um ricaço, como que prenuncia o que Alma pode aspirar.

3.
Carne e osso da elite política brasileira pós-1930

As análises acerca do significado da Revolução de 1930, do primeiro governo Vargas e do papel desempenhado pelas elites políticas e militares lidam forçosamente com a questão da importância e do peso relativos dos diferentes setores da classe dirigente; tal questão, por sua vez, depende da maneira de interpretar o processo "revolucionário" e a direção das mudanças desencadeadas pela coalizão de forças à testa do poder central. Abordagens de feitio economicista e estudos empenhados em deslindar dimensões propriamente políticas costumam relegar componentes classistas aptos a esclarecer padrões de identidade e aglutinação de setores da classe dirigente cujas demandas derivam da ação conjugada de interesses econômicos, familiares, corporativos e da premência em consolidar a posição de força e os privilégios da elite burocrática, política e militar. Como não se consegue dar conta das condições sociais em que assenta o ajustamento precário entre os setores econômicos tradicionais (voltados ao mercado interno e outros dedicados às atividades agroexportadoras) e os grupos empresariais vinculados à industrialização, entre esses e antigos interesses econômicos ancorados em atividades comerciais de exportação/importação, no sistema financeiro e securitário, tampouco se logra caracterizar os laços entre os diferentes setores da elite econômica e as elites políticas e militares emergentes. Tal impasse deriva de modelos de explicação carentes de lastro empírico que não hesitam em referir organizações partidárias às classes "fundamentais", bem como de análises forjadas pelo viés politicista ao desdenhar as relações entre grupos políticos e forças sociais.

A pesquisa em que este artigo se baseia rastreou as características econômicas e sociais dos grupos dominantes de políticos profissionais, surgidos nas décadas de 1930 e 1940, no intento de qualificar os mandatos que lhes foram concedidos e discernir as clivagens de interesse em meio às quais operavam. O modelo de interpretação pretende dar conta do peso relativo das constrições que presidiram à constituição, ao longo do período em apreço, de setores partidários concorrentes no espaço da classe dirigente.[1] Os condicionantes classistas intervêm na construção do argumento mediados pela origem familiar e social, pela formação escolar, pelo capital de

1 O objeto central são os grupos de organizadores e representantes dos setores da elite política arregimentados pelas siglas PSD (Partido Social Democrático) e UDN (União Democrática Nacional) em 1945. O exame esquemático no tocante à implantação estadual dos partidos não evidencia descaso pelo arranjo amiúde decisivo à continuidade e ao êxito eleitoral em nível nacional. Não tenho a pretensão de estender a eventual validade das considerações feitas aqui a outros setores do campo político-partidário (PTB, PCB, PL etc.). O estudo se estriba em materiais biográficos a respeito dos integrantes das bancadas do PSD e da UDN à Assembleia Constituinte eleita em dezembro de 1945, dos signatários do Manifesto Mineiro, em memórias e biografias acerca de alguns dos políticos profissionais. As fontes estão indicadas nas notas de rodapé. Os quadros anexos ao texto e as conclusões parciais cobrem 67% (n= 118) dos parlamentares pessedistas (a bancada do PSD abrangia 151 deputados e 26 senadores) e 80% (n= 70) dos udenistas (a bancada da UDN incluía 77 deputados e 10 senadores). Os percentuais variam pouco, a depender das variáveis discriminadas, podendo existir evidências mais robustas a respeito daqueles deputados pessedistas com mandato parlamentar precedente do que a propósito de parlamentares com diploma superior. As lacunas palpáveis envolvem as bancadas do PSD e da UDN em Santa Catarina, as bancadas do PSD no Rio Grande do Sul e na Bahia. A escassez de informações acerca de oito deputados pelo PSD em Minas se compensa pela abundância de materiais concernentes ao restante da bancada.

relações sociais, bem como por meio de demandas impostas pelas frações da elite econômica e política aos porta-vozes. As constrições institucionais se expressam por indicadores afetos à trajetória profissional e recobrem sentido à luz dos interesses dos grupos dirigentes. Por fim, as injunções regionais consistem nos vínculos dos políticos com os clãs oligárquicos, cuja influência e poder decisório se inscrevem nos embates por que passou a história local, mormente no tocante à margem de autonomia de que desfrutam perante as instâncias do poder central incumbidas de gerir as relações com os estados.

Os argumentos de costume invocados a dar conta da aglutinação de núcleos oposicionistas (embrião da futura União Democrática Nacional — UDN) e da continuidade do pessoal político ligado às interventoras e à cúpula dos aparelhos do Estado (bases do futuro Partido Social Democrático — PSD) se alicerçam em arrazoados de feitio institucional, ou então, apelam a critérios de diferenciação ideológica ou doutrinária.[2] Outros diagnósticos se contentam em nomear as correntes pró e anti-Vargas;

---

2 A vastidão da literatura sobre partidos no Brasil só permite reproduzir aqui os títulos que lidam mais de perto com a gênese do PSD e da UDN: Maria do Carmo Campello de Souza, *Estado e partidos políticos no Brasil (1930 a 1964)*. São Paulo: Alfa-Ômega, 1976, 2ª parte; Phyllis Peterson, *Brazilian Political Parties: Formation, Organization and Leadership: 1945-1959*. Ann Arbor: Universidade de Michigan, 1962 — tese (Doutorado em Ciência Política); Thomas E. Skidmore, *Brasil: De Getúlio Vargas a Castelo Branco (1930-1964)*. Rio de Janeiro: Saga, 1969; Hélio Silva, *1934: A Constituinte*. Rio de Janeiro: Civilização Brasileira, 1969; Id., *1945: Porque depuseram Vargas*. Rio de Janeiro: Civilização Brasileira, 1976; Edgard Carone, *A Segunda República*. São Paulo: Difel, 1973; Id., *A Terceira República*. São Paulo: Difel, 1976; Id., *O Estado Novo*. São Paulo: Difel, 1977; Gláucio Ary Dillon Soares, *Sociedade e política no Brasil*. São Paulo: Difusão Europeia do Livro, 1973; Lúcia M. Lippi Oliveira, *O Partido Social Democrático*. Rio de Janeiro: Instituto Universitário de Pesquisas do Rio de Janeiro, 1973 — dissertação (Mestrado em Ciência Política); Maria Victoria de Mesquita Benevides, "A União Democrática Nacional, um partido em questão". *Cadernos Cedec*. São Paulo, Brasiliense, 1978, pp. 38-51.

o juízo *ex post* dispensa a exigência árdua de restituir a história do enfrentamento entre setores da classe dirigente que haviam cooperado a liquidar a República Velha. Não se fez muito, por enquanto, com vistas a esclarecer as relações entre interesses econômicos, redes de sociabilidade e organizações partidárias que, por força de compromissos com setores distintos de elite, adotaram estratégias alternativas no tocante às alianças de classe necessárias à consolidação de posições de mando, em especial, no que diz respeito às pautas de representação política dos grupos sociais subalternos. Quis explorar a trilha da explicação "classista", fazendo incidir o foco da análise nas relações entre organizadores políticos e respectivas bases sociais.

Perfil das bancadas pessedista e udenista na Constituinte de 1946

A análise comparada da trajetória social, profissional e política dos integrantes das bancadas do PSD e da UDN na Constituinte de 1946 revela as modalidades de inserção dos parlamentares no espaço da classe dirigente, bem como os núcleos de interesses sobre que se alicerçam os mandatos. A despeito de características partilhadas, no tocante à origem social, à formação escolar e à trajetória ocupacional, as clivagens entre os grupos derivam, de um lado, dos laços que mantêm com setores distintos da elite econômica, da posição relativa na hierarquia das profissões liberais e culturais, de outro, do grau de proximidade em relação aos grupos dirigentes estaduais, perante o poder central ou as "extensões" em que o mesmo se desdobrou no plano estadual. Tais diferenciais foram se cristalizando em consequência das modalidades de delegação política que tomaram vulto em meio às mudanças por que passaram as relações de força entre os grupos dirigentes estaduais e o governo federal a partir de 1930 e, em especial, após a instauração do Estado Novo.

Em 1945, 72% dos parlamentares federais eleitos no Sudeste eram pessedistas ou udenistas, cifra que se eleva a 89% nos estados mais "atrasados": o desempenho eleitoral de ambos os partidos foi bem superior em áreas rurais do que em contexto urbano, e por conseguinte, nos Estados com índices mais baixos de alfabetização e de renda per capita.[3] A despeito da penetração idêntica nas zonas rurais e nas regiões menos "desenvolvidas", as agremiações se distinguiam pelas alianças firmadas com setores distintos da classe dirigente e pelo recorte de penetração junto aos demais segmentos do eleitorado.[4]

No tocante à composição social da bancada, a UDN mantinha equilíbrio entre representantes dos setores agrários e bacharéis ilustres dos principais centros urbanos. O partido oposicionista recrutou a maioria de parlamentares nos círculos de maior prestígio das profissões liberais e intelectuais, junto às elites de grandes proprietários rurais em estados nordestinos e nos remanescentes do pessoal político a serviço de antigos clãs oligárquicos já atuantes na Primeira República. O partido situacionista se valeu das alianças entre o regime de Vargas e a liderança patronal do empresariado industrial, do pessoal político treinado ao abrigo das interventorias e de figurões das corporações burocráticas dependentes do poder central (militares, por exemplo), buscando inteirar os quadros com personalidades de prestígio e experiência em nível local (prefeitos de capitais estaduais e cidades de tamanho médio) e egressos

---

3 Gláucio A. D. Soares, op. cit., p. 217.   **4** "Assim, se a UDN representava parte considerável das oligarquias rurais e das pequenas cidades, também representava amplas seções da classe média urbana de alguns estados" (Ibid., pp. 217-8). Como se sabe, as eleições de 1945 marcam "a incorporação definitiva dos setores médios e baixos das classes médias no processo eleitoral e o advento da participação política da classe trabalhadora", muito embora 90% dos trabalhadores permanecessem excluídos da arena política e sem contar com porta-vozes no Legislativo.

Quadro 1. Perfil comparado de carreira de pessedistas e udenistas (em %)

GERAÇÃO POLÍTICA				
1880-89	1890-99	1900-09	A partir de 1910	sem informação
PSD (n= 118) 16	33	30	11	10
UDN (n= 70) 18	24	41	9	8
TOTAL GERAL (n= 188) 18	30	34	10	8

CARREIRA POLÍTICA E PROFISSIONAL				
CARGOS ELETIVOS EM 1945			CARGOS EXECUTIVOS EM 1945	
	VEREADORES E PREFEITOS	DEPUTADOS ESTADUAIS E FEDERAIS	GOVERNADORES	CARGOS TÉCNICOS E DE GABINETE
PSD (n= 118)	34	47	6	26
UDN (n= 70)	21	56	7	23
TOTAL GERAL (n= 188)	28	49	6	24

Fonte: Repertórios biográficos.

ESTUDOS SUPERIORES					
DIREITO	MEDICINA	ENGENHARIA	ESCOLA MILITAR	OUTROS	sem informação
63	13	7	7	3	7
66	14	10	3	1	6
64	13	8	5	3	7

FUNÇÕES INTELECTUAIS EM 1945					
CHEFES DE POLÍCIA/ SECRETÁRIOS DE SEGURANÇA	SECRETÁRIOS DE ESTADO	INTERVENTORES	JUDICIÁRIO	PROFISSÕES LIBERAIS	MAGISTÉRIO SUPERIOR
14	27	18	23	24	16
10	21	9	21	31	24
12	24	14	22	27	19

dos mesmos setores dirigentes que plasmaram o partido oposicionista. Ambos os partidos contavam com figuras de relevo nas lideranças agrárias em diversos estados, padrão rompido no tocante ao restante da elite econômica. O PSD logrou a colaboração maciça da liderança industrial emergente; a UDN contou com o respaldo de importantes grupos financeiros sediados no Rio de Janeiro, em Minas Gerais e na Bahia. Conforme demonstra o Gráfico 1,[5] os parlamentares pessedistas

5 O Gráfico 1 (p. 193) conjumina quatro escalas de posições hierarquizadas em torno dos eixos que representam os polos cardeais no espaço da classe dirigente. Assim, os parlamentares com posições mais elevadas, e portanto mais próximas do governo federal, são, em ordem decrescente, os parentes de Vargas e de Dutra mais os membros do círculo palaciano, os ex-ministros de Vargas, os ex-ocupantes de posições de cúpula no Executivo federal (ex-vice-presidente da República, ex-ministros de Estado), os interventores militares e os militares de carreira, os interventores civis e os membros dos conselhos administrativos, consultivos etc., os procuradores da República, os representantes patronais em órgãos oficiais, os ocupantes de cargos de confiança (secretários e assessores de gabinetes) e de chefia em âmbito federal, e os funcionários federais graduados. A hierarquia de posições na escala de poder familiar e local abrange, em ordem crescente, os cargos de confiança em gabinetes, no Judiciário estadual e em serviços técnicos diversos, os secretários de Estado, os chefes de polícia, vereadores, prefeitos e dirigentes de associações locais, os membros ou herdeiros de uma estirpe política ou dinastia econômica, os senadores, deputados estaduais e/ou federais antes de 1945, os ex-governadores estaduais, os ex-vice-presidentes e ex-presidentes estaduais antes de 1930. As posições mais próximas do polo do poder econômico são, em ordem decrescente, os dirigentes de entidades patronais, os elementos ligados ao controle acionário e de gestão de instituições financeiras, os industriais, os grandes proprietários rurais como aqueles ligados à agroindústria açucareira, os comerciantes, os empreendedores em outras atividades econômicas (imobiliárias, construção civil, companhias de energia elétrica etc.). Enfim, encontram-se mais próximos do poder cultural os produtores intelectuais profissionais e, em ordem decrescente, os detentores de posições institucionais e, dominantes no campo intelectual interno (professores catedráticos no ensino superior, por exemplo), os dirigentes e responsáveis por empresas de produção de bens culturais (jornais, revistas, estações de rádio etc.), os dirigentes de órgãos culturais e educacionais

Gráfico 1.
Posicionamento dos parlamentares pessedistas (★) e udenistas (☆) no espaço da classe dirigente (ver nota 5)

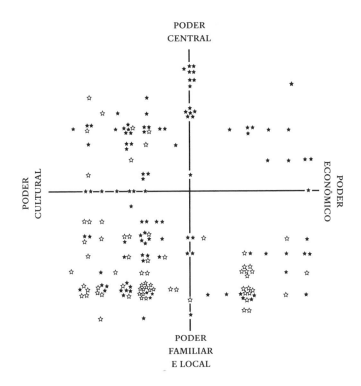

Fonte: Repertórios biográficos.

buscaram monopolizar o trabalho de representação e intermediação dos setores empresariais perante o Estado, arrebanhando as posições de influência junto ao poder central. A parcela majoritária de parlamentares udenistas foi ungida pela delegação de poderes por parte de clãs oligárquicos e familiares, enraizados em âmbito local ou regional, ou pelas vantagens decorrentes de uma situação privilegiada na hierarquia das profissões liberais. Apesar da base idêntica e relativamente homogênea junto à classe de proprietários rurais, o PSD atraiu a maioria de representantes patronais dos setores agrários, eleitos em 1945.

O contraste entre os percentuais de udenistas e pessedistas detentores de mandato parlamentar antes de 1945 (alguns até mesmo antes de 1930) indica a proximidade dos primeiros aos círculos oligárquicos no comando situacionista na República Velha,[6] os mesmos que tentaram revidar ao desmonte

públicos, os escritores, educadores, magistrados, juristas e membros do clero, os profissionais liberais militantes (advogados, médicos e engenheiros), os professores do magistério secundário, normal e técnico, os dirigentes de corporações profissionais, sindicatos, entidades médicas, Ordem dos Advogados, Instituto de Advogados, Clube de Engenharia etc.
6 Diversos parlamentares udenistas ostentavam um legado político, na acepção de patrimônio de realizações materiais e de autoridade, acumulado por sucessivas gerações do clã familiar: Juracy M. Magalhães (Fortaleza, 1905-Salvador, 2001 — UDN-BA), casado com a neta do velho Antônio Pinto Nogueira Accioly, chefe político cearense; Luís Viana Filho (Paris, 1908- -São Paulo, 1990 — UDN-BA), filho do ex-senador e governador da Bahia Luís Viana (1896-1900); Lycurgo Leite Filho (Muzambinho, MG, 1914-Rio de Janeiro, 1993 — UDN-MG) e Aureliano Leite (Ouro Fino, MG, 1886-São Paulo, 1976 — UDN-SP), respectivamente, filho e irmão de Lycurgo Leite, militante na campanha da Aliança Liberal e junto às forças legalistas em 1932, advogado, magistrado e proprietário rural, descendentes do coronel Aureliano Baptista Pinto de Almeida, abastado fazendeiro em Pouso Alegre, bisavô materno de Lycurgo Leite Filho, e do major, tabelião e dono de jornais João Monteiro de Meirelles Leite, pai de Aureliano e Lycurgo, o último tendo iniciado a carreira política como preposto do senador Júlio Tavares em Muzambinho, região de Guaxupé, onde tocava o escritório de advocacia do referido senador.

das prerrogativas federalistas e recuperar terreno pela vitória nas eleições para as Constituintes federal e estaduais em meados da década de 1930.[7] Alguns poucos, dentre os antigos parlamentares, dispunham de lugar cativo na representação estadual ou federal no regime anterior,[8] outros, em proporção maior, haviam conquistado a cadeira nos anos 1930.[9] Na

7 A escolha dos futuros membros da Assembleia Nacional Constituinte teve lugar nas eleições de 3 de maio de 1933. As eleições para a composição das Assembleias Constituintes estaduais se realizaram em outubro de 1934.
8 Manoel do Nascimento Fernandes Távora (Jaguaribe, CE, 1877-Fortaleza, 1973 — UDN-CE), deputado estadual nas legislaturas de 1913 e 1917, deputado à Constituinte nacional em 1933; José de Borba Vasconcelos (João Pessoa, 1885-Fortaleza, 1963 — UDN-CE), deputado estadual nas legislaturas de 1914, 1917 e 1925, deputado federal à Assembleia Nacional Constituinte em 1933; José Augusto Bezerra de Medeiros (Caicó, RN, 1884-Rio de Janeiro, 1971 — UDN-RN), deputado estadual em 1913-15, deputado federal pelo Rio Grande do Norte em 1915-23, primeiro secretário da Câmara em 1921-22, governador do Rio Grande do Norte no quadriênio 1924-28, senador em 1928-30, deputado federal entre 1935-37; Octavio Mangabeira (Salvador, 1886-Rio de Janeiro, 1960 — UDN-BA), deputado federal entre 1912-26 e ministro do Exterior entre 1926-30; João Vilasboas (Cáceres, MT, 1891-Rio de Janeiro, 1985 — UDN-MT), deputado estadual em 1918-20, deputado federal em 1924 e 1930, deputado à Constituinte de 1934 por Mato Grosso. Ver Wanor R. Godinho e Oswaldo S. Andrade, *Constituintes brasileiros de 1934*. Rio de Janeiro: Santo Antônio, 1934, pp. 43, 47, 228; e Amador Cisneiros, *Parlamentares brasileiros*. Rio de Janeiro: Batista de Sousa, 1953.
9 Afora os integrantes da ala de bacharéis udenistas nas bancadas da Bahia e de Minas Gerais que lograram o primeiro mandato parlamentar nas eleições para as Assembleias Constituintes nacional e estaduais em meados dos anos 1930, como Aloysio de Castro (Salvador, 1901-Salvador-1983 — UDN-BA), Aloysio de Carvalho Filho (Salvador, 1901-Salvador, 1970 — UDN-BA), João Mendes da Costa Filho (Feira de Santana, BA, 1903-Rio de Janeiro, 1971 — UDN--BA), Manoel Cavalcanti Novaes (Floresta, PE, 1908-Brasília, 1992 — UDN-BA), Clemente Mariani Bittencourt (Salvador, 1900-Salvador, 1981 — UDN-BA), Gabriel de Resende Passos (Itapecerica, MG, 1901-Rio de Janeiro, 1962 — UDN-MG), Milton Soares Campos (Ponte Nova, MG, 1900-Belo Horizonte, 1972 — UDN-MG); outros se enquadram no grupo de políticos cassados pelo Estado Novo, porta-vozes eloquentes de setores oligárquicos, entre os quais Leão Sampaio (Barbalha, CE, 1897-Barbalha, 1988 — UDN-CE), J. Ferreira

segunda leva, enquadram-se figuras da nova geração de porta-vozes dos grupos de interesse na agroindústria açucareira e jovens bacharéis radicados em grupos financeiros privados que aderiram ao partido oposicionista em protesto ao cerceamento de suas pretensões de carreira pública, ao tranco centralizador das demandas econômicas dos grupos privados, enfim à institucionalização restritiva a que o Estado Novo sujeitou as entidades corporativas cujas bandeiras "liberais" os bacharéis esposavam. A bancada udenista em 1946 reaglutinou os grupos estaduais bem-sucedidos nas eleições dos anos 1930, de repente instados a abrir mão do cacife amealhado pelo novo regime em 1937. O partido oposicionista buscou, na medida do possível, arrebanhar os redutos eleitorais dos "mandachuvas", das antigas elites agrárias, de líderes regionais de nomeada e dando alento às pretensões de carreira de segmento de peso da geração de bacharéis excluídos das posições criadas pelos recentes "donos do poder". Com efeito, os escores proporcionalmente mais elevados logrados pelos deputados pessedistas espelham o desempenho de cargos executivos na máquina das interventorias: delegados, chefes de polícia ou da guarda-civil e congêneres; secretários de Segurança e do Interior; interventores.

Apesar de a bancada pessedista incluir um contingente expressivo de antigos vereadores, presidentes de câmaras municipais e, sobretudo, prefeitos, esse trunfo nem sempre se traduz em proximidade com os detentores do poder local, em sintonia com elites agrárias conservadoras. Se um terço dos deputados pessedistas havia exercido o mandato de prefeito em capitais

de Sousa (Santa Cruz, RN, 1899-Rio de Janeiro, 1975— UDN-RN), Leandro Maynard Maciel (Rosário do Catete, SE, 1897-Aracaju, 1984 — UDN-SE), José Monteiro Soares Filho (Vassouras, RJ, 1894-Rio de Janeiro, 1952 — UDN-RJ), Ernani Ayres Satyro e Sousa (Patos, PB, 1911-Brasília, 1986 — UDN-PB), João Cleophas de Oliveira (Vitória de Santo Antão, PE, 1898-Rio de Janeiro, 1987 — UDN-PE).

estaduais (Manaus, São Luís, Teresina, Natal, Recife, Belo Horizonte, Vitória, Cuiabá e Goiânia) e outro tanto em cidades de porte médio nas condições da época, já dotadas de avultado colégio eleitoral (Olinda, Teófilo Otoni, Barbacena, Cachoeiro de Itapemirim, Barra do Piraí, Nova Iguaçu e Santos) — ver Quadro 2 (p. 202) —, o apelo à parcela relevante do eleitorado urbano por parte dos "de dentro", na terminologia de Skidmore, se inscrevia em estratégia de alcance em relação aos trabalhadores urbanos. Convinha se resguardar do avanço oposicionista em áreas urbanas fora do eixo Rio-São Paulo, no qual o recém-fundado Partido Trabalhista encontraria decerto maior resistência para cobrar dos trabalhadores o troco eleitoral pelos direitos sociais outorgados. Com vistas a impedir parcela apreciável do eleitorado urbano a fazer o jogo dos "de fora" (a saber, a UDN e o PCB), a única saída era ofertar alternativa partidária capaz de aliar a mediação exercida por líderes de estatura local aos atrativos de opção menos radical àquelas do Partido Trabalhista e do PCB, que, não obstante, acabou vitorioso em capitais do Nordeste.[10]

Dentre os indicadores concernentes à trajetória político-institucional dos parlamentares de 1946, a vantagem dos udenistas[11] deriva do esquadrão superior de ex-deputados

10 "O PCB caracterizou-se, portanto, por ser um partido com penetração eleitoral nas áreas urbanas, industrializadas, desenvolvidas; sua penetração foi mais fácil nos estados com baixo nível de desenvolvimento social [...], uma área urbano-industrial oferecia menor probabilidade de penetração comunista do que outra área semelhante na qual o desemprego fosse maior e o nível de vida das classes populares fosse mais baixo [...], o Recife e outras capitais do Nordeste, como Maceió e Aracaju, ofereciam um solo ainda mais propício ao radicalismo político de esquerda do que as capitais do Sudeste e Sul, como São Paulo, Curitiba e Porto Alegre" (Gláucio A. D. Soares, op. cit., pp. 224-5).

11 É preciso lembrar que a UDN também contou com o respaldo de importantes órgãos de imprensa: a cadeia dos Diários Associados (Assis Chateaubriand), *O Globo* (Herbert Moses), *Correio da Manhã* (Paulo Bittencourt) e *O Estado de S. Paulo* (família Mesquita). Ver T. Skidmore, op. cit., p. 86.

estaduais, federais, senadores, bem como do contingente expressivo de profissionais liberais na ativa[12] e de professores catedráticos no ensino superior.[13] Tais escores dão a entender que os quadros políticos udenistas provinham majoritariamente de frações da classe dirigente especializadas no desempenho de funções de assessoria técnica, jurídica e intelectual. O PSD valeu-se dos dividendos eleitorais carreados por políticos locais com prestígio amparado em obras sociais, assistenciais, e no exercício de encargos ligados ao aparato de segurança; a UDN investiu a fundo na incorporação de profissionais liberais, professores, magistrados e intelectuais de renome, com trânsito nesses redutos de atividade, com posições de mando em entidades culturais e corporativas, em condições de atrair o voto de setores sociais beneficiados pela

12 O diploma de bacharel não justifica a inclusão do parlamentar entre os profissionais liberais. Para tanto, é preciso haver indicações explícitas de que os diplomados de fato investiram na carreira liberal, exercendo os encargos típicos na seara profissional — trabalho em banca ou escritório de advocacia, em clínica particular, assessoria jurídica de empresas e grupos econômicos, prática forense, militância em escalões dirigentes de entidades corporativas (Institutos de Advogados, Ordem dos Advogados, Clube de Engenharia etc.).

13 Entre outros, Epílogo Gonçalves Campos (Rio Branco, 1915-Belém, 1992 — UDN-PA; medicina/Pará); Antenor Américo Mourão Bogea (Grajaú, MA, 1909-Brasília, 1997 — UDN-MA; direito penal/São Luís); Gilberto de Mello Freyre (Recife, 1900-Recife, 1987 — UDN-PE; sociologia/Faculdade Nacional de Filosofia/Universidade do Brasil; direito/Recife); Aloysio de Carvalho Filho (direito penal/Bahia); João Mendes da Costa Filho (direito penal/Bahia); Aliomar de Andrade Baleeiro (Salvador, 1905-Rio de Janeiro, 1978 — UDN-BA; finanças/Faculdade de Direito/Bahia); Luís Viana Filho (direito internacional privado/Faculdade de Direito/Bahia; história do Brasil/Faculdade de Filosofia/Bahia); Clemente Mariani Bittencourt (direito comercial/Bahia), Hamilton de Lacerda Nogueira (Campos, RJ, 1897-Rio de Janeiro, 1981 — UDN-DF; biologia geral/Faculdade Nacional de Filosofia/Universidade do Brasil; higiene/Faculdade Nacional de Medicina); Mário Masagão (São Carlos, 1899, São Carlos, SP-1979 — UDN-SP; direito administrativo/Faculdade de Direito/São Paulo); Erasto Gaertner (Curitiba, 1900-Curitiba, 1953 — UDN-PR; medicina/Paraná).

expansão recente do ensino superior, das instituições culturais e do sem-número de aparelhos públicos e privados nas áreas da educação e cultura, processo na raiz da ampliação de postos no mercado de trabalho cativo dos detentores de diploma superior. O apelo eleitoral pessedista se lastreava na oferta de serviços em áreas socialmente sensíveis; o perfil programático udenista encampou as demandas de setores urbanos e escolarizados empenhados em esgarçar ao máximo as oportunidades de mobilidade social e profissional.

Em Pernambuco, Alagoas, Sergipe, Paraíba, Minas Gerais, Santa Catarina, Rio Grande do Sul, Mato Grosso e Goiás, a bancada pessedista arregimentou políticos que haviam prestado serviços às interventorias, em cuja máquina a maioria ocupou postos de relevo — interventores, secretários de Estado, prefeitos; alguns deles pertenciam, em graus e a títulos diversos, a clãs oligárquicos estaduais. Alguns ex-interventores com postos na cúpula dirigente do PSD juntavam às raízes locais os laços de parentesco nos círculos palacianos do regime. O general de brigada Ismar de Góis Monteiro (Maceió, 1906-Rio de Janeiro, 1990 — PSD-AL) era irmão do major Cícero Augusto de Góis Monteiro, morto em combate às forças paulistas em 1932; de Manuel Cesar de Góis Monteiro (São Luís do Quitunde, AL, 1891-Rio de Janeiro, 1963), médico do Exército encarregado de missões no exterior, colaborador das tropas legalistas em 1932, deputado federal na Constituinte de 1934 e líder da bancada alagoana; do general Pedro Aurélio de Góis Monteiro, ministro da Guerra do governo Vargas (1934-35), membro do Clube 3 de Outubro e figura ímpar da hierarquia militar. Benedito Valadares Ribeiro (Pará de Minas, MG, 1892-Rio de Janeiro, 1973 — PSD-MG), sobrinho-neto do conselheiro Martinho Campos, constituinte em 1934, era concunhado do capitão Ernesto Dornelles (São Borja, RS, 1897-Rio de Janeiro, 1964 — PSD-RS), chefe de polícia em Minas, interventor federal no Rio Grande do Sul e primo de Getúlio Vargas. Ernani do Amaral Peixoto (Rio de Janeiro, 1905-Rio de Janeiro, 1989 — PSD-RJ) — capitão-tenente da Marinha e ajudante de ordens de Vargas desde 1933, alçado à interventoria fluminense em 1937 — era filho de Augusto do Amaral Peixoto, interventor federal no Distrito Federal em 1934, irmão de Augusto do Amaral Peixoto Jr. (Rio de Janeiro, 1901-Rio de Janeiro, 1984), oficial e mais tarde vice-almirante da Marinha, líder do motim do encouraçado *São Paulo* em 1924, revolucionário em 1930 e combatente legalista em 1932, oficial de gabinete dos ministros-almirantes Conrado Heck e Protógenes Guimarães, deputado à Assembleia Constituinte de 1933 pela legenda do Partido Autonomista, articulador e líder do Clube 3 de Outubro, genro do Presidente Vargas. Agamenon Sérgio de Godoy Magalhães (Vila Bela/hoje Serra Talhada, PE, 1893-Recife, 1952 — PSD-PE), ministro do Trabalho (1934-37) e interino da Justiça (1937), interventor federal em Pernambuco, era cunhado do cônego Olímpio de Melo, ex-presidente do Conselho Municipal e interventor no Distrito Federal (1936-37).[14]

Não obstante, por mais eficientes no desempenho de tarefas públicas e a despeito dos interesses do governo federal em assegurar a sobrevivência política da leva de gestores em ascenso, lograram o êxito eleitoral pelo respaldo, desde o início da trajetória política e profissional, de setores de elite com força de barganha no equilíbrio das facções estaduais. Em Sergipe, no Espírito Santo, em Minas Gerais, as bancadas

---

14 Ver Wanor R. Godinho e Oswaldo S. Andrade, op. cit., pp. 67, 81, 122; Benedito Valadares, *Tempos idos e vividos: Memórias*. Rio de Janeiro: Civilização Brasileira, 1966; Robert J. Alexander, "Os tenentes depois da Revolução de 30". In: Eurico de Lima Figueiredo (Org.). *Os militares e a Revolução de 30*. Rio de Janeiro: Paz e Terra, 1979, pp. 163-88; Alzira Vargas do Amaral Peixoto, *Getúlio Vargas, meu pai*. Porto Alegre: Globo, 1960; Andrade Lima Filho, *China Gordo: Agamenon Magalhães e sua época*. Recife: Editora Universitária, 1976.

pessedistas atraíram herdeiros à testa de renomados clãs oligárquicos, com carreira política consolidada desde a década de 1920: Maurício Graccho Cardoso, filho de tradicional família de Estância, casado com uma Accioly, deputado federal desde 1921, senador e presidente do estado no ano seguinte;[15] Israel Pinheiro (Caeté, MG, 1896-Belo Horizonte, 1973 — PSD-MG), cuja família controlava o município mineiro de Caeté pelo monopólio de emprego na cidade, a Cerâmica João Pinheiro, fora membro e presidente do Conselho Consultivo do Estado, secretário de Viação e de Agricultura na interventoria Valadares;[16] José Francisco Bias Fortes (Barbacena, MG, 1891-Rio de Janeiro, 1971 — PSD-MG), cuja família se revezava com os Andradas no mando em Barbacena à custa da concessão de empregos públicos e de cargos políticos de prestígio em nível estadual e no plano federal, fora deputado estadual de 1915 a 1925, secretário de Segurança Pública em 1926, deputado à Constituinte Federal de 1934 e prefeito de Barbacena em 1937;[17] Christiano Monteiro Machado (Sabará, MG, 1894-Roma, 1953 — PSD-MG), filho do coronel e negociante Virgílio Machado, descendente de famílias ilustres, deputado estadual (1924) e federal (1930, 1934), prefeito de Belo Horizonte (1927), secretário do Interior e Justiça no governo Olegário Maciel;[18] Levindo Eduardo Coelho (Catas Altas, distrito de Queluz de Minas, atual Conselheiro Lafaiete, MG, 1871-Ubá, MG, 1961 — PSD-MG), de família tradicional de Ubá, deputado estadual

---

15 Ver José Ibarê Costa Dantas, *O tenentismo em Sergipe: Da Revolta de 1924 à Revolução de 1930*. Petrópolis: Vozes, 1974, pp. 27 ss.   **16** Ver Gláucio A. D. Soares, op. cit., pp. 108-12.   **17** Ver José Murilo de Carvalho, "Barbacena: a família, a política e uma hipótese". *Revista Brasileira de Estudos Políticos*, n. 20, jan. 1966, pp. 153-94.   **18** A respeito da família Machado, ver Renard Perez, *Escritores brasileiros contemporâneos*. Rio de Janeiro: Civilização Brasileira, 1960, pp. 19-26; e Wanor R. Godinho e Oswaldo S. Andrade, op. cit., p. 178.

Quadro 2. Parlamentares do PSD e da UDN que foram prefeitos

PREFEITOS DO PSD	CIDADE
Francisco Pereira da Silva	Tarauacá (AC)
Hugo Ribeiro Carneiro	*Manaus* (AM)
Nelson da Silva Parijós	Cametá (PA)
Clodomir Cardoso	*São Luís* (MA)
Sigefredo Pacheco	Campo Maior (PI)
Raimundo de Arêa Leão	*Teresina* (PI)
José Augusto Varela	*Natal* (RN)
José Janduhy Carneiro	Pombal (PB)
Paulo Pessoa Guerra	Orobó (PE) e Bezerros (PE)
Antonio de Novaes Filho	*Recife* (PE)
Oscar Napoleão Carneiro	Olinda (PE)
José Maria de Melo	Assembleia (AL), atual Viçosa
Benedito Valadares Ribeiro	Pará de Minas (MG)
Juscelino Kubitschek de Oliveira	*Belo Horizonte* (MG)
Alfredo Sá	Teófilo Otoni (MG)
José Francisco Bias Fortes	Barbacena (MG)
Asdrúbal Soares	*Vitória* (ES)
Henrique de Novaes	*Vitória* (ES)
Álvaro Castelo	?
Ary de Siqueira Vianna	Cachoeiro do Itapemirim (ES)
Paulo da Silva Fernandes	Barra do Piraí (RJ)
Getúlio Barbosa de Moura	Nova Iguaçu (RJ)
Antonio Ezequiel Feliciano da Silva	Santos (SP)
José Diogo Brochado da Rocha	São Pedro (RS), atual Flores da Cunha, e Viamão (RS)
João Ponce de Arruda	*Cuiabá* (MT)
Albatênio Caiado Godói	*Goiânia* (GO)
Guilherme Xavier de Almeida	Morrinhos (GO)
João d'Abreu	Arraias (GO, hoje TO)
Christiano Monteiro Machado	*Belo Horizonte* (MG)

PREFEITOS DA UDN	CIDADE
Gentil Barreira	*Fortaleza* (CE)
Plínio Pompeu de Saboya Magalhães	*Fortaleza* (CE)
Fernando Carneiro da Cunha Nóbrega	*João Pessoa* (PB)
Ernani Ayres Satyro e Sousa	*João Pessoa* (PB)
Vergniaud Wanderley	?
Alde Feijó Sampaio	Catende (PE)
João Cleophas de Oliveira	Vitória de Santo Antão (PE)
Mário Gomes de Barros	União dos Palmares (AL)
José Bonifácio Lafayette de Andrada	Barbacena (MG)
Luiz de Toledo Piza Sobrinho	Pirajuí (SP)
José Antônio Flores da Cunha	Uruguaiana (RS)
Vespasiano Barbosa Martins	Campo Grande (MT, hoje MS)
Jales Machado de Siqueira	Buriti Alegre (GO)

Fonte: Repertórios biográficos.

de 1915 a 1929, secretário da Educação em 1930 e deputado à Constituinte federal de 1934;[19] Carlos Fernando Monteiro Lindenberg (Cachoeiro do Itapemirim, ES, 1899-Vitória, 1991 — PSD-ES), sobrinho dos ex-presidentes e senadores capixabas Jerônimo e Bernardino Monteiro (quadriênios de 1908-12 e 1916-20, respectivamente) e de dom Fernando de Souza Monteiro, bispo de Vitória, vice-presidente da Associação Comercial (1932) e deputado à Constituinte de 1934;[20] Nereu de Oliveira Ramos (Lages, SC, 1888-Curitiba, 1958 — PSD-SC), deputado estadual (1911) e federal (1930 e 1934), governador (1935-37) e interventor federal (1937-45), era filho do coronel e ex-governador de Santa Catarina Vidal José de Oliveira Ramos. Mesmo tendo arriscado o futuro político ao apostar na continuidade da coalizão de forças vitoriosa em 1930, a legitimidade do mando por eles exercido se deveu ao contributo à sustentação do regime e ao enraizamento na elite dirigente estadual. As condições sobremaneira favoráveis à sedimentação do pessedismo em alguns estados derivaram em parte da aliança com os clãs familiares.

No Amazonas, Pará e Maranhão, a bancada pessedista comportava prepostos do poder central que haviam assumido gama variada de encargos, inclusive os interventores bem-sucedidos no afã de conciliar as facções dirigentes locais, os ajudantes de ordens militares ou civis incumbidos de missões políticas espinhosas, e quadros da magistratura federal cuja situação vantajosa na disputa eleitoral conjugava o prestígio da cúpula judiciária ao reclamo de legitimidade como naturais dos estados onde se elegeram.

Em certos estados nordestinos, a divisão das forças oligárquicas cristalizou dissensões pregressas entre as facções em

---

19 Wanor R. Godinho e Oswaldo S. Andrade, op. cit., p. 157. **20** Ibid., p. 116. Ver também José Teixeira de Oliveira, *História do estado do Espírito Santo*. 2. ed. Vitória: Fundação Cultural do Espírito Santo, 1975, pp. 419-23.

concorrência pelo controle da situação estadual. Não obstante, o alinhamento em favor do PSD ou da UDN reproduziu, no atacado, as clivagens operadas ao longo do regime Vargas. A despeito das ligações de integrantes das bancadas de ambos os partidos com as elites agrárias locais, o pessedismo se articulou em torno de figuras que haviam colaborado de perto com o governo central e que se aproveitaram do controle de recursos e de posições administrativas com vistas a ampliar a base eleitoral. O partido oposicionista, por sua vez, se empenhou no recrutamento de quadros pertencentes às grandes famílias de empreendedores locais. Em Sergipe, na Paraíba, em Pernambuco, em Alagoas, a maioria dos parlamentares udenistas provinha de clãs familiares a cumular a direção e a propriedade das principais atividades econômicas.

A bancada udenista em Sergipe congregava membros do reduzido círculo de famílias proprietárias da dezena de usinas no estado: Walter Prado Franco (Laranjeiras, SE, 1898-Aracaju, 1957), também industrial têxtil e proprietário do jornal *Correio de Aracaju*; Heribaldo Dantas Vieira (Capela, SE, 1903-1970), sobrinho do ex-governador e usineiro Manuel Dantas; o engenheiro civil Leandro Maynard Maciel (Rosário do Catete, SE, 1897-Aracaju, 1984), primo-irmão do interventor Maynard Gomes, ex-diretor do Departamento de Obras nos governos Cyro Azevedo (1926) e Manuel Dantas (1927), deputado à Constituinte de 1934.[21]

---

21 "Das 54 usinas registradas no estado em dezembro de 1916, cinco delas se destacavam das demais pela capacidade de produção. Dessas cinco, duas pertenciam aos Prado Franco, duas aos Rolemberg Prado e a última aos Faro Rolemberg [...]. Observando a relação dos proprietários das 54 usinas referidas, contam-se 9 com sobrenome Prado, 7 Rolemberg, 5 Dantas, 4 Faro, 4 Maciel, 4 Vieira, 4 Menezes, entre outros. Embora algumas vezes esses aparecessem em duas e até três famílias que não mantinham acentuados vínculos entre si, é oportuno fazer notar que alguns desses sobrenomes por vezes se encontravam juntos numa mesma família como os Prado Franco, Faro Rolemberg, Vieira de Mello [...]. Além disso, era

No caso paraibano, o alinhamento partidário em 1945 derivou do arrastão motivado pelas desavenças entre facções políticas em âmbito estadual, antes e depois de 1930, e do empenho de setores de peso da oligarquia em resistir aos avanços do poder central. A bancada udenista congregou as lideranças rurais mobilizadas pelo "partido" do ex-interventor e governador Argemiro de Figueiredo (Campina Grande, PB, 1901-Campina Grande, 1982), ele próprio chefe político na cidade natal antes de 1930 e membro do comitê regional de apoio ao programa aliancista; pelo menos seis entre os nove parlamentares eleitos em 1945 pela legenda oposicionista eram herdeiros de ricos proprietários rurais que haviam aderido à Aliança Liberal.[22] O PSD, por sua vez, buscou amparo junto aos grupos ligados ao interventor Rui Carneiro com bases no eleitorado da capital e entre os pequenos proprietários da zona açucareira.[23]

comum a endogamia familiar que os tornava mais fortes política, econômica e socialmente" (José Ibarê Costa Dantas, op. cit., pp. 45-6). Ver também o artigo de Bonifácio Fortes: "Contribuição à história política de Sergipe". *Revista Brasileira de Estudos Políticos*, n. 8, abr. 1960, pp. 86-133.
22 Deputados herdeiros de usineiros perrepistas e aliados de João Pessoa na campanha da Aliança Liberal: João Agripino Filho (João Agripino; Brejo da Cruz), Ernani Ayres Satyro e Sousa (coronel Miguel Satyro; Patos), Osmar de Araújo Aquino (Modesto de Aquino; Guarabira), Plínio Lemos (coronel Murilo Lemos; Areia), João Úrsulo Ribeiro Coutinho Filho (Úrsulo Ribeiro Coutinho; Santa Rita), Fernando Carneiro da Cunha Nóbrega (coronel Claudino Nóbrega; Soledade/ Cleodon Nóbrega; Santa Luzia), este último também banqueiro e dono de uma fábrica de torrefação de milho.
23 Os três deputados na bancada paraibana do PSD estavam entrosados com a máquina administrativa estadual: Samuel Vital Duarte (Alagoa Nova, PB, 1904-Rio de Janeiro, 1979), bacharel que assumiu em 1931 a direção da Imprensa Oficial e do jornal governista *A União*; José Janduhy Carneiro (Pombal, PB, 1903-1975), médico e chefe político na cidade natal alinhado com a facção de João Pessoa, irmão do diretor do *Correio da Manhã* no estado e futuro senador Rui Carneiro; José Joffily Bezerra de Mello (Campina Grande, PB, 1914-Londrina, PR, 1994), sobrinho de Irineu Joffily, deputado estadual (1928), chefe de polícia do governo João Pessoa e participante

Em Alagoas e Pernambuco, o udenismo também se converteu em legenda de setores agrários, ao eleger plantadores de cana *doublés* de dirigentes de organizações patronais.[24] No Ceará e Rio Grande do Norte, as bancadas udenistas reuniam políticos ilustres da República Velha — Fernandes Távora, José de Borba Vasconcelos, José Augusto Bezerra de Medeiros — a jornalistas e magistrados locais vinculados à Igreja.

Na Paraíba, em Pernambuco e na Bahia, o partido oposicionista se escorou no potencial de mobilização dos interventores que haviam rompido o contrato de serviço perante o governo central, com perfil semelhante às lideranças pessedistas emergentes em Minas Gerais e em Pernambuco. Sentindo-se bastante amparados pelas alianças com grupos dirigentes locais ou pela mediação bem-sucedida no armistício entre facções em litígio no estado — nascidos nos estados e casados com mulheres de famílias oligárquicas, razões subentendidas ao êxito da empreitada —, esses interventores passaram à ofensiva em prol

---

na campanha da Aliança Liberal. Ver Ademar Vidal, *João Pessoa e a Revolução de 30*. Rio de Janeiro: Graal, 1978 (1. ed.: 1933); José Joffily, *Revolta e revolução: Cinquenta anos depois*. Rio de Janeiro: Paz e Terra, 1979; José Octavio, *João Pessoa perante a história: Textos básicos e estudos críticos*. João Pessoa: Secretaria da Educação e Cultura, 1978. **24** Eis a bancada udenista em Alagoas: Mário Gomes de Barros (Colônia Leopoldina, AL, 1902-Recife, 1976), senhor de engenho e líder patronal; Rui Soares Palmeira (São Miguel dos Campos, AL, 1910-Rio de Janeiro, 1968), grande proprietário rural e diretor da Cooperativa Central dos Banguezeiros e Fornecedores de Cana; e Antônio de Freitas Cavalcanti (Penedo, AL, 1908-Maceió, 2002), plantador de cana. Em Pernambuco, os quatro deputados eleitos pela UDN possuíam, em graus e a títulos diversos, ligações estreitas com a agroindústria açucareira: Carlos de Lima Cavalcanti (Amaraji, PE, 1892-Rio de Janeiro, 1967), Gilberto de Mello Freyre (Recife, 1900-Recife, 1987), Alde Feijó Sampaio (Catende, PE, 1894--Rio de Janeiro, 1987), usineiro militante em organizações patronais do estado (Sindicato dos Usineiros, Associação Comercial etc.), e o usineiro João Cleophas de Oliveira.

da restauração da autonomia estadual, postura que lhes valeu a confiança dos núcleos de oposição.

No Distrito Federal, no estado do Rio de Janeiro, e em especial na Bahia e em Minas Gerais, a principal ala de parlamentares udenistas congregava bacharéis ilustres, herdeiros de antigas linhagens atuantes nas profissões e carreiras de prestígio. Preteridos pelos próceres do Estado Novo, pelo bloqueio de acesso às posições de cúpula para as quais se sentiam habilitados de fato e de direito, confinaram momentaneamente a atividade à assessoria jurídica de grupos privados e à docência como catedráticos nas faculdades de direito e em outras instituições de ensino superior.

Em São Paulo, a composição de ambas as chapas difere dos padrões já referidos. As clivagens de baliza ao realinhamento das forças políticas no estado remontam às fraturas internas ao situacionismo oligárquico, reforçadas nas décadas de 1930 e 1940, pela aliança firmada entre maiorais do empresariado industrial e o regime Vargas. Na bancada udenista, a presença de ao menos três figuras pertencentes à cúpula do estado-maior da facção Mesquita se explica pelas bandeiras liberais e tomadas de posição a favor da autonomia estadual, assumidas pela fração de empresários culturais, e adiante pela intervenção federal no jornal *O Estado de S. Paulo*, tornando irreversível a adesão do clã Mesquita às hostes oposicionistas. A bancada pessedista incluía quadros próximos aos círculos palacianos, representantes do empresariado industrial, em companhia da panela de catedráticos da Faculdade de Direito da Universidade de São Paulo, pinçados na elite da inteligência impulsionada pelas iniciativas do grupo Mesquita.[25] São Paulo foi, deveras, o único estado da

---

25 Luiz Gonzaga Novelli Jr. (Itu, SP, 1906-Rio de Janeiro, 2000 — PSD-SP), genro torto do general Eurico Gaspar Dutra, eleito presidente da República em 1945; José Armando Affonseca (Santos, SP, 1908-? — PSD-SP), advogado com sucessivos cargos de confiança no governo estadual na década de 1930,

federação onde o PSD se valeu do apoio de quadros na mesma fração da classe dirigente em que foram recrutadas as figuras de proa na "ala dos bacharéis" udenistas.

Os políticos pessedistas: apadrinhamento, cooptação e Estado

Em vista os vínculos com os grupos dirigentes locais e com o governo central, dos interesses econômicos e/ou políticos que vocalizam, e do perfil institucional de carreira, poder-se-ia discernir a tipologia de agentes políticos entre os integrantes da bancada pessedista à Constituinte de 1946: os próceres de extração local, os prepostos do poder central e os representantes patronais.

As lideranças emergentes nos estados nas décadas de 1930 e 1940 ficaram sob a guarda de quadros chegados aos círculos dominantes em âmbito local, por relações de parentesco ou pelo casamento, pelos arrimos de toda espécie de que se beneficiaram. A solidez dos liames se soldava pela herança dos mandatos de representação na esfera municipal — vereanças,

sobrinho do embaixador José Carlos de Macedo Soares, ministro das Relações Exteriores (1934-37). Eis a ala dos representantes patronais: o empresário rural e industrial João Gomes Martins Filho (São Paulo, 1908 — PSD-SP), vice-presidente da Federação das Associações Rurais do estado de São Paulo; o industrial e banqueiro José João Abdalla (Aparecida do Norte, SP, 1903-São Paulo, 1988 — PSD-SP), da Companhia Brasileira de Cimento Portland e do Banco Central de São Paulo; o capitalista e industrial Joaquim A. Sampaio Vidal (São Carlos, SP, 1897-A bordo do navio que o levava aos Estados Unidos, 1952 — PSD-SP); o industrial Horácio Lafer (São Paulo, 1900-Paris, 1965 — PSD-SP), representante patronal à Assembleia Constituinte de 1933, membro de conselhos econômicos do regime Vargas e representante brasileiro no exterior. Honório Fernandes Monteiro (Araraquara, SP, 1894-1968 — PSD-SP), Goffredo da Silva Telles Jr. (São Paulo, 1915-São Paulo, 2009 — PSD-SP) e José Carlos Ataliba Nogueira (Campinas, SP, 1901-São Paulo, 1983 — PSD-SP) eram catedráticos de direito comercial, de teoria geral do direito e de direito público e constitucional, respectivamente.

presidência de câmaras, chefias de comitês partidários, prefeituras — e pelas oportunidades de emprego e promoção facultadas pelas redes de sociabilidade. Os próceres locais eram em maioria oriundos de antigas famílias do estado, ou a elas se haviam associado pelo casamento, em regra jovens bacharéis em direito ou medicina ao tempo que deslancham a carreira pública, propensos a ostentar insígnias de honorabilidade a que fazem jus os membros natos de clãs eminentes.

Inúmeros homens públicos começaram exercendo cargos subalternos no sistema judiciário ou em instituições de saúde, aí promovidos a postos de maior responsabilidade (curadores, procuradores, diretores de hospitais, de corporações locais etc.),[26] até a oportunidade de acesso ao desempenho de funções propriamente políticas. Eram, em seguida, designados a cargos executivos nos aparelhos de segurança, no começo como funcionários ou delegados de polícia, daí promovidos a chefes de polícia ou da guarda-civil, eventualmente do corpo de bombeiros, etapa da carreira coroada pelo posto-chave de

26 José Augusto Varela (Ceará Mirim, RN, 1896-Natal, 1976 — PSD-RN), formado em medicina na Bahia (1921), iniciou a carreira como diretor do Hospício de Alienados em Natal, passando a inspetor sanitário de portos em Macau (RN), a membro do Conselho Penitenciário, tendo sido eleito deputado estadual nas eleições de 1935 e designado prefeito da capital potiguar em 1945; José Janduhy Carneiro (Pombal, PB, 1903-1975 — PSD-PB), formado em medicina pela Universidade do Brasil em 1926, começou a carreira como prefeito de sua cidade (1930-34), daí a diretor do Departamento de Saúde e, adiante, a secretário do Interior e Segurança Pública (1942-45); Francisco Leite Neto (Riachuelo, SE, 1907-Rio de Janeiro, 1964 — PSD-SE), advogado, diretor da penitenciária estadual, secretário da Fazenda e da Justiça e ao cabo secretário-geral do interventor Maynard Gomes, com envolvimento na máquina administrativa local, que alia aos trunfos de sangue, por pertencer à família Rolemberg pelo lado materno e ao clã político do sogro, o advogado, professor, jurista e membro do Conselho Consultivo de Sergipe Antônio Manoel de Carvalho Neto. Ver Paulo de Carvalho Neto, *Um precursor do direito trabalhista brasileiro*. Belo Horizonte: Edições da Revista Brasileira de Estudos Políticos, 1964.

secretário da Segurança Pública e/ou do Interior. Alguns cumpriram trajetória funcional idêntica na hierarquia local de outras esferas de atividade — auxiliares de confiança no gabinete do prefeito da capital, dos secretários de Estado ou do próprio interventor — ou foram incumbidos de gerir serviços e agências governamentais nas áreas da justiça, educação, saúde, obras públicas, fechando o ciclo ao assumir o cargo de secretário de Estado na pasta. Assim, a carreira dos futuros políticos pessedistas estava enovelada, de um lado, às ligações com setores de peso na classe dirigente estadual e, de outro, às necessidades funcionais motivadas pela expansão da máquina administrativa estadual e federal. Por vezes, os préstimos familiares e os compromissos firmados com clãs políticos locais contribuíram até mais na escalada dos políticos do que as provas de vassalagem perante o governo central.

As trajetórias de Etelvino Lins, Juscelino Kubitschek e Victorino Freire revelam as novas condições que presidiram à convocação de pessoal político nas décadas de 1930 e 1940, os dois primeiros em estados (Pernambuco e Minas Gerais) com maior autonomia perante o poder central, o último operando em estado-rinha, alvo de frequentes intervenções federais. Em paralelo ao entrosamento nas interventorias, que lhes garantiu credenciais indispensáveis à continuidade de carreira política, os pessedistas estavam bastante enfronhados em clãs locais cuja estratégia de sobrevida se mesclava a interesses familiares, econômicos e políticos. Afora os trunfos de rotina carreados pela participação nos clãs, a dívida-mor consistia na legitimação de mandatos que a mera delegação de poderes por parte do governo central não lograva suprir. No caso peculiar de Juscelino Kubitschek, a competência técnica de médico com treinamento no exterior como que nublou o brasão dos mandatos que foi empalmando; o realce conferido à excelência profissional acabou sobrepujando as marcas de classe na fatura da imagem pública.

Etelvino Lins e Juscelino Kubitschek: próceres de extração local

Etelvino Lins de Albuquerque nasceu em 20 de novembro de 1908, no município de Sertânia/ ex-Alagoa de Baixo (Pernambuco), primogênito e primeiro filho homem de prole numerosa (6 homens e 3 mulheres) do funcionário público e escritor Ulysses Lins de Albuquerque Melo.[27] Os depoimentos do pai permitem reconstruir a trajetória secular de clãs familiares cuja posição no espaço da classe dirigente se preservou pelos casamentos endogâmicos bem-sucedidos e pelo exercício de funções judiciais, administrativas e de segurança, nos planos local e regional. A gênese do tríplice processo de acumulação de bens, de honorabilidade e de autoridade remonta aos feitos do desbravador e mestre de campo português Pantaleão de Siqueira Barbosa, atuante na região sertaneja de Moxotó, onde adquiriu sesmarias e gado, abrindo fazendas e povoações. Os descendentes se tornaram senhores de engenho e usineiros, ou se destacaram na atividade política, nas letras, na medicina.[28]

Os Lins de Albuquerque se filiaram ao tronco principal do clã por meio de alianças matrimoniais com herdeiras de gerações sucessivas do ramo Siqueira, a primeira na geração do bisavô e a segunda na do avô de Etelvino. O bisavô de Etelvino, major Ivo Rodrigues Lins de Albuquerque, enviuvou cedo e

---

27 Ver Ulysses Lins de Albuquerque, *Um sertanejo, e o sertão: Memórias*. 2. ed. Rio de Janeiro: José Olympio, 1978; Id., *Moxotó brabo: Aspectos histórico-sociológicos de uma região sertaneja — Pernambuco*. Rio de Janeiro: José Olympio, 1979.
28 André Cavalcanti de Albuquerque, ministro do Supremo Tribunal Federal (bisneto); Antônio de Siqueira Carneiro da Cunha, lente de medicina legal na Faculdade de Direito do Recife (trineto); D. Joaquim Arcoverde de Albuquerque Cavalcanti, primeiro cardeal da América Latina (trineto); Carlos de Lima Cavalcanti e Etelvino Lins de Albuquerque (pentanetos).

Gráfico 2.
Genealogia dos Lins de Albuquerque

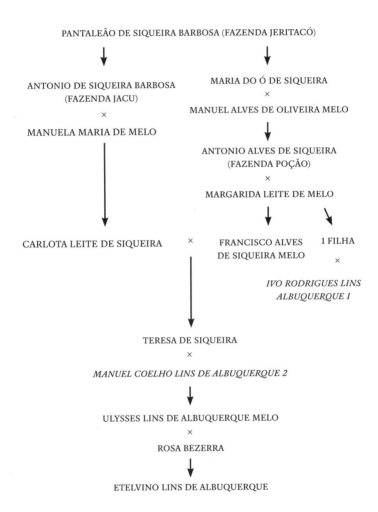

Fonte: Ulysses Lins de Albuquerque. *Moxotó brabo*. Rio de Janeiro: José Olympio, 1979.

casou-se em seguida com a filha de Antônio Alves de Siqueira (fazenda Poção), neto pelo lado materno do fundador do clã (fazenda Jeritacó) e filho do irmão de Manuela Maria de Melo (fazenda Jacu), sogra, por sua vez, de seu filho Francisco Alves de Siqueira (fazenda Pantaleão) — ver Gráfico 2 (p. 213). O avô de Etelvino, Manoel Coelho Lins de Albuquerque, único filho do primeiro casamento do major, contraiu núpcias com Teresa de Siqueira, passando a residir com o sogro Francisco e selando o pacto de cumplicidade iniciado pelo pai. Os dividendos colhidos foram decerto vultosos a ponto de justificar o acréscimo do sobrenome Melo no registro civil do pai de Etelvino, ao trazer a público, pela homenagem ao sogro, o reconhecimento da mediação exercida pelas mulheres no legado do patrimônio. Além da herança material, coube aos Lins de Albuquerque assumir o exercício de funções políticas locais. Com a morte de Francisco Alves de Siqueira e Melo, o genro Manoel Coelho Lins de Albuquerque, coronel da Guarda Nacional, alçado ao comando do Partido Conservador, elegeu-se vereador do município em 1882, tendo sido reeleito no pleito seguinte, ao que renunciou em troca da suplência de juiz municipal. Em 1895, eleito subprefeito, assumiu a chefia do município três anos depois, fixando residência em Alagoa de Baixo, vila onde abre uma loja de fazendas, na tentativa de sustar o declínio familiar. Após a gestão como prefeito no período 1904-07, foi alçado à presidência do Conselho Municipal; renuncia ao cargo para o qual se reelegera em 1910, por conta da ascensão do general Dantas Barreto ao governo estadual, em gesto de solidariedade ao conselheiro Rosa e Silva, seu chefe político. Não obstante, a carreira do pai ficou a reboque do trabalho político de Etelvino desde o momento em que ele assumiu encargos de confiança na interventoria Agamenon Magalhães.

Após desistir da Escola Militar do Realengo e depois da reprovação no vestibular para a Faculdade de Medicina da Bahia,

Etelvino é brindado com matrícula gratuita na Faculdade de Direito de Recife, por cortesia do então deputado Agamenon Magalhães, decerto empenhado em retribuir o apoio prestado pelo pai de Etelvino no momento de confronto com Lima Cavalcanti. Ao gesto se seguiram outras benesses, selando o apadrinhamento que se traduziu em divisão de funções na máquina política da interventoria. No dia da formatura (1º de dezembro de 1930), Etelvino e colegas foram nomeados, pelo interventor Carlos de Lima Cavalcanti, "por serviços prestados à Revolução e aproveitamento no curso". Foi designado promotor público na comarca de Goiana (1931-34), daí removido a Caruaru; em agosto de 1934, foi nomeado segundo delegado-auxiliar radicado em Recife com jurisdição no interior, no posto de chefia dos delegados dos municípios do estado. Fora antes convidado pelo governador Lima Cavalcanti, parente afastado, a assumir o cargo de juiz de direito de Bom Conselho, tendo declinado a pedido de Agamenon Magalhães que vinha lhe acenando com futuro político na equipe. Em novembro de 1935, promovido à primeira delegacia auxiliar, que se incumbia de chefiar o policiamento da capital, teve o ensejo de presidir o inquérito acerca do movimento comunista no estado. Em 1937, assumiu a chefia da Casa Civil do recém-nomeado interventor Agamenon Magalhães, amigo e mentor político; logo em seguida foi designado secretário de Segurança Pública, onde permaneceria até 1945. Em fevereiro daquele ano, foi alçado ao cargo de interventor, por alvitre de Agamenon, então nomeado ministro da Justiça. Já como integrante da cúpula pessedista, Etelvino elegeu-se senador à Constituinte de 1946, governador em 1952, deputado federal nas legislaturas de 1959 e de 1970. Em 1955, lançado candidato à Presidência da República pela dissidência da UDN, acabou renunciando em favor do general Juarez Távora.

Juscelino Kubitschek de Oliveira nasceu na cidade de Diamantina (MG), em 1902, filho de caixeiro-viajante que já havia exercido outras atividades, o garimpo, as funções de delegado de polícia e fiscal de rendas. Descendendo de imigrantes da Boêmia fixados no estado em fins do primeiro reinado, antepassados ilustres da família materna "ocuparam posições de relevo em Diamantina [...], professores, fazendeiros ou abastados comerciantes".[29] Em destaque, o tio-avô João Nepomuceno Kubitschek (Jan Nepomuscky Kubitschek), o qual, após participar das campanhas abolicionista e republicana, exercera o cargo de diretor da província, e na República, o posto de senador estadual, dando fecho à vida pública na vice-presidência do estado. A morte do pai, em 1905, converteu o salário materno de professora primária em fonte de sustento da família. O fato de ser o único filho homem não lhe teria garantido o investimento educacional de que se beneficiou não fossem, de um lado, as disposições entusiastas em relação à escola por influência materna e, de outro, os liames com os tios docentes na Escola Normal. A essa altura, morava com a mãe e a irmã no prédio da escola. Prensado pela penúria familiar e a despeito da boa vontade cultural que lhe fora inculcada pelos parentes, Juscelino terá de se sujeitar por longo período às alternativas de relegação que as famílias dirigentes reservam aos "parentes pobres". A experiência de coroinha, a passagem pelo seminário local como aluno a preço módico, as leituras, o aprendizado de inglês e francês, eis alguns lances previsíveis na educação dos herdeiros de ramos declinantes. Por intermédio da família Mata Machado, líder da oposição oligárquica em Diamantina, ele consegue emprego nos Correios, passa a residir em Belo

---

29 Juscelino Kubitschek, *Meu caminho para Brasília*. Rio de Janeiro: Bloch, 1974, v. I, p. 21.

Horizonte (1921) e inscreve-se em curso particular preparatório ao exame de ingresso na Faculdade de Medicina. Diplomado em 1927, passa a trabalhar na Santa Casa, abre consultório em sociedade com Júlio Soares (futuro cunhado) e acaba nomeado assistente na cadeira de física médica. Em 1930, tem a oportunidade de frequentar o serviço de urologia do Hospital Cochin, em Paris.

Não fosse o encontro, ainda no tempo da faculdade, com Sarah Gomes de Lemos,[30] com quem se casaria em 1931, os ingentes esforços da mãe, dos tios, o empenho nos estudos, o auxílio de pistolões teriam no máximo facultado o acesso ao status de profissional liberal categorizado. O casamento lhe proporcionou trunfos que viabilizaram os passos da travessia, dando-lhe a chance de reorientar o sentido de seu percurso: a reputação de profissional liberal bem-sucedido serviu de lastro às pretensões de mando político, a exemplo de outros parentes e amigos da família da esposa. De volta a Belo Horizonte, retomou o trabalho no consultório, o serviço gratuito na Santa Casa e o posto médico na Caixa Beneficente da Imprensa Oficial. Por instância da sogra, é nomeado ao quadro médico do Hospital Militar, onde organizou o serviço de Laboratório e Pesquisas, antes de chefiar o serviço de Urologia. Até então, persistia o intento de carreira como profissional liberal, juntando o trabalho docente em física médica à feitura da tese de concurso à cátedra na Faculdade de Medicina. Não por acaso a probabilidade de tornar-se um "patinho feio", expressão com que

---

30 Sarah era filha do ex-deputado Jaime Gomes de Sousa Lemos — que representou Minas na Câmara Federal por trinta anos —, neta, pelo lado materno, do comendador José Duarte da Costa Negrão — "homem de grande fortuna, proprietário de toda a área onde se localiza hoje o bairro da Floresta em Belo Horizonte" — e bisneta de João Antônio de Lemos, barão do Rio Verde. Ver Juscelino Kubitschek, op. cit., pp. 141-3.

exorciza um futuro ora bastante improvável, segue-se, em suas memórias, à fieira das credenciais adquiridas pelo casamento, em especial o cabedal de apoios que estava habilitado a acionar ao nível da divisão do trabalho político em âmbito estadual: Otacílio Negrão de Lima, primo em primeiro grau de Sarah, fora secretário do governo Olegário Maciel; Gabriel Passos, cunhado de Sarah, iniciava a carreira no cargo de secretário particular do presidente estadual; o deputado Júlio Bueno Brandão, outro cunhado, era filho do velho Bueno Brandão, ex-presidente de Minas; Geraldo Lemos, irmão de Sarah, operava na área financeira; outro irmão, Eugênio, era médico com consultório particular no Rio de Janeiro; Clóvis Pinto, também cunhado de Sarah, era filho de Estevão Pinto, diretor-presidente do Banco Hipotecário e Agrícola do estado de Minas Gerais e "um dos homens mais ricos e conceituados de Belo Horizonte", engenheiro e deputado estadual antes de 1937. O encargo político inaugural de Juscelino remonta ao trabalho médico junto às forças legalistas na Revolução de 1932. Na ocasião, aproximou-se do futuro interventor mineiro Benedito Valadares, a quem serviria na chefia da Casa Civil. Em 1934, é incluído na chapa de candidatos a deputado federal pelo Partido Progressista, legenda situacionista, logrando a primazia de deputado mais votado no estado, com voz influente na eleição do prefeito de Diamantina e de onze vereadores distritais. Já então, operava em mão dupla, chefe político na cidade natal e secretário do partido situacionista. Em 1937, retomou a clínica particular em paralelo ao trabalho no Hospital Militar, aí promovido a tenente-coronel da Força Pública. Em 1940, é nomeado prefeito de Belo Horizonte.

Victorino Freire: preposto civil do poder central

Minha agradecida homenagem aos meus amigos e protetores, a quem devo o meu encaminhamento na vida pública: dr. João Lopes de Siqueira Campos, ministro Juarez Távora, ministro José Américo de Almeida, ministro Gustavo Capanema, ministro João de Mendonça Lima, capitão Martins de Almeida.

Victorino Freire, *A laje da raposa: Memórias.* Rio de Janeiro: Guavira, 1978, p. 4

Victorino José de Brito Freire (Pedra, PE, 1908-Rio de Janeiro, 1977 — PSD-MA) era filho de fazendeiro de gado atuante na política local. Com onze anos, foi estudar no Rio de Janeiro, acolhido por parente general, mas nem assim consegue vaga no Colégio Militar. Na época, fica companheiro do enteado do vizinho, o então capitão Eurico Dutra. Ingressa no Colégio Pedro II, mas pouco antes de concluir o preparatório regressa a Pernambuco. Lograra o primeiro emprego público: oficial de gabinete do secretário da Agricultura no governo Estácio Coimbra, favor concedido por intercessão de um usineiro. Depois de 1930, o trabalho como secretário no gabinete de José Américo, então à frente do Ministério da Viação, permitiu a ele aproximar-se de Juarez Távora e de próceres da Revolução. Em 1932, embora lotado no Serviço Nacional do Algodão, órgão vinculado ao Ministério da Agricultura, acaba designado ajudante de ordens do então primeiro-tenente Martins de Almeida, comandante de uma brigada de combate ao levante paulista; em seguida, é nomeado oficial administrativo do Ministério da Educação na gestão Capanema. Em dezembro de 1933, segue para o Maranhão como secretário de governo do capitão Martins de Almeida, recém-nomeado interventor no estado. As duas entrevistas com

Vargas mencionadas no livro *A laje da raposa* serviram a instruí-lo sobre o caráter especial da missão, incumbido de organizar o Partido Social Democrático no estado. Com a derrota do candidato situacionista ao governo maranhense, regressou ao Rio de Janeiro com baixo cacife político, em cargos sucessivos de tarefeiro: em dezembro de 1936, lotado no gabinete de Antônio Carlos, então presidente da Câmara dos Deputados, retornou ao gabinete de José Américo; em novembro de 1939, nomeado oficial de gabinete do ministro da Viação e Obras Públicas, general Mendonça Lima, passou a operar como "elo entre o ministro da Viação e o ministro da Guerra" e buscou consolidar suas bases políticas no Maranhão por meio da canalização de verbas, de nomeações a cargos federais aí sediados e de expedientes de revide ao interventor Paulo Ramos, hostil aos setores ligados ao capitão Martins de Almeida. Por fim, a colaboração prestada no staff da candidatura Dutra à Presidência da República rendeu amplos dividendos, dando-lhe margem de influência na indicação do novo interventor no Maranhão e a chance de se candidatar deputado federal à Assembleia Constituinte de 1946.

O pessoal da UDN: tradição, família e setor privado

Uma parcela expressiva de signatários do Manifesto Mineiro, de 24 de outubro de 1943,[31] se constituía de diretores-acionistas, executivos, consultores jurídicos e altos funcionários de grupos financeiros privados que detinham o controle acionário de importantes bancos comerciais sediados em Minas Gerais e no Distrito

---

31 O texto integral do Manifesto Mineiro e a lista de signatários encontram-se no volume organizado por Virgílio A. de Melo Franco, *A campanha da UDN: 1944-1945* (Rio de Janeiro: Zelio Valverde, 1946, pp. 103-11). Ver Orlando Cavalcanti, *Os insurretos de 43: O Manifesto Mineiro e suas consequências*. 2. ed. Rio de Janeiro: Civilização Brasileira, 1978; Carolina Nabuco, *A vida de Virgílio de Mello Franco*. Rio de Janeiro: José Olympio, 1962.

Federal:[32] Cândido Naves, ex-diretor do Tesouro e ex-secretário da Fazenda de Minas Gerais em 1932, e Gudesteu de Sá Pires, ex-secretário da Fazenda de Minas Gerais por volta de 1927, eram diretores do Banco Comércio e Indústria de Minas Gerais S.A.; José de Magalhães Pinto, ex-funcionário do Banco Hipotecário e Agrícola de Minas Gerais, gerente, depois diretor do Banco da Lavoura de Minas Gerais, fundou o Banco Nacional de Minas Gerais S.A. em 1944; Pedro Aleixo era diretor do Banco Hipotecário e Agrícola de Minas Gerais; Álvaro Mendes Pimentel, João Franzen de Lima e Ovídio de Andrade eram advogados, respectivamente, dos bancos Hipotecário e Agrícola de Minas Gerais, de Crédito Real de Minas Gerais e Comércio e Indústria de Minas Gerais; Achiles Maia, capitalista e homem de negócios em Barbacena, financiador da primeira edição do Manifesto, era acionista do Banco da Lavoura de Minas Gerais S.A.[33]

32 As informações a respeito das instituições financeiras privadas no período constam das seguintes publicações: B. Ribeiro e Marcos Mazzei Guimarães, *História dos bancos e do desenvolvimento financeiro do Brasil*. Rio de Janeiro: Pro-Service, 1967; Ary Bouzan, "Origens e evolução dos bancos no Brasil". In: *Os bancos comerciais no Brasil: Uma análise do desenvolvimento recente, 1965-1971*. São Paulo: FEA-USP, 1972. Tese (Doutorado em Economia), pp. 14-35. Materiais biográficos a respeito dos signatários do Manifesto Mineiro foram coligidos das memórias de Pedro Nava, de Afonso Arinos de Melo Franco e de Paulo Pinheiro Chagas. 33 Gudesteu de Sá Pires era filho de d. Maria Olinta de Sá, irmã de Francisco Sá, e do dr. Aurélio Egídio dos Santos Pires, professor da Escola Normal, reitor do Ginásio Mineiro, um dos fundadores da Faculdade de Medicina de Belo Horizonte onde lecionou toxicologia e farmacologia nos cursos de farmácia e medicina, diretor do Arquivo Público Mineiro, neto de magistrados e barões do Império e sobrinho de Antônio Olinto dos Santos Pires, primeiro presidente republicano de Minas. "Para quem conhece um pouco de genealogia das famílias do norte de Minas, basta esta citação dos ascendentes [...] para que se compreendam suas relações de parentesco com esses vastos e poderosos grupos familiares dos Felício dos Santos, Camargo, Pires, Rabelo, Lessa, Machado, Pimenta, Prates, Sás do Brejo e Sás da Diamantina" (Pedro Nava, *Beira-mar*. Rio de Janeiro: José Olympio, 1978, pp. 246-7). Álvaro Mendes Pimentel era filho do eminente jurisconsulto Francisco Mendes Pimentel,

Alguns signatários acumulavam os proventos de altos cargos de assessoria jurídica em instituições públicas de crédito com postos de direção em empresas privadas, ou então aliavam cargos dirigentes no setor financeiro privado e mandatos públicos de confiança: Odilon Duarte Braga, advogado do Banco do Brasil e diretor da Companhia Ultragás; Ovídio de Andrade, advogado do Banco do Comércio e Indústria de Minas Gerais e da Companhia Belgo-Mineira; Virgílio de Melo Franco, diretor do Banco Mercantil de São Paulo, do Banco Brasileiro de Crédito, da Companhia Nacional de Cimento Portland, da Companhia Frigorífico Iguaçu, e interventor do Banco Alemão Transatlântico; Afonso Arinos de Melo Franco, funcionário do departamento legal da firma norte-americana Eletric Bond and Share no início dos anos 1930, depois fiscal de bancos e advogado do Banco do Brasil; Milton Soares Campos, consultor jurídico da Caixa Econômica de Minas Gerais.[34]

deputado estadual e federal nos primeiros tempos da República, fundador do *Diário de Minas* (1899) e da *Revista Forense* (1904), presidente do Instituto dos Advogados de Minas (1915), juiz do Tribunal da Relação de Minas Gerais, proprietário de renomado escritório de advocacia na capital mineira.
34 Ao que se sabe, Virgílio de Melo Franco cultivava relações de amizade e de negócios com representantes do capital estrangeiro, como Paul B. McKee, do grupo norte-americano Electric Bond and Share, que adquiriu as companhias de Bondes e de Força e Luz de Belo Horizonte, tendo assumido o controle acionário de outras companhias de energia elétrica no país em 1929. Segundo as mesmas fontes, parte dos recursos de financiamento do movimento revolucionário de 1930 provinha da transação com o governo mineiro, com Virgílio, Guilherme Guinle e outros como intermediários. Ver Hélio Silva, *1930: A revolução traída*. Rio de Janeiro: Civilização Brasileira, 1966. Os dados a respeito dos grupos Guinle-Paula Machado foram extraídos do arquivo Empresários e Grupos Econômicos no Brasil, por cuja organização José C. Garcia Durand e eu fomos responsáveis (Fundação Getulio Vargas de São Paulo, 1979). Alguns desses quadros chegaram a colaborar com o governo estadual em cargos de relevo: Alaor Prata, Ovídio de Andrade e Cândido Naves, secretários do governador Olegário Maciel, em períodos curtos e, em regra, por conta de acordos entre o situacionismo e o perremismo.

Outras figuras de relevo nos círculos financeiros de oposição ao regime tinham assento nos conselhos de companhias de seguro, filiadas aos grupos econômicos controlados acionariamente pelas famílias Guinle, Paula Machado, Boavista, Larragoiti: Afonso Penna Jr., diretor do Banco Hipotecário e Agrícola de Minas Gerais, era um dos acionistas majoritários da Companhia Boavista de Seguros e da Companhia Nacional de Seguros Mercantil; Augusto Mário Caldeira Brant era diretor do Banco Hipotecário Lar Brasileiro, no controle acionário do grupo Sul-América de Companhias de Seguro; Artur Bernardes Filho, afora cargos e interesses no setor privado, era diretor do departamento legal e contencioso da Companhia de Seguros Equitativa; Paulo Pinheiro Chagas trabalhou nas companhias de seguros Equitativa e Adriática.[35]

Dispondo de capital amealhado e de fontes diversificadas de renda pelo trabalho especializado, a situação privilegiada

---

35 A origem desses grupos econômicos remonta à criação da Companhia Docas de Santos (1892), à exploração de hotéis de luxo na capital federal (Palace Hotel, Copacabana Palace), a diversas concessões para exploração de serviços de utilidade pública (Cia. de Bondes de Niterói, Companhia de Produção e Distribuição de Energia Elétrica, a exemplo das usinas de Alberto Torres no Rio de Janeiro e de Bananeiras na Bahia), à representação da General Electric no Brasil etc. Com a ascensão de Guilherme Guinle à direção geral do grupo, sucede outro ciclo de expansão: Companhia Internacional de Seguros (1920), tecelagem (1921), Casa Bancária Boavista (1924), primeira razão social do Banco Boavista (1927), Companhia Territorial Jardim Guilhermina (1928), Companhia Boavista de Seguros (1937), Companhia Nacional de Seguros (1939). Outros homens públicos simpáticos à causa oposicionista — Raul Fernandes, Artur Bernardes Filho, Alceu Amoroso Lima e Demósthenes Madureira de Pinho — constam das listas de acionistas e conselheiros de empresas filiadas aos grupos mencionados. A Sociedade Anônima "Lar Brasileiro" Associação de Crédito Hipotecário foi autorizada a funcionar em 1925, tendo como maiores acionistas fundadores Angel P. Ramirez, Justus Wallerstein, Antonio S. de Larragoiti e João M. de Magalhães.

dos "príncipes da República"[36] garantia os trunfos necessários (empréstimos, sócios etc.) a tirar partido das oportunidades de ganho que lhes caíam em mãos. As ligações íntimas de profissionais liberais de estirpe com grupos econômicos privados, nacionais e estrangeiros, propiciaram a eles a participação acionária em empreendimentos lucrativos. Virgílio de Melo Franco, por exemplo, estava ligado à família Guinle por laços de amizade,[37] pela parceria em negócios,[38] e ainda por laços colaterais de parentesco. Sua esposa, Dulce Modesto Leal, pertencia à família Boavista, grande acionista do Banco Boavista e da Companhia Boavista de Seguros, um dos ramos de investimento dos grupos Guinle-Paula Machado.[39] Em sociedade com o engenheiro e industrial Américo René Gianetti, Paulo Pinheiro Chagas organizou a empresa Companhia Mineira de Estradas e Construções, cujos maiores acionistas eram Dario de Almeida Magalhães e Moacir Catão, cunhado

---

36 Expressão cunhada pela imprensa em 1927 para se referir aos jovens Afonso Arinos de Melo Franco, Fábio Andrada, filho do presidente Antônio Carlos, e um primo dele, "sentados à tarde num banco de jardim da Praça da Liberdade" (Afonso Arinos de Melo Franco, *Diário de bolso seguido de Retrato de noiva*. Rio de Janeiro: Nova Fronteira, 1979, p. 173). **37** Desde a mocidade, Virgílio era amigo próximo de Guilherme Guinle, com quem frequentava o Jóquei Clube, os cassinos e o Palácio do Catete ao tempo de Bernardes. **38** Virgílio atuou como intermediário na aquisição, em favor dos irmãos Guinle, das terras e fazendas pertencentes ao conde de Modesto Leal, constituindo-se então a empresa Fazendas Reunidas da Normandia, fornecedora de leite ao mercado carioca. Segundo a biógrafa, ganhou "com essa corretagem um pecúlio que, na época, dava para um rapaz menor de trinta anos se sentir estabelecido na vida" (Carolina Nabuco, op. cit., p. 59). **39** Os grupos Guinle-Paula Machado só passaram a aplicar um montante considerável de recursos no setor industrial na década de 1950, por meio da Indústria Brasileira de Refinação de Óleos S.A. (1952), da Terral Máquinas Agrícolas (1959), da Norbrasa Metalúrgica etc. Suas ligações a grupos de capital externo levaram-nos a se filiar à ITT (Cia. Radio Internacional do Brasil, Standard Eléctrica S.A.) e a outras empresas estrangeiras sob a chancela do grupo Guinle-Serva Ribeiro.

de Magalhães Pinto, o qual, então diretor do Banco da Lavoura, lhes concedeu generoso apoio.[40]

A ampliação de postos elevados de gerência e consultoria no setor financeiro privado acompanhou o surto de expansão da rede bancária comercial durante o Estado Novo. Entre 1938 e 1946, o número de bancos nacionais passou de 860 a 2075; o capital realizado escalou de Cr$ 1,041 milhão para Cr$ 3,696 milhões de cruzeiros.[41] Todavia, a maioria das organizações bancárias de abrigo à elite de oposicionistas havia sido fundada muito antes, umas poucas ao longo do Império, as demais na República Velha.[42] A origem de parcela

---

40 Dario Paulo de Almeida Magalhães (Belo Horizonte, 1908-Rio de Janeiro, 2007; signatário do Manifesto Mineiro e membro do primeiro diretório nacional da UDN, criado em 21 de abril de 1945), descendente da família que abrira um escritório bancário em São João del Rei em 1860 e que detinha o controle acionário do Banco Almeida Magalhães (1937), advogado e filho de desembargador e lente de processo civil, trabalhou em *O Estado de Minas*, *Diário da Tarde*, *Diário Mercantil*, chegando a diretor-geral dos Diários Associados, onde atuou como elemento-chave de ligação com os núcleos oposicionistas, conforme as diretrizes de Assis Chateaubriand. Exerceu funções públicas como auxiliar do advogado-geral do estado logo após a Revolução de 1930 e, na época, colaborou no escritório de Orozimbo Nonato. Após o golpe de 1937, mesmo afastado da direção dos Diários Associados, passou a militar contra o regime, valendo-se do cargo de representante mineiro no Conselho Federal da Ordem dos Advogados. Ver Dario de Almeida Magalhães, *Páginas avulsas*. São Paulo: Cupolo, 1957. José de Magalhães Pinto (Santo Antônio do Monte, MG, 1909-Rio de Janeiro, 1996 — UDN-MG) casou-se com a filha do antigo senador mineiro Alfredo Catão. A respeito da empresa citada, ver Paulo Pinheiro Chagas, *Esse velho vento da aventura: Memórias*. Rio de Janeiro: José Olympio, 1977, pp. 292 ss. **41** Ver Eulália Maria Lahmeyer Lobo, *História do Rio de Janeiro: Do capital comercial ao capital industrial e financeiro*. Rio de Janeiro: IBMEC, 1978, v. 2, pp. 843-4. **42** Os bancos de Crédito Real de Minas Gerais, Comércio e Indústria de Minas Gerais S.A. e da Lavoura de Minas Gerais S.A. foram fundados, respectivamente, em 1889, 1922 e 1925. O Banco Hipotecário e Agrícola de Minas Gerais surgiu em 1909, fruto de contrato firmado entre autoridades estaduais e um consórcio financeiro francês, tendo sido encampado

ponderável das instituições de crédito remonta à experiência de casas comissárias sediadas nos portos de Santos e do Rio de Janeiro, que foram desdobrando os setores de aplicação e investimento até abarcar os serviços comerciais e de infraestrutura em apoio às atividades de exportação/importação: estradas de ferro, companhias de seguros, empresas de navegação e colonização.[43] As instituições financeiras em pauta permaneciam sediadas em Minas Gerais e na capital federal no momento em que São Paulo já se tornara ponta de lança da economia nacional, em detrimento da Guanabara a braços com os reveses causados pelo retrocesso econômico. "Em 1939, a participação da indústria guanabarina no total nacional caía ainda mais: dos 20,8% observados em 1919, ela passava para 17,0%",[44] instada assim a canalizar o grosso de recursos ao setor terciário.

Os núcleos de oposição, no Rio, em Minas e na Bahia, encontraram alento junto ao conglomerado de grupos econômicos privados cujos investimentos se concentravam nos setores financeiro, securitário, imobiliário, em áreas afins na prestação de serviços comerciais. Apesar da participação acionária dos grupos em empresas industriais, a parcela majoritária de interesses e aplicações se voltava então aos setores da

pelo governo mineiro em 1943 e desapropriado no ano seguinte. O Banco Nacional de Minas Gerais S.A. foi fundado por Magalhães Pinto em janeiro de 1944. Clemente Mariani Bittencourt (UDN-BA) e Fernando Carneiro da Cunha Nóbrega (UDN-PB) também ocupavam posições de relevo em instituições financeiras: o primeiro como diretor-geral do Banco da Bahia desde 1943 e o segundo na qualidade de presidente do Banco Nacional de Crédito Cooperativo. Ver Thales de Azevedo e Q. Vieira Lins, *História do Banco da Bahia, 1858-1958*. Rio de Janeiro: José Olympio, 1969. **43** Ver Eulália M. Lahmeyer Lobo, op. cit.; e o trabalho de Ana Célia Castro, *As empresas estrangeiras no Brasil, 1860-1913*. Rio de Janeiro: Zahar, 1979. Ambas ressaltam a participação de interesses estrangeiros na proliferação de companhias de seguros e de navegação em momentos de expansão do comércio exportador brasileiro. **44** Wilson Cano, *Raízes da concentração industrial em São Paulo*. São Paulo: Difel, 1977, p. 294.

atividade econômica caudatários de manobras especulativas, bem como da concessão de favores e créditos por parte do poder público. Tais grupos tinham participação em projetos de investimento — companhias de luz e força, concessões à prospecção de petróleo, participação minoritária em empreendimentos estatais — que requeriam o trabalho de lobby junto à cúpula burocrática e a colaboração de figuras políticas com trânsito nos centros decisórios do poder federal.[45]

A cúpula dos núcleos oposicionistas desfrutava de encaixe peculiar no mercado de trabalho reservado aos assessores da classe dirigente, acumulando postos executivos no setor financeiro e congêneres e funções características das profissões liberais no aparelho judiciário, na imprensa, em entidades corporativas, no magistério superior. Os quadros políticos

45 Durante o Estado Novo, Virgílio de Melo Franco era diretor-proprietário da Companhia Pirapora, fornecedora de energia, além de explorar a linha de navegação no São Francisco, tendo ainda participado da fundação do Banco Nacional de Minas Gerais. Em 1936, os irmãos Guinle financiaram os trabalhos da equipe responsável pela prospecção de petróleo no Recôncavo baiano, licença de exploração cassada por Vargas. Desde 1926, Guilherme Guinle integrava a diretoria do então Centro Industrial do Brasil (renomeado em 1931 como Federação Industrial do Rio de Janeiro). A fundação da Confederação Industrial do Brasil, congregando a Federação das Indústrias do estado de São Paulo, o Centro da Indústria Fabril do Rio Grande do Sul e o Centro Industrial de Juiz de Fora, em 1933, acarretou mudanças na composição da liderança patronal, deixando a federação carioca a reboque das iniciativas tomadas pela entidade liderada pela Fiesp. Apesar da designação de Guilherme Guinle a postos públicos de relevo no marco de aliança entre o regime Vargas e os grupos empresariais privados — integrante do Conselho Técnico de Economia e Finanças, membro da Comissão Executiva do Plano Siderúrgico Nacional, presidente da Companhia Siderúrgica Nacional —, as alas paulista e mineira do empresariado industrial, representadas por figuras como Gastão Vidigal e Euvaldo Lodi, parecem ter levado a melhor nos pleitos ao Estado. Ver Eli Diniz, *Empresário, Estado e capitalismo no Brasil: 1930-1945*. Rio de Janeiro: Paz e Terra, 1978; e Edgard Carone, *O centro industrial do Rio de Janeiro e sua importante participação na economia nacional: 1827-1977*. Rio de Janeiro: Cátedra; Cirj, 1978.

da UDN se distinguem do pessoal pessedista pela posição de proa que desfrutam na hierarquia das profissões liberais, e não pela situação profissional no atacado. A vantagem hierárquica garante por si só melhores oportunidades de emprego no setor privado e de inserção em carreiras técnicas no setor público. Antes de se engajar na militância política, os homens do PSD eram profissionais liberais que repartiam o tempo entre o exercício do ofício, o magistério e o desempenho de cargos públicos secundários; os udenistas faziam parte dos círculos de elite das profissões liberais, enraizados na alta burguesia econômica e intelectual, bem-casados, com assento nos conselhos e equipes de consultoria de empresas graúdas. O grosso do pessoal pessedista se constituía de bacharéis ligados a ramos subalternos de clãs oligárquicos, sem condições de exibir o currículo capaz de atestar a excelência e a antiguidade da família nas reservas de mercado que abrigam a elite das profissões liberais. A posição intermediária ou relegada dos futuros políticos pessedistas na hierarquia interna das profissões liberais decerto contribuiu à sua reconversão em gestores entusiastas da ampliação robusta dos campos de atividade sob jurisdição do poder público. Os dirigentes e mentores do pessedismo preferiam incutir caráter estritamente funcional às suas atribuições e mandatos; os quadros udenistas privilegiavam a arena de concorrência profissional em que se mostravam imbatíveis pelo critério de avaliação do mérito de suas pretensões de mando político. Os pessedistas estavam mais propensos a abrir mão das prerrogativas a que fariam jus como membros de uma fração especializada da classe dirigente, emprestando o apoio à consolidação do regime do qual se tornariam fiadores e beneficiários. Os udenistas, por sua vez, se insurgem contra os rumos que tomou a extensão do poder público, resistindo aos avanços intervencionistas com que a nova coalizão de forças buscava sustar os pleitos das frações especializadas no trabalho político e cultural.

Não se trata, pois, de postular a convergência entre as demandas econômicas protecionistas dos grupos privados e o feitio do mandato de representação de que foram incumbidos os políticos, de início no tocante às articulações da frente oposicionista e, adiante, na organização da UDN. O alento à aglutinação dos núcleos de oposição ao regime Vargas derivou, em medida significativa, da mobilização levada a cabo em meio aos círculos dirigentes que se sentiam excluídos das benesses do oficialismo, preteridos nas concessões de favores e cargos, cujas pretensões de carreira política haviam sido brecadas pela recomposição de forças e alianças em nível estadual e no poder federal. A montagem de núcleos oposicionistas seria inviável sem o respaldo material e institucional de grupos privados, mormente na conjuntura em que as forças políticas à frente do governo central dispunham de recursos e instrumentos políticos propícios a gestar o grêmio partidário capaz de fazer valer os interesses dos sócios prioritários da nova coalizão, o próprio Vargas e o círculo palaciano, os interventores e os correligionários, os militares, o alto funcionalismo público.

A "ala dos bacharéis"

A inserção profissional nas posições de cúpula de instituições financeiras privadas, em cargos executivos de grandes empresas, em postos prestigiosos no setor público, e a participação acionária em firmas particulares restituem os componentes classistas em que assentam a solidariedade e a homogeneidade social dos círculos oposicionistas. Inúmeros signatários do Manifesto Mineiro e outros futuros políticos udenistas da mesma geração, nascidos em maioria entre 1890 e 1910, pertenciam a famílias ilustres cuja presença no espaço da classe dirigente remontava, por vezes, ao tempo do Império, especializadas no desempenho de funções políticas e administrativas, na prestação de serviços jurídicos e na produção de obras intelectuais e científicas. Contavam, entre os antepassados, com nomes respeitáveis que se haviam destacado nas letras, na magistratura, no ensino superior, nos comitês partidários, no trato dos negócios públicos, na assessoria a grupos privados, nos empreendimentos culturais. Na contramão de intelectuais contemporâneos, a braços com acentuado declínio material e social, poder-se-ia reconstruir as posições de mando nas profissões liberais, políticas e culturais, pela menção dos cargos ocupados pelos pais dos bacharéis: desembargadores, ministros do Supremo Tribunal Federal e de outras instâncias judiciárias, catedráticos do ensino superior, reitores, dirigentes dos principais órgãos culturais (ver Quadro 3, p. 232).

Em famílias dotadas de lastro cultural e de cabedal de prestígio e poder junto às comunidades profissionais onde os ungidos faziam carreira, os interesses corporativos dessa fração especializada da classe dirigente seriam resguardados consoante criteriosos investimentos na formação escolar dos rebentos. Os políticos udenistas da "ala" frequentaram reputados estabelecimentos de ensino secundário nos estados, ingressando em seguida na Faculdade de Direito em Minas, na Bahia[46] ou na capital federal. A exemplo da "geração de 1907" de políticos gaúchos,[47] a fornada de herdeiros na elite das profissões

46 Na Bahia, a "ala dos bacharéis" udenistas congregava os mesmos rapazes (Nestor Duarte, João Mendes da Costa Filho, Luís Viana Filho, Alberico Fraga) que, em 1929, estudantes de direito, haviam fundado a *Revista de Cultura Jurídica*, sob a direção de Aloysio de Carvalho Filho. Ver Péricles Madureira de Pinho, *São assim os baianos*. Rio de Janeiro: Fundo de Cultura, 1960, pp. 137, 189 e 193. 47 Expressão cunhada por Joseph Love para designar o grupo — Getúlio Vargas, José Antônio Flores da Cunha, Oswaldo Aranha, Lindolfo Collor, João Neves da Fontoura, Joaquim Maurício Cardoso e Firmino Paim Filho — que começou a vida pública em 1907, "participando do Bloco Acadêmico Castilhista, durante a campanha governamental de Carlos Barbosa Gonçalves". A ascensão desses políticos gaúchos parece

liberais não precisou realizar o curso jurídico na capital paulista, tampouco sofreu os reveses por que passaram os jovens intelectuais matriculados, na década de 1920, nas faculdades livres de Direito e Medicina, recém-abertas nos estados, de repente acossados na peleja renhida pelos postos disponíveis.[48] Infensa à concorrência, a "ala" de organizadores da UDN contava com acesso garantido às posições cobiçadas na divisão do trabalho político-partidário; os integrantes de proa eram os herdeiros natos de posições em reservas do mercado de trabalho especializado, antes preenchidas por sucessivas gerações da parentela. Dispensavam a busca de esteios em organizações políticas radicais, a salvo dos riscos incorridos pelos colegas de faculdade devotados à produção intelectual; concentravam esforços em constituir o patrimônio pessoal às expensas dos rendimentos no setor privado e dos proventos em cargos públicos que os progenitores, parentes e amigos podiam lhes oferecer.

confirmar a relação entre o declínio econômico de uma fração da classe dirigente e o encaminhamento dos "herdeiros" ao desempenho de funções políticas. Quase todos os membros do grupo pertenciam a famílias de grandes proprietários rurais premidos por acentuadas dificuldades econômicas (dívidas e terras hipotecadas); a margem de influência e autoridade dessa categoria passou a depender do êxito logrado pelos maiorais na atividade política. Seis deles eram filhos ou parentes próximos de coronéis e cinco provinham de famílias de estancieiros. Ao final dos anos 1920, estavam em condições de ostentar variada experiência política: os cinco intendentes em seus municípios haviam conquistado mandatos parlamentares em nível estadual; quatro deles se haviam destacado em combate na revolta dos libertadores em 1923; em 1928, seis foram eleitos deputados federais e ocuparam cargos de relevo no executivo estadual. Nas palavras de Love, "membros bem-sucedidos do partido dominante, tendo adquirido promoção rápida e regular em postos de responsabilidade cada vez maior", que, no primeiro momento, como porta-vozes dos estancieiros e agricultores gaúchos, se empenharam em promover a valorização dos produtos regionais (charque, arroz) e montar as organizações patronais. Ver Joseph Love, *O regionalismo gaúcho*. São Paulo: Perspectiva, 1975, pp. 233 ss.   **48** Ver primeiro capítulo de Sergio Miceli, *Intelectuais e classe dirigente no Brasil (1920-1945)*. São Paulo: Difel, 1979, pp. 35-41.

Quadro 3. Características sociais e perfil de carreira da "ala dos bacharéis"

"ALA DOS BACHARÉIS"	DATA E LUGAR DE NASCIMENTO	PROFISSÃO DO PAI	
Daniel Serapião de Carvalho	1887, Itabira (MG)	Magistrado	
José Eduardo do Prado Kelly	1904, Niterói (RJ)	Ministro do Supremo Tribunal Federal	
Milton Soares Campos	1900, Ponte Nova (MG)	Desembargador Presidente do Tribunal de Apelação (MG)	
Gabriel de Resende Passos	1901, Itapecerica (MG)	—	
José de Magalhães Pinto	1909, Santo Antônio do Monte (MG)	—	
Luís Viana Filho	1908, Paris (França)	Magistrado Ex-governador da Bahia	
Clemente Mariani Bittencourt	1900, Salvador (BA)	Desembargador	

CURSO, FACULDADE, ANO DE CONCLUSÃO	CASAMENTO	ATIVIDADES PROFISSIONAIS
Direito/ Universidade de Minas Gerais (1909)	Alice Mibielli, filha de magistrado do Supremo Tribunal Federal	Chefe de seção na Secretaria da Agricultura (MG) 1913: fiscalização das repartições da Fazenda do RS e AL 1912-13: fiscalização das agências do Lloyd Brasileiro 1906-14: diretor do *Estado de Minas* e redator da *Tribuna do Norte* e do *Diário de Notícias*
Direito/ Universidade do Brasil (1925)	—	1925: escritório de advocacia (RJ) 1924-30: jornalista e editor de *A Noite* 1931: redator-chefe do Departamento Oficial de Publicidade
Faculdade de Direito/ Belo Horizonte (1922)	Uma prima, da família Melo Franco	Funcionário da Estrada de Ferro Oeste de Minas Advogado em Boa Esperança, depois em Belo Horizonte Diretor da sucursal dos Diários Associados Redator do *Diário de Minas*
Direito/ Universidade de Minas Gerais (1924)	Filha do ex-deputado Jaime Gomes de Sousa Lemos, representante de Minas na Câmara Federal. Da família Negrão de Lima	Advogado em Oliveira (MG)
Direito/ Faculdade Nacional de Direito, s.d.	Filha do senador mineiro Alfredo Catão	Funcionário do Banco Hipotecário e Agrícola de Minas Gerais
Direito/ Faculdade de Direito da Bahia (1929)	—	—
Direito/ Faculdade de Direito da Bahia, s.d.	—	1921-27: redator e diretor do *Diário da Bahia*

Quadro 3. (*Continuação*)

"ALA DOS BACHARÉIS"	MAGISTÉRIO SUPERIOR	INSERÇÃO EM GRUPOS ECONÔMICOS PRIVADOS
Daniel Serapião de Carvalho	Catedrático de direito civil na PUC-Rio e de instituições de direito privado na Faculdade Nacional de Ciências Econômicas da Universidade do Brasil	Diretor da Companhia Confiança Industrial
José Eduardo do Prado Kelly	—	—
Milton Soares Campos	Catedrático de Ciências Políticas (Faculdade Federal de Minas Gerais) e de Direito Constitucional (Faculdade Mineira de Direito)	—
Gabriel de Resende Passos	—	—
José de Magalhães Pinto	Catedrático de Política Financeira (Faculdade de Ciências Econômicas da Universidade de Minas Gerais)	Gerente, depois diretor do Banco da Lavoura de Minas Gerais Fundador e diretor do Banco Nacional de Minas Gerais
Luís Viana Filho	Catedrático de Direito Internacional Privado (Universidade da Bahia) e de História do Brasil (Faculdade de Filosofia da Universidade da Bahia)	—
Clemente Mariani Bittencourt	Professor de Direito Comercial (Faculdade de Direito da Bahia)	1933: diretor da Cire S.A. 1938: diretor da Cia. Usina Cinco Rios 1943-44: diretor-presidente do Banco da Bahia

Fonte: Repositórios biográficos. Nota: Alguns importantes parlamentares udenistas (Bilac Pinto, Manoel Cavalcanti Novaes, Pedro Aleixo, Odilon Duarte Braga) não constam do quadro porque não acrescentam elementos à demonstração, tendo merecido referências no texto e em notas de rodapé (por exemplo, os irmãos Melo Franco, Mendes Pimentel, Sá Pires, Pinheiro Chagas, Dario de Almeida Magalhães).

PRODUÇÃO INTELECTUAL	CARREIRA POLÍTICA
Biografias, estudos históricos e memórias	1924-28: deputado estadual 1963: deputado à Assembleia Nacional Constituinte 1945: deputado constituinte pelo estado da Bahia
Poesias, crônicas e artigos jurídicos	1930: comissões de sindicância do Ministério da Agricultura e da Prefeitura do Distrito Federal 1932: secretário da Imprensa Nacional 1933: deputado à Assembleia Nacional Constituinte e líder da bancada fluminense 1945: deputado constituinte pelo estado do Rio de Janeiro
Escritos políticos	1932: advogado-geral do estado de Minas Gerais 1933: membro do Conselho Consultivo do estado de Minas Gerais 1934: deputado constituinte estadual Advogado da Caixa Econômica Federal Fundador da Ordem dos Advogados de MG, depois seu presidente Presidente do Instituto dos Advogados 1947: governador de Minas Gerais
Escritos jurídicos e escritos políticos	Chefe de gabinete do secretário do Interior de Minas Gerais Chefe de gabinete e secretário particular do presidente Olegário Maciel 1934: deputado à Assembleia Nacional Constituinte 1936-45: procurador-geral da República 1945: deputado constituinte por Minas Gerais
Biografias, estudos históricos e jurídicos	1945: deputado constituinte pelo estado de Minas Gerais
—	1945: deputado constituinte pelo estado da Bahia
Estudos jurídicos e políticos	1914: interventor na região contestada entre MG e ES 1915: chefe de gabinete do secretário da Agricultura (MG) Oficial de gabinete do ministro da Fazenda e do presidente Raul Soares 1922-26: secretário da Agricultura (MG) 1922: deputado estadual 1927, 1933, 1945, 1950: deputado federal 1946: ministro da Agricultura

Diplomados em direito em meados dos anos 1920, os bacharéis da "ala" logo ascenderam às vagas profissionais e políticas que lhes foram destinadas de berço.

A largada profissional da maioria sucedeu pelo exercício da advocacia em cidades do interior, de preferência em redutos eleitorais da família ou de chefes políticos a que estavam ligados. Cientes dos dividendos que poderiam auferir pelos acertos logrados no período probatório, eles conferiram ao início de carreira a pátina de designação confidencial por parte de figurões na liderança estadual. Os bem relacionados na seara política logo foram convocados ao desempenho de cargos públicos de prestígio — por exemplo, as promotorias — ou então, incorporados como docentes nas faculdades de Direito e Medicina. Em meio ao itinerário que vinham cumprindo no serviço público, muitos foram contemplados com mandatos de representação parlamentar: os veteranos com passagem pelas câmaras estadual e federal ainda durante a República Velha; os nascidos no início do século alcançaram o paradeiro nas Constituintes estaduais e federal em 1934-35.

Os padrões de alinhamento partidário e ideológico da maioria dos quadros da "ala dos bacharéis" perante o golpe de 1937 e, mais tarde, em face da reorganização do sistema político-partidário em 1945 tomam feição em momentos-chave na composição da frente de oligarquias dissidentes, entre a campanha da Aliança Liberal e o desfecho revolucionário em 1930, em meio aos embates entre as forças oligárquicas remanescentes no plano estadual, empenhadas, pela via eleitoral ou por arranjos golpistas, em resistir aos avanços da emergente coalizão de forças em âmbito federal. O exame conjugado dos esforços de resistência dos grupos políticos até então dominantes nos grandes estados e das ofensivas desfechadas pelo executivo após 1930 permite enquadrar, sob o prisma da conjuntura na época, as condições estruturais a presidir o recrutamento das elites políticas nas décadas de 1930 e 1940.

O lance decisivo nos rumos da carreira política dos bacharéis consistiu no seu envolvimento na campanha da Aliança Liberal e nos acontecimentos que desaguaram na vitória das dissidências oligárquicas em 1930. Eles não hesitaram em invocar tal crédito nas vezes em que sentiram necessidade de calçar as atitudes de rebeldia ante o novo regime ou de validar as soluções "liberais" advogadas pelos círculos oposicionistas. No caso paulista, as dissensões internas à classe dirigente rebentam na formação do Partido Democrático (1926), cujo estado-maior, ao se ver alijado do poder estadual em 1930, se dispõe a recompor a frente única oligárquica na insurgência em 1932, nas eleições de 1933 e por ocasião do lançamento de Armando de Salles Oliveira como candidato à Presidência da República.

Em Minas, as tentativas de revide por parte de antigas facções dirigentes se contrapunham às iniciativas do governo federal danosas a seus interesses, instigadas por cisões internas ao comando oligárquico. Os grupos de fato lesados pelo novo regime nos planos estadual e federal — o Partido Republicano Mineiro sob a hegemonia de Bernardes e seus pontas de lança, os Melo Franco, os Pinheiro Chagas — são os mesmos que ajudaram a robustecer o movimento revolucionário assegurando a ascensão de Vargas. Os grupos de revolucionários históricos em torno do PRM "bernardizado", aliados a Oswaldo Aranha e a parceiros com trânsito nos centros de poder, lideraram o golpe fracassado contra Olegário Maciel em 1931, os mesmos empenhados em arregimentar forças locais em apoio à Revolução Constitucionalista e que, por fim, se viram preteridos com a recusa de Vargas em nomear Virgílio de Melo Franco interventor em 1934. A peleja no interior dos grupos dirigentes estaduais envolve, de um lado, os bacharéis de estirpe identificados com o bernardismo e, de outro, os bacharéis chamados "jovens turcos" (Gustavo Capanema, Francisco

Campos, Amaro Lanari, Mario Casasanta) em parceria com quadros políticos emergentes (Benedito Valadares, Juscelino Kubitschek, Israel Pinheiro), em sintonia apurada com as diretrizes político-administrativas do governo central. Os sucessivos reveses sofridos por essa parcela do perremismo, desde o golpe fracassado contra Olegário até o exílio e a cassação dos direitos políticos de Bernardes, de Pinheiro Chagas e outros, franquearam as posições dirigentes do PRM aos futuros signatários do Manifesto Mineiro e organizadores do partido oposicionista. Em princípios de 1933, Ovídio de Andrade é eleito presidente da Comissão Executiva do PRM; Paulo Pinheiro Chagas, João Edmundo Caldeira Brant e outros integram a chapa eleita ao diretório central, os mesmos que, acrescidos de José Maria Lopes Cançado, de Tristão da Cunha e de Afrânio de Melo Franco, compõem a bancada perremista à Constituinte mineira de 1935. Outros quadros de peso, que se bandearam mais tarde para as hostes oposicionistas, permaneceram então aliados às forças de sustentação da interventoria Valadares: Milton Campos, Sílvio Marinho e Bilac Pinto, deputados estaduais pela legenda do Partido Progressista. O golpe de 1937 empurrou às fileiras da oposição jovens políticos até aquele momento empenhados em preservar o modus vivendi entre as facções políticas estaduais, como demonstram as tentativas de arreglo entre Valadares e uma dissidência perremista em 1936. Em Minas, o perremismo de coloração bernardista, os clãs familiares seus aliados (Pinheiro Chagas, Melo Franco) desde a Convenção de 1931 e alguns bacharéis ilustres — ressentidos pela expropriação de um lugar ao sol na cúpula do poder central, *ex post* desiludidos pelos rumos autoritários do regime — fincaram as balizas do terreno oposicionista. Por razões atinentes às redes de sociabilidade em meio às quais transitam as famílias dirigentes especializadas no desempenho de funções políticas e culturais

de prestígio, figuras destacadas nessa fornada de oposicionistas — Milton Campos, Bilac Pinto, Pedro Aleixo e outros—,[49]

49 Milton Campos, Pedro Aleixo, Gabriel Passos, Dario de Almeida Magalhães, Luís Camillo de Oliveira Netto, Pedro da Silva Nava e outros signatários do Manifesto Mineiro e políticos udenistas participaram ativamente,
na década de 1920, dos círculos da vanguarda literária em Belo Horizonte.
Em Minas Gerais, o destino social das principais figuras do "grupo Estrela"
(ver pp. 25 ss.) dependeu, quase na íntegra, das benesses que lhes concederam, primeiro, os grupos dirigentes estaduais e, mais tarde, o governo
federal, tirante os poucos futuros udenistas abancados no setor privado.
Ver Fernando Correia Dias, *O movimento modernista em Minas*. Brasília:
Ebrasa, 1971. Com apoio financeiro de Guilherme Guinle e de Peixoto de
Castro, Virgílio de Melo Franco fundou, em 1948, a revista *Política e Letras*,
na difusão de trabalhos de intelectuais identificados com os círculos oposicionistas. Ao lado de letrados consagrados já antes de 1930 (Gastão Cruls,
Octavio Tarquínio de Sousa), de expoentes entre os escritores-funcionários
do regime Vargas (Carlos Drummond de Andrade, Rodrigo Melo Franco de
Andrade, Manuel Bandeira), de romancistas firmados nos anos 1930 (Erico
Verissimo, Amando Fontes) e de vultos da cúpula udenista (Milton Campos),
o conselho diretivo se escorava na colaboração de destacados intelectuais
católicos que prestaram serviços ao partido oposicionista: Odylo Costa
Filho, diretor da *Política e Letras* e diretor de expediente da UDN; Hamilton
Nogueira, senador udenista pelo Distrito Federal;e Luís Camillo de Oliveira Netto, membro do Secretariado Executivo da UDN. Oliveira Netto
(Itabira do Mato Dentro, MG, 1904-Rio de Janeiro, 1953), irmão do publi-
cista e historiador João Camillo de Oliveira Torres, filho de "um inspetor de
linhas telegráficas e pioneiro das comunicações no vale do Rio Doce", descendente de "quatro ou cinco gerações de vereadores à Câmara Municipal
de Itabira" e de pioneiros da indústria do ferro no país, era o típico funcio-
nário-escritor cooptado pelo regime Vargas. Diplomado químico industrial
pela Escola de Engenharia da Universidade de Minas Gerais, ingressou no
serviço público como bibliotecário e arquivista da Secretaria do Interior,
passando em seguida aos quadros do Ministério da Educação, quiçá pelas
mãos dos primos Carlos Drummond de Andrade e Rodrigo Melo Franco
de Andrade, aí se dedicando a pesquisas históricas, atuante no Serviço
do Patrimônio Histórico, até ser nomeado diretor da Casa de Rui Barbosa.
Lecionou história do Brasil na antiga Universidade do Distrito Federal, dirigiu a Faculdade de Política e Economia e a reitoria da mesma universidade.
Em 1940, ingressou no Ministério das Relações Exteriores, vindo a chefiar
o Serviço de Documentação. Além de integrar delegações brasileiras em

ressabiados pelo ostracismo momentâneo a que se viram condenados, encontraram a alternativa viável de filiação partidária junto aos círculos dirigentes do setor privado.

Foram, portanto, circunstâncias envolvendo o desmonte dos grupos dirigentes estaduais uma das razões determinantes a atrair esses quadros à órbita dos núcleos oposicionistas. No percurso dos futuros udenistas, já quarentões na década de 1940, o desmantelamento do pacto entre as facções do situacionismo oligárquico fez ruir as expectativas de carreira política bem-sucedida no plano estadual, instados, doravante, a reorientar as veleidades na mira de grupos econômicos a cujos dirigentes e proprietários já estavam vinculados por laços de parentesco e de compadrio,[50] pela amizade nos bancos

missão no exterior, participou de conselhos e comissões no regime Vargas, inclusive o Conselho Nacional de Educação. Demitido das funções públicas por subscrever o Manifesto Mineiro em 1943, passou à linha de frente contra o Estado Novo: cuidou de imprimir a aula inaugural do então desconhecido professor baiano Aliomar Baleeiro, em defesa da normalidade constitucional, ajudou a articular a entrevista com José Américo e ajudou a fundar a União dos Trabalhadores Intelectuais. Por ocasião do golpe de 1937, "identificado com Gustavo Capanema e Carlos Drummond de Andrade e enfeitiçado pelo talento de Francisco Campos, ficou perplexo ante a situação política que então se inaugurava [...]. Mas o espírito de aventura inerente ao seu temperamento, à sua cultura e à comunidade de origem, unidos à confiança dos membros do seu grupo, então no apogeu da sua força, levaram-no a acreditar que algo de bom pudesse ser realizado no Brasil" (Luís Camillo de Oliveira Netto, *História, cultura e liberdade: Páginas recolhidas*. Pref. de Francisco de Assis Barbosa. Intr. de Carlos Drummond de Andrade, Barreto Filho e João Camillo de Oliveira Torres. Rio de Janeiro: José Olympio, 1975, p. 152). **50** Dario de Almeida Magalhães e Milton Soares Campos eram casados com primas dos Melo Franco; Alceu Amoroso Lima era casado com uma das filhas de Alberto de Faria, do mesmo círculo de sociabilidade a que pertencia a família Melo Franco; Daniel Serapião de Carvalho era casado com a filha de um ministro do Supremo Tribunal Federal; Magalhães Pinto era padrinho de casamento de Paulo Pinheiro Chagas, e assim por diante. Ver Afonso Arinos de Melo Franco, op. cit.

acadêmicos, pela experiência profissional. Tal enlace viria lhes garantir esteio material e institucional.

A geração em ascenso na elite de bacharéis aliados dos gaúchos na conjuntura revolucionária de 1930 foi sendo devagar espirrada da coalizão vitoriosa; suas pretensões de mando não foram acolhidas pelas forças emergentes da classe dirigente. Buscaram se resguardar sob o amparo do setor financeiro privado cujos dirigentes compartilhavam a crença em arranjos de feitio liberal, os quais modelariam a organização da economia, da sociedade e do Estado. A mobilidade no espaço da classe dirigente lhes permitiu sobreviver sem o beneplácito do Estado e, por outro lado, cerceou a margem de manobra da novel "classe política" aferrada à defesa dos interesses privados. A autonomia relativa dos organizadores da UDN perante o setor público, balizada pela posição vantajosa desfrutada na hierarquia das profissões liberais, esbarrava na sujeição às diretrizes políticas do setor privado, constrição drástica às alternativas viáveis de aliança no interior da classe dirigente ou junto aos grupos subalternos recém-incorporados à arena política.

Sem dúvida, eis um fator decisivo de clivagem entre os organizadores da UDN e os do PSD: os oposicionistas empenhados em fazer da atividade política o instrumento de defesa dos interesses econômicos de que eram beneficiários diretos e que, a seu juízo, lhes garantiriam o acesso às posições de mando que haviam "herdado"; os pessedistas dependentes da extensão do poder público que, a seu cálculo, teria o condão de ampliar as esferas de decisão reservadas aos políticos profissionais.

Família, profissão e poder — As famílias da fração intelectual e política devem a condição privilegiada ao trabalho especializado que vêm exercendo em sucessivas gerações, sendo indissociável o capital acumulado do patrimônio de prestígio e honorabilidade de que todos se beneficiam, como bem o demonstram os arroubos em que fazem valer o acervo de feitos e personagens ilustres do anedotário doméstico. Os depoimentos de figurões das dinastias frisam os destinos paralelos da legenda familiar e da história da elite nativa, ecoando a expansão das profissões liberais tradicionais em que se firmaram. Ao exercer o monopólio virtual no tocante ao suprimento de cargos e vantagens em instâncias súperiores no trabalho de dominação, substrato do regime de cooptação a presidir o recrutamento das elites políticas e intelectuais, tais famílias alocavam os recrutas em alternativas distintas de carreira no espaço da classe dirigente. A colheita de vantagens sucede no estágio de incipiente diferenciação na divisão do trabalho político e cultural, no qual os pleitos da hierarquia familiar prevalecem no sequestro de vagas nas profissões dirigentes e nos percursos de acesso às carreiras prestigiosas. A partilha de filhos em carreiras indispensáveis à conservação "coletiva" e indivisa da posição e do status da família procede pelo prognóstico quanto ao estado de um mercado especializado, precedendo, no âmbito das instituições, a transmissão efetiva de competências e de cargos entre gerações. Por conseguinte, a divisão do trabalho político e cultural no interior de linhagens de cientistas, letrados, juristas, profissionais liberais e políticos profissionais afeta a geração muito antes de os "herdeiros" serem de fato convocados a ocupar os lugares que lhes foram reservados ou, ao menos, "prognosticados". A exemplo da partilha de bens materiais consoante expedientes com vistas a impedir a dilapidação ou a dispersão do capital amealhado, o itinerário escolar e profissional dos herdeiros dinásticos se ajusta às oportunidades de inserção "em carteira" no espaço da classe dirigente. Além de mobilizar pistolões em favor de rebentos da linhagem, o cálculo diligente de oportunidades deriva de estimativa quanto à rentabilidade futura do patrimônio familiar em lugar de investidas fortuitas em busca de pecúlio individual.

As dinastias Melo Franco, Pinheiro Chagas, Mendes Pimentel, Sá Pires e outras aprontaram estratégias de longo prazo no tocante à inserção da mão de obra familiar com vistas à sua reprodução na classe dirigente, e a mais relevante consistia em repartir os herdeiros presuntivos em postos gerenciais, políticos e intelectuais, dos setores público e privado, ou seja, fazendo confluir os rendimentos auferidos de negócios particulares às benesses conferidas pelo acesso à cúpula governamental.

Os planos relativos à formação escolar e cultural dos efetivos de uma geração se ajustam ao futuro de classe de cada posição no interior da fratria, cabendo ao primogênito a gestão dos negócios familiares e as posições políticas de relevo, aos filhos do meio o deleite pelas profissões intelectuais e científicas, e aos mais jovens a estabilidade das carreiras públicas de prestígio como a diplomacia.

A dinastia Pinheiro Chagas

> *Uma família de juízes, políticos, policiais, censores, funcionários, jornalistas, professores e tabeliães que nunca souberam viver outra vida senão à sombra dos cofres públicos.*
>
> Paulo Pinheiro Chagas, *Esse velho vento da aventura*, p. 166

Os Pinheiro Chagas contavam, entre os antepassados, com altas patentes militares, profissionais liberais, fazendeiros, letrados e, sobretudo, políticos e médicos de nomeada.[51] Francisco, Djalma, José, Armando, Antônio e Carlos Pinheiro Chagas descendiam, pelo lado paterno, de três Francisco das Chagas

---

51 Paulo Pinheiro Chagas, *Esse velho vento da aventura*, op. cit., pp. 15 ss.

Andrade: o primeiro, o Patriarca de Passa Tempo, licenciado em medicina e cirurgião aprovado pelo Imperador, chefe político municipal, latifundiário que prosperara com o comércio de escravos, trisavô dos irmãos Pinheiro Chagas; o segundo era o barão de Bambuí, o avô; enfim o pai, grande proprietário rural falido ao tempo do Encilhamento. A família passa a viver dos ralos proventos do pai, nomeado agente dos Correios em Oliveira (MG), do magistério exercido pela mãe e das contribuições das filhas, que "também lecionam, bordam, pintam", encosto usual dos ramos empobrecidos da oligarquia. A formação escolar e o encaminhamento profissional dos filhos passaram à esfera da cooperação de parentes e amigos da família: Francisco, José e Djalma arranjaram vagas na Escola Militar do Rio de Janeiro, "dispostos a se fazerem oficiais", mas apenas Francisco seguirá a carreira, transferindo-se para a Escola Naval, de onde sai primeiro aluno laureado em 1904, no ano em que José e Djalma são expulsos pelo envolvimento no levante contra a lei da vacina obrigatória. Carlos ingressa na Faculdade de Medicina por conta de "um modesto emprego que lhe arranjou o seu padrinho Epitácio Pessoa", então ministro do Supremo Tribunal Federal. Antônio "é dado como morto" até reaparecer anos depois, como juiz federal na capital do Acre. Armando dedica-se ao comércio em Oliveira.

Em meio à carreira brilhante na Marinha, Francisco morre assassinado em 1918, ao tempo que Carlos realizava curso de especialização nos Estados Unidos, com bolsa da Fundação Rockefeller, disparo da trajetória acadêmica e científica da qual desiste para devotar-se ao exercício de mandatos políticos. Já na docência como catedrático de histologia e anatomia patológica da Faculdade de Medicina de Belo Horizonte, Carlos aceita a incumbência de assumir a Prefeitura de Poços de Caldas, onde deveria implantar os serviços de estância hidromineral. A eleição como deputado federal em 1930 pela legenda da

Aliança Liberal e os serviços prestados à causa revolucionária lhe credenciaram nos círculos palacianos do regime. A proximidade com João Moreira Salles do tempo de prefeito em Poços de Caldas e a estima da parte de Vargas e Oswaldo Aranha decerto ajudaram ao brinde de um cartório na capital federal[52] após a recusa em assumir a interventoria em Goiás. Nos termos do acordo entre o PRM e a Legião de Outubro no início de 1932, Carlos é nomeado secretário da Fazenda no governo Olegário Maciel. Falece meses depois, aos 43 anos de idade, e interrompe-se a mais bem-sucedida carreira federal nessa geração Pinheiro Chagas.

O desaparecimento de Francisco e Carlos transfere os encargos de chefe familiar ao cuidado de Djalma, destinado, de saída, a galgar os postos a que estava convocada a nata de bacharéis imbuída da missão de porta-voz classista: vereador e presidente da Câmara Municipal de Oliveira; deputado estadual (1925); secretário de Estado nos governos Mello Viana e Antônio Carlos, que o designa presidente do Banco de Crédito Real de Minas Gerais (estabelecimento oficial). Em retribuição aos serviços prestados à causa revolucionária em 1930, Djalma é indicado membro do Tribunal Especial Revolucionário. Mesmo desgostoso pelos rumos do regime e pela labuta política, em particular, Djalma continua militante do perremismo, ora na qualidade de presidente do Banco Português do Brasil. Em 1932, acaba exilado na Argentina em consequência da adesão apaixonada às forças paulistas; dois anos depois, integrou a bancada federal perremista na Assembleia Constituinte, antes de cair em ostracismo político.

---

[52] Carlos Pinheiro Chagas foi nomeado tabelião do 3º Cartório do Rio de Janeiro em 20 de fevereiro de 1931, segundo indica D. L. de Macedo, *Tabeliães do Rio de Janeiro (1565-1965)* (Rio de Janeiro: Arquivo Nacional, 1965, p. 109).

Os irmãos (Djalma e Carlos) e sobrinhos (Paulo e Dalmo, filhos do falecido Francisco) Pinheiro Chagas participaram intensamente dos episódios revolucionários que culminaram com a ascensão de Vargas em 1930. No posto de secretário da Agricultura de Antônio Carlos, Djalma fora incumbido de chefiar os setores de defesa e mobilização no estado. Carlos, um dos poucos deputados eleitos pela Aliança Liberal que escapara à "degola", proferiu no Rio de Janeiro o discurso de recepção ao corpo de João Pessoa, que ele próprio redigira, auxiliou na arregimentação dos destacamentos policiais e, por fim, recebeu o encargo de ocupar a velha capital de Goiás e assumir momentaneamente a presidência do estado. Paulo Pinheiro Chagas juntou-se a tropas revolucionárias no sul de Minas incumbidas de "defender os centros ferroviários e de atacar as guarnições federais de Três Corações, Itajubá e Pouso Alegre, núcleos ainda não aderidos à Revolução".[53]

A partir daí, Paulo Pinheiro Chagas cumpre o itinerário de postos políticos a que fazia jus o herdeiro da dinastia. Bacharel em medicina, em 1930, é indicado presidente do diretório central do PRM no início de 1933, ano em que resolve ingressar na Faculdade de Direito. Em 1935, elege-se deputado perremista à Constituinte mineira; com o golpe de 1937, retorna ao setor privado, com emprego em companhias de seguro, uma empresa construtora e, no tempo livre, a produção intelectual.[54] Em abril de 1945, participa da fundação da UDN e colabora de perto na campanha eleitoral em prol da candidatura de Eduardo Gomes, a cujo respeito redige uma biografia para fins promocionais.[55]

---

53 Paulo Pinheiro Chagas, *Esse velho vento da aventura: Memórias*, op. cit.
54 Incentivado por Cláudio Ganns, sócio da editora Zelio Valverde, Paulo Pinheiro Chagas colige os materiais para a biografia *Teófilo Ottoni, ministro do povo*, publicada em 1943.   **55** Paulo Pinheiro Chagas, *O brigadeiro da libertação: Eduardo Gomes — ensaio biográfico*. Pref. de Hélio Lobo. Rio de Janeiro: Zelio Valverde, 1945.

Coda

As interpretações fundadas em critérios institucionais ou ideológicos nublam as condições sociais propícias ao remanejamento do espaço de concorrência política nos anos 1930 e 1940 e censuram diagnósticos de travo sociológico. O recurso a componentes "classistas" — aqui evidenciados pelos liames entre grupos econômicos, redes de sociabilidade e organizações partidárias — contribuiu a desvendar os móveis das lutas na raiz das clivagens no sistema partidário. A ênfase incidiu, portanto, na restituição do perfil econômico e social dos setores dirigentes mentores de organizações partidárias as quais, por conta das feições e interesses distintos dos protagonistas, se mostraram propensas a elaborar e a manejar visada diferencial dos rumos da política econômica e da organização social e política.

A máquina governamental e os grupos econômicos privados foram os esteios (materiais e doutrinários) dos principais grupos de políticos profissionais nas décadas de 1930 e 1940. O legado das interventorias e das "correias de transmissão" do poder central nos estados, a montagem de anéis burocráticos sob a tutela de "mandachuvas" ligados aos círculos palacianos e a manipulação dos instrumentos políticos de praxe (verbas, cargos e prebendas) soldaram as amarras do setor majoritário dentre os políticos profissionais aptos a deslanchar a carreira ao longo do primeiro governo Vargas. Por sua vez, grupos econômicos privados, em regra lastreados em tradição robusta de mando local e regional, ancorados em atividades comerciais e financeiras, sensíveis a oportunidades e negócios especulativos, atraíram ao quadro "funcional" os recrutas com berço nas profissões liberais e intelectuais, espirrados ou preteridos pela coalizão de forças emergente no governo federal. Em ambos os partidos, os laços com os militares avalizaram as pretensões em jogo e, no escambo, deram folego ao protagonismo crescente da corporação militar na arena política.

Não obstante, a postura aqui adotada ajuda a esclarecer outras dimensões da história brasileira contemporânea. Ao que tudo leva a crer, o remanejamento do espaço de concorrência política no primeiro governo Vargas derivou das demandas de grupos e setores econômicos ameaçados na primazia econômica regional, dos pleitos da parte de setores industriais emergentes e das pressões exercidas pelos grupos-chave da elite não econômica (militares, políticos, intelectuais e técnicos). A discussão rebarbativa sobre as consequências da política econômica pós-1930 na maturação do capitalismo industrial no país esquiva o escrutínio das relações entre os setores da classe dirigente e, na toada, se exime de apurar as exigências administrativas, ideológicas e políticas, responsáveis pela gênese do sistema misto de representação e cooptação de 1930 até hoje. As revoluções de 1930 e de 1932, o golpe de 1937 e a "restauração" de 1945, episódios cruciais no embate entre os grupos dirigentes aspirantes à hegemonia, desvelam a precariedade do comando pleiteado pelas frações vinculadas ao núcleo dinâmico da economia (o caso Armando Salles de Oliveira e outros). Ao longo das décadas de 1930 e 1940, as frações econômicas dominantes, em São Paulo, não lograram meios de sujeitar os demais setores da elite dirigente; o poder central tampouco podia se eximir ao atendimento de demandas concorrentes às do polo industrial. O pacto ora celebrado responde pela disjunção bizarra entre as frações devotadas ao desempenho de funções técnicas, intelectuais, políticas, e os grupos empresariais dotados do cabedal de recursos capaz de reverter a entente favorável à elite não econômica. A história do período é pontuada por sucessivas investidas de romper o cerco, ao recusar o papel político coadjuvante que lhes coube.

Cumpria esclarecer as condições sociais que viabilizaram as alianças entre setores enraizados na máquina governamental e parcela da elite de empresários industriais como Vidigal, Simonsen, Lodi (o PSD), entre grupos econômicos privados fora de São Paulo e setores intelectuais, políticos e militares (a UDN). O perfil econômico e social dos setores da elite dirigente na raiz da UDN confinou os limites do campo de influência, ao excluir setores não proprietários, abdicando assim do pleito de representar, sequer na toada populista, as classes populares (eleitorado do PSD e do PTB). Revolver o alicerce das alianças ajuda a deslindar a delegação de interesses na montagem das candidaturas Dutra e Eduardo Gomes, atores-emblema guindados à disputa presidencial pelos consórcios de interesses, arregimentando os setores da classe dirigente em torno dos quais vem sucedendo a concorrência pelo poder desde meados do Estado Novo.

Índice remissivo

1 Congresso Brasileiro de Escritores
(1945), 83
25 poemas da triste alegria, Os
(Drummond), 45

A

Abdalla, José João, 209n
Abreu, Alzira Alves de, 17n, 53n, 155n
Academia Brasileira de Letras, 73, 98,
102n
Academia Mineira de Letras, 49, 58n
Ação Católica, 124
Accioly, Antônio Pinto Nogueira, 194n
"Acordo Mineiro" (1932), 19, 42
Affonseca, José Armando, 209n
Agripino Filho, João, 206n
Aguiar, Joaquim A. de, 117n
"ala dos bacharéis", 209, 229-30, 236
Alagoas, 199, 205, 207
Albuquerque, André Cavalcanti de,
212n
Albuquerque, Epitácio Pessoa Cavalcanti
de, 106n
Albuquerque, Ivo Rodrigues Lins de, 214
Albuquerque Cavalcanti, Joaquim
Arcoverde de, 212n
Aleijadinho (Antônio Francisco Lisboa),
69-70
Aleixo, Pedro, 221, 239
Alemanha, 136, 142, 175
Alencar, Mário de, 25
Alexander, Robert J., 200n
Alguma poesia (Drummond), 60, 64, 68,
73, 125
"Alguma poesia" (Martins de Almeida),
60n

Aliança Liberal, 15, 17, 20, 22, 42, 56, 131,
136, 194, 206, 236-7, 245-6
Almanaque Laemmert, 160
Almeida, Aureliano Baptista Pinto de, 194n
Almeida, Estevão de Araújo, 141, 162, 178
Almeida, Guilherme de, 99-100, 132, 141-
3, 146, 162, 164-5, 171, 178
Almeida, Guilherme Xavier de, 202
Almeida, José Américo de, 219-20, 240n
Almeida, Martins de, 30, 35n, 60, 61n,
219, 220
Almeida, Tácito de, 162
Alphonsus, João, 20, 28, 34n, 36, 49-51,
60n, 85n, 113-4, 123
Amanuense Belmiro, O (Cyro dos Anjos),
40n, 48
Amaral, Aracy, 177n
Amaral, Azevedo, 96, 107-8
Amaral, Luís, 106
Amaral, Tarsila do, 134, 143
Amazonas, 182, 204
"América" (Drummond), 88
analfabetismo no Brasil, 13, 71
Andrada, Antônio Carlos Ribeiro de, 15-6,
19, 23-4, 42, 52, 115, 220, 224n, 245-6
Andrada, Fábio, 224n
Andrada, José Bonifácio Lafayette de, 203
Andrade, Almir de, 95-6, 109-10
Andrade, Carlos Augusto de, 173
Andrade, Carlos de Paula, 38, 39n
Andrade, Elias de Paula, 29
Andrade, Francisco das Chagas, 244
Andrade, Inês Henriqueta de Sousa, 177
Andrade, José Oswald Antônio de
(Nonê), 179-80
Andrade, José Oswald Nogueira de, 178
Andrade, Maria Luísa Leite Moraes
de, 173

Andrade, Mário de, 22, 36n, 41, 44, 61-3, 90, 93, 96, 100n, 104, 113-4, 121, 123, 125, 141-2, 144-5, 172, 175

Andrade, Moacir, 48

Andrade, Oswald de, 85n, 100, 132, 142-5, 163-4, 177

Andrade, Oswaldo S., 195n, 200n, 201n, 204n

Andrade, Ovídio de, 221-2, 238

Andrade, Rodrigo Melo Franco de, 45, 61n, 96, 239

Anjos, Antonino dos, 46n

Anjos, Antônio dos, 47

Anjos, Benjamin dos, 46

Anjos, Carlos dos, 46n

Anjos, Cyro dos, 20-1, 27, 30, 36, 38, 40n, 46, 48, 58, 61n, 65n, 68, 99n, 114, 120, 124

Anjos, Waldemar dos, 48

Anta (movimento), 100

antissemitismo, 106, 108, 136

"Anúncio da rosa" (Drummond), 86

"Áporo" (Drummond), 86n

Aquino, Osmar de Araújo, 206n

Aranha, Oswaldo, 19, 24, 230n, 237, 245

Arinos, Afonso (sobrinho), 61n

Arrigucci Jr., Davi, 86n, 117n, 128n

Arruda, João Ponce de, 202

Arruda, Maria Arminda do Nascimento, 45n, 130n

ars poetica, 40, 58, 86n, 149, 157

Assis, Machado de, 40n, 57, 105n

Associação Brasileira de Educação, 42

Ataíde, Manuel da Costa, 69

Athayde, Tristão de, 72n, 152n, 155n

Auerbach, Erich, 127

Augusto, imperador romano, 103n

"Aurora" (Drummond), 69

autoritarismo, 106

Azevedo, Cyro, 205

Azevedo, Thales de, 226n

B

Bahia, 13, 192, 207-8, 226, 230

"Balada do amor através das idades" (Drummond), 63

Baleeiro, Aliomar de Andrade, 198n, 240n

Bambuí, barão de, 244

Banco do Brasil, 42, 83n, 95, 222

Bandeira, Manuel, 36n, 44, 50n, 51, 61, 72n, 73-4, 85n, 90, 96, 99, 100n, 103-5, 113, 121, 125, 157, 172n, 239

Barbacena (MG), 21, 45n, 62, 197, 201, 221

Barbosa, Francisco de Assis, 172n

Barbosa, Pantaleão de Siqueira, 212

Barreira, Gentil, 203

Barreto, Dantas, 214

barroco, 63, 69, 114, 134

Barros, Ademar de, 101

Barros, Frederico Ozanam Pessoa de, 162n

Barros, Mário Gomes de, 203, 207

Barroso, Gustavo, 106

Bastide, Roger, 152n

Bastos, A. D. Tavares, 104n

Batista, d. Joaninha, 38n

Bélgica, 175

Beloch, Israel, 17n, 53n, 155n

Benevides, Maria Victoria de Mesquita, 187n

Bernardes, Artur, 16-8, 20, 83-4, 237-8

Bernardes Filho, Artur, 223

Bernardo, Guimarães, 49

Berrien, William, 122

Bezerra, Elvia, 159n

Bias Fortes, José Francisco, 201-2

Bilac, Olavo, 62n, 150

Bittencourt, Clemente Mariani, 195n, 198n, 226n, 232-5

Bittencourt, Paulo, 82, 197n

Blanco, Alejandro, 130n

Blank, Joanita, 104n

Boadella, José, 121

Boaventura, Maria Eugenia, 177n, 180n

Boêmia, 216

Bogea, Antenor Américo Mourão, 198n

Bomeny, Helena Maria Bousquet, 15n, 94n, 96n, 115-6, 139n

Bopp, Raul, 85n

Borges, Jorge Luis, 90n

Botelho, André, 117n

Bouzan, Ary, 221n

Braga, Odilon Duarte, 222

Brandão, Francisco Silviano de Almeida, 53*n*

Brandão, Júlio Bueno, 52-3, 218

Brandão, Wellington, 61*n*

Brandão Filho, Júlio Bueno, 53*n*, 55

Brás, Venceslau, 19-20, 23, 53*n*

Brasil errado (Almeida), 35*n*

"Brasil" (Salgado), 157

Brecheret, Victor, 134

Brejo das almas (Drummond), 66, 68, 73

Brito, Carvalho, 16*n*

"Bruxa, A" (Drummond), 81

Bueno, Alexei, 25*n*

C

Cabo das tormentas, O (Frieiro), 48*n*

café com leite, pacto, 11

Café Estrela (Belo Horizonte), 15, 119; *ver também* Estrela, grupo

café/economia cafeeira, 11-3, 35*n*, 148

Caldeira Brant, Alice Dayrell, 42

Caldeira Brant, Augusto Mário, 42-3, 83*n*, 223

Caldeira Brant, Ignez, 31, 42

Caldeira Brant, João Edmundo, 43, 83, 238

Caldeira Brant, Mário, 31

Câmara dos Deputados, 42, 220

Camargo, Juvenal Franco, 159

Camilo, Vagner, 128*n*

Campos, Alberto, 28-9, 45*n*, 61*n*, 76*n*, 80, 119, 135

Campos, Déa Dantas, 55

Campos, Epílogo Gonçalves, 198*n*

Campos, Francisco, 16-20, 24, 29, 42-3, 45*n*, 52, 55, 61*n*, 67, 82, 93-4, 107, 109, 135, 137, 238, 240

Campos, Martinho, 17*n*, 29, 199

Campos, Milton, 45, 52-4, 58, 61*n*, 83, 119, 195, 222, 232-5, 238-9, 240*n*

Cançado, José Maria, 37*n*, 38*n*, 90*n*, 123*n*, 238

"Canção de berço" (Drummond), 74

"Canção para ninar mulher" (Drummond), 69

Cancioneiro (Moura), 84*n*

Candido, Antonio, 117*n*

Cano, Wilson, 226*n*

Cântico dos Cânticos (Oswald de Andrade), 85*n*

Canto da hora amarga (Moura), 76

Capanema, barão de, 54

Capanema, Gustavo, 16*n*, 18-21, 23-4, 29, 34*n*, 35, 36*n*, 43-4, 52-8, 61*n*, 67, 73, 75, 82, 93, 96, 99, 101-4, 115-6, 120, 124, 135, 137, 219-20, 238, 240

Capanema, Maria Regina de Alencastro Massot, 55

capitalismo, 75, 248

Cardoso, Clodomir, 202

Cardoso, Joaquim Maurício, 230*n*

Cardoso, Lúcio, 40*n*

Cardoso, Maurício Graccho, 201

Cardozo, Joaquim, 85*n*

Carmen Lydia (Maria Carmen Kosbab), 179-80

Carneiro, Hugo Ribeiro, 202

Carneiro, José Janduhy, 202, 206*n*, 210*n*

Carneiro, Oscar Napoleão, 202

Carneiro, Rui, 206

Carneiro Leão, Múcio, 101

Carone, Edgard, 187*n*, 227*n*

Carpeaux, Otto Maria, 87*n*

Carrazzoni, André, 106*n*

"Carta a Stalingrado" (Drummond), 91

Carvalho, Daniel Serapião de, 232-5, 240*n*

Carvalho, José Murilo de, 101*n*, 102*n*, 201*n*

Carvalho, Vicente de, 160, 164

Carvalho Filho, Aloysio de, 195*n*, 198*n*, 230*n*

Carvalho Neto, Antônio Manoel de, 210*n*

Carvalho Neto, Paulo de, 210*n*

Casasanta, Lúcia Schmidt Monteiro, 55

Casasanta, Mario, 34, 45*n*, 48*n*, 52, 54, 57, 61*n*, 238

Casasanta, Nair de Azevedo, 55

"Caso do vestido" (Drummond), 85*n*

"Castelo ideal" (Del Picchia), 151

Castelo, Álvaro, 202

Castro, Aloysio de, 195n
Castro, Ana Célia, 226n
Castro, Moacir Werneck de, 172n
Castro, Peixoto de, 239n
Catão, Alfredo, 225n
Catão, Moacir, 225
Cavalcanti, Carlos de Lima, 212n, 215
Cavalcanti, Orlando, 83n, 220n
Ceará, 207
Central do Brasil, 27n
Centro Dom Vital, 102, 124-5
"Cérebro e ventre" (Del Picchia), 151
Chagas, Antônio Pinheiro, 244
Chagas, Armando Pinheiro, 244
Chagas, Carlos Pinheiro, 244-6
Chagas, Djalma Pinheiro, 244-6
Chagas, Francisco Pinheiro, 244-5
Chagas, José Pinheiro, 244
Chagas, Paulo Pinheiro, 221n, 223-4, 225n, 238, 240n, 243, 246, 247n
Chateaubriand, Assis, 197n, 225n
Cigarra, A (revista), 160
Cinejornal Brasileiro (periódico), 94
Cinza das horas, A (Bandeira), 157
Cisneiros, Amador, 195n
Claudel, Paul, 174
clientelismo, 14, 17, 21, 24n, 26-7, 40, 44-5, 48, 57, 63, 124
Coelho, Levindo Eduardo, 201
"Coisa miserável" (Drummond), 69
Colégio Anchieta (Nova Friburgo), 39
Colégio Arnaldo (Belo Horizonte), 39
Colégio Pedro II (Rio de Janeiro), 40, 99, 219
Collor, Lindolfo, 230n
Comissão de Defesa da Cultura Nacional contra o Bolchevismo, 102n
"Como um presente" (Drummond), 88
comunismo, 67, 83, 84n
Concentração Conservadora, 15, 18
Condenados, Os (Oswald de Andrade), 177-83
"Confidência do itabirano" (Drummond), 75
Confissões de Minas (Drummond), 62n, 120-2

Conselho Nacional de Educação, 75, 102, 136, 240n
"Consideração do poema" (Drummond), 86
"Constituinte com Getúlio" (movimento queremista), 83
Constituinte de 1934, 195, 199, 201, 204-5
Constituinte de 1946, 188, 209, 216, 220
Contos e novelas (João Alphonsus), 51n
"Convite triste" (Drummond), 69
Coração partido, uma análise da poesia reflexiva de Drummond (Arrigucci Jr.), 86n
Correia, Viriato, 100n
Correio da Manhã (jornal), 82, 197, 206n
Correio de Aracaju (jornal), 205
Correio de São Bento (semanário), 156
Correio Paulistano (jornal), 160
Costa, Vanda Maria Ribeiro, 94n, 96n, 115n, 139n
Costa Filho, João Mendes da, 195n, 198n, 230n
Costa Filho, Odylo, 239n
Coutinho Filho, João Úrsulo Ribeiro, 206n
Couto, José de Almeida, 159
Couto, Ribeiro, 61, 99-100, 105, 125, 159-60
crise da cafeicultura em Minas (1897), 14
Cruls, Gastão, 239n
Cultura Política, Revista Mensal de Estudos Brasileiros (periódico), 94, 95n
Cunha, Antônio de Siqueira Carneiro da, 212n
Cunha, Flores da, 23-4, 230n
Cunha, José Antônio Flores da, 203
Cunha, Sylvio da, 85n
Cunha, Tristão da, 238

D

d'Abreu, João, 202
Dantas, José Ibarê Costa, 206n
Dantas, Manuel, 205
Del Picchia, Luís, 147
Del Picchia, Menotti, 96, 100-1, 105, 107, 134, 141-4, 146-7, 154

"Dentaduras duplas" (Drummond), 76

Dentro da noite (Ricardo), 152-4

Departamento de Imprensa e Propaganda (DIP), 93-5, 100-1, 105, 109

Departamento Nacional de Educação, 43, 75

"Desdobramento de Adalgisa" (Drummond), 69

Deus, 65-6, 69, 77, 175

"Dia, Um" (Moura), 77n

Diário de Minas (jornal), 45n, 222n

Diário Popular (jornal), 178

Diários Associados, 197n, 225n

Dias, Fernando Correia, 36n, 46n, 48n, 50, 113-4, 117n, 123, 164-70, 239n

Dias, Pero, 156

Diniz, Eli, 227n

Diretrizes (jornal), 82

"Dois eruditos mineiros" (Campos), 58n

Dolzani, Maria de Lourdes Castro, 180-1

Dornelles, Ernesto, 24n, 199

Dos Jornais (minuta de artigos), 95

Drummond de Andrade, Carlos, 34n, 38n, 51n, 60n, 62n, 82n, 84n, 85n, 87n, 100n, 121n, 122n, 239n, 240n

Drummond de Andrade, Maria Julieta, 121n

Drummond de Andrade, Rosa Amélia, 38

Duarte, Nestor, 230n

Duarte, Paulo, 172n

Duarte, Samuel Vital, 206n

Dutra, Eurico Gaspar, 84, 192n, 208n, 219-20, 249

E

economia mineira, 12

"Edifício Esplendor" (Drummond), 80

Editora José Olympio, 79, 82, 98, 105

Editorial Helios, 144

"Elefante, O" (Drummond), 86n

"Elegia 1938" (Drummond), 75

elite política, 11-3, 32, 48, 97, 185-6

"Em face dos últimos acontecimentos" (Drummond), 69

"Em marcha" (Salgado), 157

"Encanto" (Drummond), 81

Espanha, 136, 156

Espírito Santo, 200

Estado de S. Paulo, O (jornal), 95, 163-4, 197, 208

Estado Novo, 32, 43, 59, 73, 83, 87, 91n, 93, 96-7, 104-5, 107, 109, 111, 122, 132, 136-7, 188, 195n, 208, 225, 227n, 240, 249

Estados Unidos, 95, 244

Estética (revista), 143

Estrela, grupo, 15, 25-6, 42, 52, 59-60, 61n, 83, 99n, 113, 115, 117-9, 121, 130-2, 135, 239n

Estudos e Conferências (periódico), 95

Etienne Filho, João, 36n

"Eucalyptus, O" (Almeida), 163

eugenia, 136

Europa, 107-8, 179

"Europa, França e Bahia" (Drummond), 63

"Exaltação da paz" (Mário de Andrade), 176

Explorações no tempo (Cyro dos Anjos), 27n, 120n

F

Facó, Américo, 85n

Faculdade de Direito de Recife, 215

Faculdade de Direito do Largo de São Francisco (São Paulo), 141-2, 149, 160, 162-3, 178, 208

Faculdade Nacional de Filosofia (Universidade do Brasil), 102n

faculdades livres de Direito e Medicina, 231, 236

famílias poderosas, 242-3

Faria, Alberto de, 102n, 240n

Faria, Otávio de, 102n

fascismo, 35n, 74, 96

federalismo, 20, 22

Fernandes, Paulo da Silva, 202

Fernandes, Raul, 223n

Figueiredo, Argemiro de, 206

Figueiredo, Eurico de Lima, 200n

Figueiredo, Jackson de, 66n

"Filha do sr. Antonio, A" (Del Picchia), 150-1

"Flor e a náusea, A" (Drummond), 86
Fon-Fon (revista), 49, 160
Fonseca, Gregório Porto da, 101
Fontes, Amando, 239n
Fontes, Lourival, 95
Fontoura, João Neves da, 230n
Força Pública Mineira, 19
Força, cultura e liberdade (Almir de
    Andrade), 109
Forças Armadas, 98, 110-1
Fortes, Bonifácio, 206n
Fóscolo, Avelino, 48
Fraga, Alberico, 230n
"Fragilidade" (Drummond), 86n
França, 175
Francisco de Assis, São, 66n
Franco, Walter Prado, 205
franquismo, 96, 102
Freire, Victorino, 211, 219
Freud, Sigmund, 68
Freyre, Gilberto, 95, 104, 198n
Frieiro, Eduardo, 48n, 60n
Frischauer, Paul, 106n
Frota, Lélia Coelho, 61n, 124n
Fusco, Rosário, 96, 109-1

G

Gaertner, Erasto, 198n
Ganns, Cláudio, 246n
Garcia, Othon Moacyr, 126n
Garcia, Rodolfo Augusto de Amorim, 101
García Lorca, Federico, 121
Gazeta, A (jornal), 179
geração de 45, poetas da, 85n
"geração de 1907" (políticos gaúchos), 230
Gianetti, Américo René, 224
Glasberg, Rubens, 136n
Gledson, John, 66-8, 87, 126-9
Globo, O (jornal), 197n
Godinho, Wanor R., 195n, 200n,
    201n, 204n
Godói, Albatênio Caiado, 202
Goiás, 13
Góis Monteiro, Cícero Augusto de, 199
Góis Monteiro, Ismar de, 199

Góis Monteiro, Manuel Cesar de, 199
Góis Monteiro, Pedro Aurélio de, 199
Gomes, Angela de Castro, 95n, 96n, 99n,
    101n, 139n
Gomes, Eduardo, 82, 84n, 247, 249
Gomes, Maynard, 205, 210n
Governo Provisório, 16-20, 22, 56, 101,
    130, 134, 136
"Grande homem, pequeno soldado"
    (Drummond), 68
Guarani, Noronha, 16n
Guerra, Paulo Pessoa, 202
Guilherme, kaiser da Alemanha, 176
Guimaraens, Alphonsus de, 25, 29, 34,
    49-50, 65, 78, 103, 113
Guimaraens, Arcanjo Augusto da Costa,
    49n
Guimaraens, Esmeralda Viana de, 29
Guimaraens Filho, Alphonsus de, 29,
    36n, 49-50, 85
Guimarães, Afonso da Silva, 49n
Guimarães, Bernardo, 34n, 49, 50
Guimarães, Marcos Mazzei, 221n
Guimarães, Protógenes, 200
Guinle, Guilherme, 222n, 223n, 224n,
    227n, 239n

H

Há uma gota de sangue em cada poema
    (Mário de Andrade), 157, 172-6
Hasenbalg, Carlos, 71n
Heck, Conrado, 200
Heredia, José Maria de, 62n
"Hino nacional" (Drummond), 69
"História antiga" (Del Picchia), 151
Holanda, Aurélio Buarque de, 50n
Holanda, Sérgio Buarque de, 104n, 108,
    142-3
"Homem e seu carnaval, Um"
    (Drummond), 69
Hora do Brasil (programa de rádio), 94
Hugo, Victor, 174

I

Iglésias, Francisco, 117n
Igreja católica, 18, 24, 72n, 73, 93n, 98, 101n, 102, 106, 125, 137, 181, 207
Império do Brasil, 17n, 50, 108, 110, 221n, 225, 230
"In extremis" (Moura), 76n
Ingenuidade (Moura), 64
Inglaterra, 95
"Insônia" (Ricardo), 154
integralismo, 101, 106, 133, 137
Itabira (MG), 36-8, 39n, 63, 79, 88, 120-2, 239
Itália, 136
Ivo, Ledo, 85n

J

Jackson, Luiz Carlos, 130n
Jammes, Francis, 174
Jardim das confidências, O (Couto), 159, 161
Jardim, Luís, 104n
Jesus Cristo, 72n, 74, 156, 158
"João Alphonsus" (Drummond), 49n
Joffily, Irineu, 206n
Joffily, José, 207n
Jornal do Brasil, 21n
Jornal do Commercio, 160, 178
José (Drummond), 79, 81
"José" (Drummond), 81
Junqueiro, Guerra, 174

K

Kamiá (Henriette Denise Boufflers), 179
Kubitschek, João Nepomuceno, 216
Kubitschek, Juscelino, 53n, 55, 202, 211-2, 216, 238
Kubitschek, Sarah, 53n, 217

L

Lafer, Horácio, 209n
Laje da raposa, A (Freire), 219-20

Lamarão, Sérgio Tadeu de Niemeyer, 17n, 53n
Lanari, Amaro, 16n, 21n, 48n, 238
"Lanterna mágica" (Drummond), 63
"Lareira, A" (Salgado), 157
Larragoiti, Antonio S. de, 223n
Lattman-Weltman, Fernando, 17n, 53n
"Laus Deo" (Moura), 66
Leão, Raimundo de Arêa, 202
Legião de Outubro, 17-20, 21n, 42, 56, 131, 133, 136-7, 245
Leite, Aureliano, 194n
Leite, João Monteiro de Meirelles, 194n
Leite, Lycurgo, 194
Leite Filho, Lycurgo, 194n
Leite Neto, Francisco, 210n
Lemos, Geraldo, 218
Lemos, Jaime Gomes de Sousa, 53n, 217n
Lemos, Plínio, 206n
Leur Âme (Almeida e Andrade), 163, 181-2
liberalismo, 106
"Libertação" (Moura), 76n
Lima, Alceu Amoroso, 66n, 67, 71-2, 93n, 101, 107, 109, 114, 124, 137, 223n, 240n
Lima, João Franzen de, 221
Lima, Jorge de, 71-2, 100n
Lima, Luiz Costa, 127n
Lima Filho, Andrade, 200n
Lindenberg, Carlos Fernando Monteiro, 204
Lins, Etelvino, 211-2
Lins, Ivan, 101n
Lins, Q. Vieira, 226n
Lins de Albuquerque, família, 213
Lins de Albuquerque, Manoel Coelho, 214
Líricos e profetas, temas de vida intelectual (Dias), 48n, 114
Lisboa, Henriqueta, 85n, 100n
literatura francesa, 40n
Livraria Alves, 119
Lobato, Monteiro, 131, 156-7, 161
Lobo, Eulália Maria Lahmeyer, 225n, 226n
Lodi, Euvaldo, 227n
Lopez, Telê Porto Ancona, 172n, 175n

Love, Joseph, 13*n*, 230*n*, 231*n*
Lugones, Leopoldo, 90*n*, 91*n*
Luís XIV, rei da França, 103*n*
"Lutador, O" (Drummond), 81

M

Macedo, D. L. de, 245*n*
Machado, Alcântara, 132
Machado, Aníbal Monteiro, 61*n*
Machado, Cristiano, 16*n*, 21, 45*n*, 67, 201-2
Machado, Virgílio, 201
Maciel, Antunes, 24
Maciel, Leandro Maynard, 196, 205
Maciel, Olegário, 16, 17*n*, 19, 21, 23, 42, 52, 55, 135, 201, 218, 223*n*, 237, 245
Madame Pommery (Tácito), 165*n*
"Madrigal angélico" (Moura), 66
"Madrigal lúgubre" (Drummond), 75
Magalhães, Agamenon, 200, 215
Magalhães, Basílio de, 100*n*
Magalhães, Dario de Almeida, 225, 239, 240*n*
Magalhães, Gonçalves de, 104
Magalhães, João M. de, 223*n*
Magalhães, Juracy M., 194*n*
Magalhães, Plínio Pompeu de Saboya, 203
Maia, Achiles, 221
Maia, José Maria de Toledo, 165*n*
Malfatti, Anita, 134
Mangabeira, Octavio, 195*n*
Manhã, A (jornal), 50, 95, 99, 101, 105*n*
Manifesto Mineiro (1943), 83, 186*n*, 220, 225, 229, 238-9, 240*n*
"Mãos dadas" (Drummond), 74
Maranhão, 204, 220
Maria Isabel, 85*n*
Marinho, Sílvio, 238
"Mário de Andrade desce aos infernos" (Drummond), 90
Mariz, Vasco, 159*n*
Martha Washington (navio), 179
Martins, Hélcio, 126*n*
Martins, Vespasiano Barbosa, 203

Martins, Wilson, 103*n*
Martins Filho, Amilcar Vianna, 11*n*, 12*n*, 13*n*, 14*n*
Martins Filho, João Gomes, 209*n*
Masagão, Mário, 198*n*
Massot, Afonso Emílio, 53
Mata Machado, família, 43, 217
Mato Grosso, 199
McKee, Paul B., 222*n*
Medeiros, José Augusto Bezerra de, 195, 207
Mello, José Joffily Bezerra de, 206*n*
Melo, José Maria de, 202
Melo, Manuela Maria de, 214
Melo, Olímpio de, 200
Melo, Ulysses Lins de Albuquerque, 212
Melo Franco, Afonso Arinos de, 83, 106, 221*n*, 222, 224*n*, 240*n*
Melo Franco, Afrânio de, 19, 238
Melo Franco, Virgílio de, 19-20, 23, 220*n*, 222, 224, 227*n*, 237, 239*n*
Mendes, Murilo, 71-2, 111
Menezes, Raimundo de, 49*n*, 104*n*
Menina do sobrado, A (Cyro dos Anjos), 27*n*, 46*n*, 120*n*
Merquior, José Guilherme, 127
Mesquita, grupo, 131, 208
Mesquita, Julio, 164
Meyer, Augusto, 82*n*, 96
Miceli, Sergio, 60*n*, 94*n*, 102*n*, 105*n*, 113*n*, 117*n*, 121*n*, 130*n*, 139*n*, 231*n*
Milliet, Sergio, 152*n*
Minas Gerais (jornal), 21*n*, 45*n*
Minha vida de menina (Morley), 42
Ministério da Educação e Saúde Pública, 24, 93, 116
Ministério das Relações Exteriores, 83, 104, 136, 240
Miranda, Wander Melo, 21*n*, 124*n*
"Mito, O" (Drummond), 88
Modesto Leal, Dulce, 224
Mon Coeur balance (Almeida e Andrade), 163, 181
Monteiro, Bernardino, 204
Monteiro, d. Fernando de Souza, 204
Monteiro, Honório Fernandes, 209*n*
Monteiro, Jerônimo, 204

Monteiro, Norma de Góis, 43n, 48n, 52n, 53n, 57n
Montes Claros (MG), 13, 36
Moraes, Joaquim de Almeida Leite, 173
Moraes, Joaquim Leite, 173
Moraes, Marcos Antônio de, 172n
Moraes, Vinicius de, 105, 111
Morais, Dolores Dutra de, 29, 41, 63
Morais Neto, Prudente de, 104n, 143, 152n
Morato, Francisco, 164
Moreira Salles, João, 245
Morley, Helena (pseudônimo de Alice Dayrell Caldeira Brant), 42
"Morro da Babilônia" (Drummond), 75
"Morte de Federico García Lorca" (Drummond), 121
"Morte do leiteiro" (Drummond), 85n
"Mortos de sobrecasaca, Os" (Drummond), 75
Moses, Herbert, 197n
Mota, Dantas, 85n
Motta Filho, Cândido, 96, 100, 132
Moura, Emílio, 21, 28, 34, 61n, 62, 64-5, 76, 84n, 85, 114, 119, 121, 135
Moura, Getúlio Barbosa de, 202
Moura, Guanayra Portugal, 29
"Movimento modernista, O" (Mário de Andrade), 93
"Mundo grande" (Drummond), 75
"Musa, A" (Moura), 77n
Museu Imperial de Petrópolis, 103n
Mussolini, Benito, 35n
Myers, Jorge, 117n

N

Nabuco, Carolina, 220n, 224n
Nava, Antonieta Penido da Silva, 31
Nava, Pedro, 26, 30, 61n, 83, 114, 116-7, 125, 221n, 239n
Naves, Cândido, 221, 222n, 223n
nazismo, 35n, 81, 92, 96
Negrão, José Duarte da Costa, 217n
Nery, d. Correa, 148
Neves, Berilo, 100n, 101n
Neves, Fernão, 100n, 101n, 102n, 103n

Nobre, António, 174, 175
Nóbrega, Fernando Carneiro da Cunha, 203, 206n, 226
Nogueira, Hamilton de Lacerda, 198n, 239n
Nogueira, José Carlos Ataliba, 209n
Nogueira, Júlio, 100n
"Noite dissolve os homens, A" (Drummond), 74
"Noite monótona de um poeta enfermo" (Couto), 161
Noite, A (jornal), 95, 101
Nonato, Orozimbo, 225n
Nós (Almeida), 162-71
Nossa Senhora dos Humilhados, 66n
"Nosso tempo" (Drummond), 87
"Nota social" (Drummond), 64
"Notícias" (Drummond), 91
"Noturno à janela do apartamento" (Drummond), 76
"Noturno oprimido" (Drummond), 81
Nova política do Brasil, A (Vargas), 110
Novaes, Henrique de, 202
Novaes, Manoel Cavalcanti, 195n
Novaes Filho, Antonio de, 202
Novelli Jr., Luiz Gonzaga, 208n
Novíssima (revista), 143

O

Obra poética (Renault), 62n
Observador no escritório, O (Drummond), 122
Octavio, José, 207n
"Ode a Jackson de Figueiredo" (Drummond), 66n
"Ode ao arado" (Del Picchia), 151
"Ode da Comunhão dos Santos" (Lima), 72n
"Ode no cinquentenário do poeta brasileiro" (Drummond), 73
Office of the Coordinator of Inter-American Affairs, 97
"Olhar nevoento" (Del Picchia), 150
oligarquias, 16-7, 24, 32, 59, 108, 113, 130-2, 145, 206, 244

Oliveira, Armando Salles de, 248

Oliveira, João Cleophas de, 196*n*, 203, 207*n*

Oliveira, José Teixeira de, 204*n*

Oliveira, Lúcia M. Lippi, 187*n*

Oliveira, Solange Ribeiro de, 42*n*, 62*n*, 123*n*

Oliveira Neto, Luiz Camilo de, 83, 239*n*, 240*n*

"Ombros suportam o mundo, Os" (Drummond), 74

"Onde há pouco falávamos" (Drummond), 89

"Ontem" (Drummond), 86*n*

"Operário no mar, O" (Drummond), 74

Ordem, A (revista), 66*n*, 102

P

Pacheco, Sigefredo, 202

Paim Filho, Firmino, 230*n*

Paiva, Ataulfo de, 103*n*

"Palavras" (Salgado), 157

"Palavras no mar" (Drummond), 80, 81

"Palma severa" (Drummond), 65*n*

Panóplia (revista), 143, 153, 163

Papel e Tinta (revista), 143, 179

Pará, 198-9, 204

Paraíba, 199, 205-7

Parijós, Nelson da Silva, 202

parnasianismo, 62*n*, 144, 151, 153

Partido Comunista, 133, 197

Partido Democrático, 44, 133, 237

Partido Progressista, 20, 22, 53*n*, 56, 218, 238

Partido Republicano Mineiro (PRM), 11, 14-9, 22-4, 32, 42-3, 45*n*, 53*n*, 115, 133, 237-8, 245-6

Partido Republicano Paulista (PRP), 131, 133

Partido Social Democrático (PSD), 186*n*, 187-94, 198-202, 204-6, 208-10, 219-20, 228, 241, 249

Partido Social Nacionalista, 19, 43

Partido Trabalhista, 197

Passeios na ilha (Drummond), 49*n*, 65*n*, 85, 122

Passos, Amélia Luísa Gomes de Resende, 55

Passos, Gabriel de Resende, 52-7, 195, 218, 232-5, 239

Patrimônio Histórico e Artístico Nacional, 84, 93-4

patriotismo, 69

Pedro II, d., 109

Peixoto, Alzira Vargas do Amaral, 200*n*

Peixoto, Augusto do Amaral, 200

Peixoto, Ernani do Amaral, 200

Penna Jr., Afonso, 223

Pereira, Maria Amália, 156

Perez, Renard, 152*n*, 201*n*

Péricles, 103*n*

Pernambuco, 199-200, 205, 207, 219

Pessoa, João, 206*n*, 246

Peterson, Phyllis, 187*n*

"Pigmalion" (Del Picchia), 150

Pimentel, Álvaro Mendes, 221-2

Pimentel, Francisco Mendes, 222*n*

Pinheiro, Israel, 201, 238

Pinheiro Chagas, família, 243-7

Pinheiro Filho, Fernando Antônio, 130

Pinho, Demósthenes Madureira de, 223*n*

Pinho, Péricles Madureira de, 230*n*

Pinho, Wanderley, 101*n*

Pinto, Bilac, 238-9

Pinto, Clóvis, 218

Pinto, Estevão, 218

Pinto, José de Magalhães, 221, 225*n*, 232-5, 240*n*

Pires, Antônio Olinto dos Santos, 221*n*

Pires, Aurélio Egídio dos Santos, 221*n*

Pires, Gudesteu de Sá, 221

Pirralho, O (semanário), 143, 163, 178-9

Piza Sobrinho, Luiz de Toledo, 203

"Poema da Anistia" (Drummond), 82

"Poema de sete faces" (Drummond), 64

"Poema do jornal" (Drummond), 64

Poemas do vício e da virtude (Del Picchia), 147, 149

"Poesia e religião" (Drummond), 34*n*, 40*n*, 66*n*

"poesia em Cristo", 40n, 71, 72n
Poesia em pânico, A (Mendes), 72n
Poesias (Drummond), 79
Política e letras (Fusco), 109
Política e Letras (revista), 239n
"Política" (Drummond), 64
"Política literária" (Drummond), 64
Pompéu, Joaquina de, 17n
Pontes, Elói, 104n
Pontes, Heloisa, 105n, 130n, 139n
"Por quê?" (Moura), 77n
Portinari, Candido, 121
Prata, Alaor, 16n, 222n
Prates, Célia, 29
"Prece da virgem" (Del Picchia), 151
Prestes, Júlio, 16, 18, 22
Prestes, Luiz Carlos, 82
Primeira República *ver* República Velha
Princesa e o pegureiro, A (Renault), 62n
"príncipes da República", 224
"Procura da poesia" (Drummond), 86
"Procurador do amor, O" (Drummond), 69
psicanálise, 67

Q

queremistas, 83

R

Rádio Nacional, 97, 98
Raízes do Brasil (Holanda), 108
Ramirez, Angel P., 223n
Ramos, Graciliano, 51, 95
Ramos, Nereu de Oliveira, 204
Ramos, Paulo, 220
Ramos, Vidal José de Oliveira, 204
Rangel, Godofredo, 85n
Razões de Minas, As (Casasanta), 34n
Reale, Miguel, 106, 147n
"Registro civil" (Drummond), 69
Rego Monteiro, Vicente do, 160
Reis, Simões dos, 122
religião, 34n, 66n, 68, 71-2, 124, 154, 156

Renault, Abgar, 20, 27, 30, 41, 52, 55, 61n, 62, 96, 99n, 121, 123
Repórter Esso (programa de rádio), 97
República Velha, 11-2, 15, 26, 188-9, 194, 207, 225-6
Resende, Carneiro de, 16n
Resende, José Severiano de, 50
Resende Passos, Amélia Gomes de, 53n
"Retrato de família" (Drummond), 89
Revista, A, 34n, 40n, 66n, 134
Revista de Antropofagia, 143
Revista de Cultura Jurídica, 230n
Revista do Brasil, 50-1, 135, 145, 156
Revista Forense, 222n
Revolução Constitucionalista (1932), 20-2, 34n, 43, 67, 100, 218-9, 237, 248
Revolução de 1930, 35n, 110, 147, 185, 225n, 248
Revolução Russa (1917), 157
Ribeiro, B., 221n
Ribeiro, Nízia da Conceição Lopes, 159
Ricardo, Cassiano, 96, 100, 101n, 105, 107n, 109, 143-4, 146, 152, 154
Ridenti, Marcelo, 130n
Rio de Janeiro, 38, 73, 75, 145, 160, 179, 192, 208, 220, 223n, 226
Rio Grande do Norte, 207
Rio Grande do Sul, 199-200
Rivera, Bueno de, 85n
Rocha, José Diogo Brochado da, 202
Rodrigues, Leandro Garcia, 67n, 124n
Romains, Jules, 175
"Romances da vida urbana" (Dias), 48n
romantismo, 104, 120
Rosa do povo, A (Drummond), 84, 92-3
Rosa e Silva, conselheiro, 214
"Rua da madrugada" (Drummond), 89
Rubens, Carlos, 104n

S

"S. Domingos" (Salgado), 158
Sá, Francisco, 221n
Sá, Maria Olinta de, 221n
Said, Roberto, 21n, 124n
Saint-Simon, conde de, 118

salazarismo, 96
Salgado, Plínio, 107, 142-4, 154-6, 158
Sampaio, Alde Feijó, 203, 207
Sampaio, Leão, 195*n*
Sant'Anna, Affonso Romano de, 127*n*
Santa Catarina, 173, 199, 204, 245-6
Santiago, Silviano, 22*n*, 127*n*
Santos, Matildes Demetrio dos, 125*n*
"São Paulo, A" (Couto), 161
São Paulo, 11, 13-4, 20, 24, 51, 67, 114, 130-3, 140, 145, 149, 160, 163, 180, 208, 248-9
São Paulo (navio), 200
Sapiro, Gisèle, 60*n*
Satyro e Sousa, Ernani Ayres, 196*n*, 203, 206*n*
Schmidt, Augusto Frederico, 111
Schwartzman, Simon, 93*n*, 94*n*, 96*n*, 114-5, 139*n*
Segall, Lasar, 134
Segunda Guerra Mundial, 83, 91, 175
Semana de Arte Moderna (1922), 99, 179
Seminário Episcopal da Luz, 148
Sentimento do mundo (Drummond), 33, 70, 73, 75, 78, 84, 93, 127, 129
"Sentimento do mundo" (Drummond), 74
"Serenata caipira" (Del Picchia), 150
"Serenidade no bairro pobre" (Moura), 65
Sergipe, 199-200, 205
Sevcenko, Nicolau, 139*n*
"Sextina da véspera" (Facó), 85*n*
Silva, Antonio Ezequiel Feliciano da, 202
Silva, Antônio Martins Ferreira da, 52
Silva, Francisco Pereira da, 202
Silva, Hélio, 187*n*, 222*n*
Silveira, Sousa da, 104
Silveira, Tasso da, 108
simbolismo, 34, 49-50, 62*n*, 66, 103, 113, 144
Simon, Iumna Maria, 127*n*
Sinal de Deus, O (Mendes), 72*n*
Siqueira, Antônio Alves de, 214
Siqueira, Francisco Alves de, 214
Siqueira, Jales Machado de, 203
Skidmore, Thomas, 197

Skidmore, Thomas E., 187*n*
Soares, Asdrúbal, 202
Soares, Gláucio Ary Dillon, 187*n*, 189*n*, 197*n*, 201*n*
Soares, José Carlos de Macedo, 209*n*
Soares, Luís Martins, 54
Soares Filho, José Monteiro, 196*n*
Sobral, Mário (pseudônimo de Mário de Andrade), 172, 174
"Sobre a tradição em literatura" (Drummond), 40*n*
sociabilidade, 25-6, 65, 113, 130, 132, 134, 141, 163, 171, 188, 210, 239-40, 247
Sodré, Nelson Werneck, 95
"Sombra das moças em flor" (Drummond), 69
Sonetos antigos (Renault), 62*n*
Sousa, Inglês de, 178
Sousa, J. Ferreira de, 195*n*, 196*n*
Sousa, Marcos Antônio Rodrigues de, 177
Sousa, Octavio Tarquínio de, 239*n*
Souza, Cruz e, 113
Souza, Marcelo Medeiros Coelho de, 71*n*
Souza, Maria do Carmo Campello de, 187*n*
spleen, 153, 154
Stálin, Ióssif, 83*n*
Stalingrado (Rússia), 91-2
Supremo Tribunal Federal, 103, 230, 240*n*, 244
Suspiros poéticos e saudades (Magalhães), 104

T

Tácito, Hilário (pseudônimo de José Maria de Toledo Maia), 165*n*
"Também já fui brasileiro" (Drummond), 63
Tavares, Adelmar, 103*n*
Távora, Fernandes, 195, 207
Távora, Juarez, 216, 219
Teixeira, Milton, 159*n*
Teles, Gilberto Mendonça, 126*n*

Telles Jr., Goffredo da Silva, 209n
Tempo e eternidade (Lima e Mendes), 71
tenentistas, 16-7, 19-20, 145
"Tercinho d'ella" (Del Picchia), 151
Teresa de Jesus, Santa, 50
Thabôr (Salgado), 155-8
Théâtre brésilien (Almeida e Andrade), 163, 181
Tigre, Bastos, 100n
Toledo, Pedro de, 100
Torres, João Camillo de Oliveira, 239n, 240n
Túnica inconsútil, A (Lima), 72n
"Tzar" (Salgado), 157

U

União, A (jornal), 206n
União Democrática Nacional (UDN), 186n, 187-98, 203, 205, 207, 216, 220, 225-6, 228-9, 231, 239, 241, 246, 249
União Soviética (URSS), 72n, 83, 91
United Press, 97
Universidade do Brasil, 102n

V

Valadares, Benedito, 15, 17n, 24, 29, 53n, 116, 135, 199, 202, 218, 238
Varela, José Augusto, 202, 210n
Vargas, Getúlio, 16, 21-4, 42, 53, 56-7, 83, 91, 93n, 96, 102-3, 105-11, 115, 124, 136, 155, 185, 187, 189, 192n, 199-200, 205, 208, 209n, 220, 227, 229, 230n, 237, 239, 240n, 245-8
Vasconcellos, Eliane, 125n
Vasconcelos, Beatriz B., 85n
Vasconcelos, José de Borba, 195, 207
vaudeville, 164
Veloso, Pedro, 173
Verhaeren, Emile, 174
Verissimo, Erico, 239n
"Viagem na família" (Drummond), 79, 89
Viana, Fernando de Melo, 15-6
Viana, Francisco José de Oliveira, 101
Viana, Luís, 194n

Viana Filho, Luís, 194n, 198n, 230n, 232-5
Vianna, Ary de Siqueira, 202
Vidal, Ademar, 207n
Vidal, Joaquim A. Sampaio, 209n
Vidigal, Gastão, 227n
Vieira, Heribaldo Dantas, 205
"Vigília da mãe fatigada, A" (Couto), 161
Vilasboas, João, 195n
Villaça, Alcides, 64n, 128n
"Visão 1944" (Drummond), 92
"Visão do poente" (Ricardo), 153
"Voo sobre as igrejas, O" (Drummond), 69

W

Waizbort, Leopoldo, 108n
Wallerstein, Justus, 223n
Wanderley, Vergniaud, 203
Washington Luís, 15, 42, 164
Williams, Daryle, 96n
Williams, Raymond, 86n
Wirth, John, 11n, 12
Wisnik, José Miguel, 128n

© Sergio Miceli, 2022

Todos os direitos desta edição reservados à Todavia.

Grafia atualizada segundo o Acordo Ortográfico da Língua Portuguesa de 1990, que entrou em vigor no Brasil em 2009.

capa
Elaine Ramos
fotos de capa
Arquivo Carlos Drummond de Andrade/ Fundação Casa de Rui Barbosa/ AMLB. Todos os direitos reservados
imagens pp. 147-77
Acervo Biblioteca Mário de Andrade/ Seção de obras raras e especiais. Reprodução: Nino Andrés
tratamento de imagens
Carlos Mesquita
preparação
Rita Palmeira
índice remissivo
Luciano Marchiori
revisão
Huendel Viana
Erika Nogueira Vieira

Dados Internacionais de Catalogação na Publicação (CIP)

Miceli, Sergio (1945-)
Lira mensageira : Drummond e o grupo modernista mineiro / Sergio Miceli. — I. ed. — São Paulo : Todavia, 2022.

ISBN 978-65-5692-224-9

I. Literatura brasileira. 2. Ensaios. 3. Sociologia. 4. Modernismo. 5. Cultura — Aspectos sociais. 6. Literatura brasileira — História. I. Andrade, Carlos Drummond de. II. Título.

CDD B869.4

Índice para catálogo sistemático:
I. Literatura brasileira : Ensaio B869.4

Bruna Heller — Bibliotecária — CRB 10/2348

todavia
Rua Luís Anhaia, 44
05433.020 São Paulo SP
T. 55 11. 3094 0500
www.todavialivros.com.br

fonte
Register*
papel
Pólen soft 80 g/m²
impressão
Geográfica